二战 战役

转折之战
ZHUANZHE ZHIZHAN

诺曼底登陆
NUOMANDI DENGLU

杨隽 编著

中国书籍出版社
China Book Press

图书在版编目（CIP）数据

转折之战：诺曼底登陆 / 杨隽编著. — 北京：中国书籍出版社，2015.3
ISBN 978-7-5068-4800-8

Ⅰ.①转… Ⅱ.①杨… Ⅲ.①美英联军诺曼底登陆作战（1944）—史料
Ⅳ.① E195.2

中国版本图书馆 CIP 数据核字（2015）第 053216 号

转折之战：诺曼底登陆

杨隽 编著

图书策划	武 斌　崔付建
责任编辑	武 斌
责任印制	孙马飞　马 芝
出版发行	中国书籍出版社
地　　址	北京市丰台区三路居路 97 号（邮编：100073）
电　　话	（010）52257143（总编室）（010）52257140（发行部）
电子邮箱	chinabp@vip.sina.com
经　　销	全国新华书店
印　　刷	三河市华东印刷有限公司
开　　本	710 毫米 × 1000 毫米　1/16
字　　数	247 千字
印　　张	17.25
版　　次	2015 年 5 月第 1 版　2019 年 9 月第 3 次印刷
书　　号	ISBN 978-7-5068-4800-8
定　　价	29.80 元

版权所有　翻印必究

·前　言·

人类历史上最大规模的登陆战

1939年9月1日，德军入侵波兰，第二次世界大战爆发。二战初期，德军凭借"闪电战"这种新式战术连续攻占波兰、丹麦、挪威、荷兰、卢森堡、比利时、南斯拉夫和希腊。截至1941年6月22日，除了苏联和英国，整个欧洲几乎都处于德军的控制之下。

1941年6月22日，德军入侵苏联，苏德战争爆发。苏德开战之初，德军兵锋极盛，一路猛攻，苏军连连溃败。9月，斯大林要求英国在西欧开辟第二战场支援苏联。英国当时自身难保，没有能力开辟第二战场，斯大林的要求被搁置一旁，苏联不得不独自应付德军的猛攻。

1941年12月7日，日军袭击了珍珠港，美国对日宣战。由于日本与德国是轴心国同盟，德国对美国宣战，美国也对德国宣战。美国加入反法西斯同盟的消息无疑使丘吉尔和斯大林大为高兴，世界反法西斯同盟平添了一大助力。

1942年，在兵败莫斯科城下后，德军又发起了斯大林格勒战役。该场战役发起之初，苏军抵挡不住德军的进攻，形势危急。斯大林当即致电美英方面，要求两国的领导人迅速在西欧开辟第二战场，支援苏联。

1942年8月19日，美英方面尝试性地在法国迪耶普发起了一次登陆战，由于德军实力雄厚，反击极强，此次登陆战以失败而告终。迪耶普登陆战失利之后，美英方面不得不暂时搁置了在西欧开辟第二战场的计划。

1943年2月，斯大林格勒战役结束，苏联大获全胜。此次战役打完之

转折之战 诺曼底登陆

后，苏德战场的形势逆转了过来。苏军开始反攻，德军则转入了防御。为了应付东线的战局，驻西欧的德军被大量东调，这就为盟军在西欧登陆创造了条件。

德黑兰会议中，斯大林、罗斯福和丘吉尔等盟国"三巨头"一致决定美英盟军于1944年5月在法国北部地区登陆，行动代号为"霸王"。

为了抵御盟军可能的登陆行动，德军从挪威至西班牙的海岸线上修筑了一条"大西洋壁垒"防线，这条防线具有一定的防御能力，不过德军不可能在所有的海滩重兵布防。

德军重点防御的是加莱地区，诺曼底地区的防御较为薄弱。负责制订"霸王"作战计划的盟军参谋人员经过反复比较，最终选定诺曼底地区奥恩河口至科唐坦半岛南端的地域为登陆地点。

为了掩饰盟军将要在诺曼底登陆的战略意图，盟军的情报部门导演了一出欺骗德国人的好戏。盟军使用多种手段使德国人误以为盟军的登陆地点是加来而不是诺曼底。

1944年夏天，为实施"霸王"计划，盟军已经在英国集结了将近300万军队，5000多艘舰船，1.5万多架飞机，而德军在其西线仅仅部署了58个师的部队，共计95万人，中小型水面舰艇500多艘，可以作战的空军飞机500多架。德军在西线的58个师中，仅有6个师被配置在诺曼底地区。

从单纯的力量对比来看，盟军在海陆空三军方面均占有巨大的优势。从盟军集结的兵力和兵器数量来看，这次登陆战是人类历史上最大规模的登陆作战行动。

1944年6月6日6点30分至7点45分之间，在经过充分的航空火力和舰炮火力准备之后，盟军登陆部队在精心选定的5个登陆地突击上岸。

经过一天的激战，盟军将近10个师的部队登陆成功，5.75万名美军和超过7.5万名英军及加拿大军队的官兵，先后登陆诺曼底，并占领了8~10千米的登陆场，尽管这些登陆地相互之间并未建立联系，但为后续部队登陆创造了条件。

6月7日，在诺曼底地区，盟军的空降兵和登陆兵力加在一起，已经有了17.6万人的规模，另外还有2万多辆各式车辆被送上了海滩。到此为止，德军苦心经营的"大西洋壁垒"防线已经被完全击破，盟军在法国西北部站稳了脚跟。

6月7日至8月25日，盟军继续向诺曼底地区增兵，德军高层终于意识到盟军的登陆地点是诺曼底，开始将驻防在加莱的部队调往诺曼底去反击盟军。

盟军凭借自身的空中和兵力优势，再加上希特勒的指挥失误，一举包围并歼灭了德军西线部队的主力B集团军群，德军在法国的防御为之一空，法国的大门也向盟军完全敞开了。

这场登陆战最终以盟军的胜利和法西斯德国的失败而告终，第二次世界大战的欧洲战场也迎来了重大转折。此战之后，同盟国在欧洲开辟了第二战场，法西斯德国不得不重蹈第一次世界大战的覆辙，陷入了两线作战的泥淖，其败亡的日期被大大提前。

本书主要以诺曼底登陆战的酝酿、计划、组织、准备和实施为主线，全景式为您讲述第二次世界大战中这场开辟第二战场的转折之战。

第一章　失败的尝试

第一节　苏联危机 ·· 2
第二节　不得已而为之的西欧登陆计划 ············· 8
第三节　侧翼进攻失利 ··· 13
第四节　血洒迪耶普海滩 ····································· 19

第二章　地中海练兵

第一节　丘吉尔的小算盘 ····································· 26
第二节　美国人和法国人搞的小动作 ················· 34
第三节　更像是演习的登陆战 ····························· 40
第四节　"爱斯基摩人"计划 ······························· 45
第五节　"肉馅"欺敌计划 ··································· 51
第六节　意大利人投降了 ····································· 57

第三章　庙堂定谋

第一节　"三叉戟"会议 ······································· 66
第二节　魁北克会议 ··· 71
第三节　德黑兰会议 ··· 76

第四章 "霸王"计划

第一节 选择诺曼底还是加莱 ········ 84
第二节 盟军的新技术登场 ········ 90
第三节 "霸王"计划终极版敲定 ········ 97

第五章 磨刀不误砍柴工

第一节 英伦大兵营 ········ 106
第二节 知己知彼，百战不殆 ········ 111
第三节 高仿真模拟登陆演练 ········ 116

第六章 世纪大忽悠

第一节 "齐柏林"计划和"北方坚韧"计划 ········ 124
第二节 "南方坚韧"计划 ········ 131

第七章 纸糊的德军防线

第一节 "大西洋壁垒"防线 ········ 142
第二节 指挥权之争 ········ 149

第八章　万事俱备，只欠东风

第一节　千万要保密 ················ 160
第二节　最后的准备 ················ 169

第九章　登陆前奏曲

第一节　将欺骗进行到底 ············ 178
第二节　伞兵的敌后突击 ············ 182

第十章　抢滩登陆

第一节　"犹他"海滩 ················ 190
第二节　"奥马哈"海滩 ·············· 194
第三节　"金"海滩、"朱诺"海滩和"剑"海滩 ······ 201

第十一章　德军的反击

第一节　德国陆军的反击 ············ 210
第二节　德国海空军和新式武器火箭的反击 ······ 218

第十二章　扩大登陆场

第一节　港口问题 …………………………………… 228
第二节　攻克瑟堡 …………………………………… 234

第十三章　席卷法国

第一节　"特尔福德"行动 …………………………… 242
第二节　"眼镜蛇"计划 ……………………………… 249
第三节　法莱斯"口袋" ……………………………… 256

·第一章·

失败的尝试

第一节
苏联危机

　　1933年希特勒登上了德国总理之位，随后在其一系列措施之下，德国的经济回暖，军事也随之复苏。

　　1939年9月1日，德军闪击波兰。随后，由于保持与波兰同盟关系，英法两国向纳粹德国宣战。从那一天开始，第二次世界大战的烽火在欧洲广袤的大地熊熊燃烧了起来。

　　在波兰战场上，面对着优势德军的装甲集群，波兰军队的骑兵发起了惨烈却又无效的冲锋。波兰军队用堂吉诃德式的勇猛为自己赢得了尊严，但却没能抵挡住德军的钢铁攻势。

　　波兰覆亡以后，德军挥师北上，陆续占领了丹麦和挪威。

　　1940年5月，德军闪击西欧，荷兰、比利时、卢森堡和法国在此战中沦陷。唯有英国凭借着英吉利海峡这道天险继续与德国对抗。

　　为征服英国，希特勒与其参谋人员制订了"海狮计划"。要顺利执行"海狮计划"，必须以德国空军的优势来抵消英国海军的优势。于是，希特勒命令德国的空军务必要消灭英国的空军，以便为德军进攻英伦三岛铺平道路。

　　接到希特勒的指示，德国空军司令戈林命令他的手下们立即做好入侵英国的一切准备。从1940年7月6日至9月17日，在戈林的亲自指挥下，德国的空军对英伦三岛展开了狂轰滥炸，英国的空军则与德国的空军在英伦三岛上空展开了激战。

　　在两个多月的大不列颠空战中，由于英国成功地使用了雷达这项新技术，另外再加上英国空军飞行员们的殊死奋战，最终以德国的失败、英国的胜利而告终。

伴随着纳粹德国空军的失利，"海狮计划"也成了废纸一张，希特勒入侵英国的计划就此夭折。

对于英国皇家空军的战绩，时任英国首相的丘吉尔赞叹道："在人类战争的领域里，从未有过这么少的人对这么多的人作过这么大的贡献。"

希特勒占领英国的企图虽然以失败收场，但是纳粹德国侵略的步伐却并未停止。1941年4月，为保障罗马尼亚油田的安全，希特勒派兵入侵南斯拉夫和希腊。

1941年6月22日前，除了英国和苏联以及少数几个保持中立的国家外，整个欧洲的国家要么直接置于纳粹德国的占领之下，要么就是纳粹德国的同盟国或者保护国。

1941年6月22日，一贯敌视苏联的希特勒命令纳粹德军执行旨在入侵苏联的"巴巴罗萨计划"。

22日当天凌晨2点，德军6000门大炮褪去炮衣，扬起炮口，指向对面的苏军阵地。德国空军2000架飞机分为几个集群飞往苏联的各个机场。

凌晨3点45分，苏联的各个机场遭到德国空军的猛烈袭击，成排成排的苏军飞机尚未起飞就被炸毁在地面。在德国空军对苏联各机场展开狂轰滥炸的同时，德军的炮兵纷纷向对面的苏军阵地开炮。在德军突然而又猛烈的炮击下，不少苏军战士尚在睡梦之中，就被炸死了。

袭击完苏联的机场，德国空军在返航的过程中，还对苏联的交通线、物资集散地，以及通讯指挥中心展开了空袭。在德苏开战后很长一段时间里，苏联的领空一直被德国空军所掌控。

德国的空军和炮兵完成了火力准备后，蓄势待发的德军及其仆从军兵分三路，从波罗的海至黑海长达1500千米的漫长战线上对苏联发起了进攻。

三路大军中，北方集团军群直扑列宁格勒，中央集团军群直扑莫斯科，南方集团军群攻略乌克兰。苏德开战之初，德军的装甲集群在苏联的东部平原上狂飙猛进，一路肆无忌惮。在极短的时间里，苏军的防线被突破，补给中心和交通枢纽被占领，大批的苏军部队被包围。

当雪片般的捷报送到希特勒设在东普鲁士的总指挥部"狼穴"时，希特勒得意洋洋地对约德尔将军说道："我们只要往门上一踢，苏联这座败落的建筑物便会倒塌。"

面对德军的猛烈攻势，为了团结一切可以团结的力量打击德国，斯大林与英国首相丘吉尔取得了联系。在对话中，斯大林希望苏联能够与英国结成反德同盟，另外，他还希望英国能够在西欧开辟第二战场，以缓解苏联的压力。

丘吉尔同意英国与苏联结成反德同盟，但是鉴于此时德军兵锋正盛，德国国势如日中天，英国这边又尚未从德国空军的大轰炸中恢复元气，英国首相礼貌地拒绝了在西欧开辟第二战场的要求。苏联只好继续独自承受德国军队的重压。

截至1941年10月2日，一切都对德国有利。为了夸耀德军在苏联战场上的辉煌战果，希特勒在柏林体育场发表了一次演说。

巴巴罗萨作战行动

在这场演说中，希特勒向他的听众们宣称道："苏联俘虏的数字已经达到了250万人。根据我们掌握的材料，缴获或摧毁的大炮达到了2.2万门，缴获或摧毁的坦克超过了1.8万辆，摧毁、损坏、击落飞机1.45万架。在我们军队的后面，德国的空间是1933年我刚获得领导地位时的两倍，已经有四个英国那么大。"

待希特勒向德国的民众展示了德军的战果之后，德国元首指示他的将军们尽快攻占莫斯科，以便将俄国人赶到乌拉尔山以东，使苏德战争尽快结束。

1941年10月3日，德国陆军元帅冯·博克率领他的部队向莫斯科发起了进攻。在持续进攻下，这支部队的侦察兵甚至已经能看见克里姆林宫的尖塔。与此同时，列宁格勒和乌克兰也处于德军的包围之中。

这个时候的苏联，莫斯科、列宁格勒以及乌克兰，都处于危机之中。苏军有些部队组织涣散，兵无斗志，将无战心。大片国土沦陷，在纳粹的铁蹄下战栗。

在此危急时刻，斯大林知道苏联已经没有了退路，决定与德军死战到底。10月15日，斯大林在克里姆林宫向苏联人民下达了一系列命令，他颁布了应对紧急状态的措施：破坏法律与秩序者，立即处置；对间谍、叛乱者、特务分子、逃兵、煽动者、失败主义者，格杀勿论。斯大林表示他将跟苏维埃政府一起留在莫斯科，誓与莫斯科共存亡。

受斯大林的鼓舞，苏联军民的抵抗意志空前强大。一时间，莫斯科军民齐上阵，在苏军总司令朱可夫的指挥下，修筑反坦克防御工事，准备迎接德军装甲集团的进攻。

面对已经燃起斗志的苏联军民构筑的坚固防线，德军的进攻不再像前几个月那样迅猛。苏军士兵们用反坦克炮、波波沙冲锋枪、步枪、手榴弹、甚至牙齿同德军展开殊死搏斗，苏军的顽强抵抗使得德军每前进一步，都要付出惨重的代价。如此情况，莫斯科附近的战线暂时处于胶着状态，德苏两军在莫斯科附近反复拉锯。

当德苏两军在前线厮杀时，在德军的后方，纳粹对斯拉夫人民实行着残暴的种族灭绝政策。在纳粹的压迫下，德军占领区的苏联各族人民纷纷组成游击队与德军做斗争。利用手中的武器，游击队员对德军的后勤运输线展开了伏击战和破袭战。

也许是受到苏联军民爱国热情的感染，老天也开始帮助苏联人抵御德军的进攻。

转折之战 诺曼底登陆 ·zhuanzhezhizhan· ·nuomandenglu·

1941年9月27日，第一场秋雨在苏联降下，随后连绵的秋雨将苏联的硬土路变成了一个个大泥潭——德军的辎重车陷入泥土中，行进困难；运输后勤物品的德军马匹也在泥泞的道路上步履维艰，行动缓慢。毫无疑问，苏联糟糕的路况使前线德军的后勤保障受到了一定程度的影响。

1941年10月6日，这一年苏联的第一场雪比以往来得都早，莫斯科周围的大地盖上了厚厚的积雪，该城周边地区的气温也随之下降。此时，只装备了夏季作战武器和身着夏季服装的德军面临着极大的困难。

在寒风的劲吹下，德军的武器出现了故障——坦克发动机无法发动，坦克无法开动；飞机无法起飞，不能及时支援前线作战；衣着单薄的士兵在凛冽的寒风中瑟瑟发抖，有的甚至被冻死。

1941年12月初，莫斯科城外的德军处于困境之中——被服没有到位，严寒中大量士兵被大量冻死冻伤；后勤供应出现了问题，士兵们缺乏食品和药品，非战斗减员剧增；由于兵器没有做防冻处理，严寒下很多兵器无法使用；坦克和飞机受天气影响无法出动。

德军出现如此困难的局面，通过细致地侦察，苏军总指挥朱可夫早就了解到了。1941年12月5日，朱可夫决定利用这个机会对德军发起反击，直接从西伯利亚调来的生力军参与了此次对德军的反击。这些从西伯利亚来的苏联战士穿着特制的防寒服装，手持冬季作战时使用的武器，在性能优异、即便在严寒的条件下仍然能运转自如的T34坦克的支援下对德军展开了猛烈的反攻。

面对苏军的进攻，莫斯科城外的德军完全无法抵挡，截至1942年2月，德军被全线击退。莫斯科的危机解除，自1939年以来战无不胜的德军终于首尝败绩。

由于进攻莫斯科失利，德军损失惨重，对苏联展开全面进攻已经不现实。于是，从1942年7月开始，希特勒发动了斯大林格勒战役。这次战役是德军对苏联的一次重点进攻，希特勒的意图是让德军占领并控制苏联的巴库油田，以便为随后到来的持久战提供燃油保障。

在斯大林格勒战役之初，德军依然占有巨大的优势，他们一路猛攻，苏军则连连败退。从苏德战场的形势来看，德军就要兵临斯大林格勒城下，苏联再度陷入了危机之中。

第二节
不得已而为之的西欧登陆计划

早在德军发起斯大林格勒战役之前，美国就已经于1941年12月7日加入了反法西斯同盟并对德宣战，但是这个新伙伴的加入并未给苏联带来实质性的帮助，苏德战场上仍然是德军占据着优势，苏军仍然在苦苦抵挡德军的进攻。为了缓解苏联的压力，斯大林再次向美英提出了在西欧开辟第二战场的要求。

受苏联外交部部长莫洛托夫的影响，美国参谋长马歇尔十分担心苏联会顶不住德国的猛攻而停战，马歇尔认为在西欧开辟第二战场很有必要。于是，他命令美国参谋部计划处制订登陆西欧的计划。

1942年4月，美国参谋部制订出了在欧洲开辟第二战场的"波列罗—围歼"计划。这个计划中，波列罗指的是：调动盟国所能动员的一切人力、物力集结于英伦三岛；围歼指的是：1943年春季发动横渡海峡的总进攻。这个计划主要是从军事的角度考虑的，同时也兼顾了一些政治因素。从法国登陆，可以满足苏军和斯大林提出的开辟第二战场，吸引德军40个师兵力的要求。

在波列罗—围歼计划中，还附带有一个代号为"铁锤"的作战计划。该计划指出，如果苏联形势危急，美英将在1942年9月就渡海攻击，打击德军。

结合当时的情况来看，无论是波列罗—围歼计划，还是"铁锤"计划，都需要英国人的协助才能进行，所以1942年4月8日，马歇尔和罗斯福总统的私人顾问霍普金斯奉总统之令飞赴伦敦，同英国人商议盟军未来的作战计划。

在美英双方开会讨论盟军未来的作战计划时，马歇尔极力向英国方面兜售"铁锤"计划，以便先解救即将迎来德军夏季攻势的苏联。但丘吉尔显然不认同马歇尔的观点，丘吉尔首先想的是英国的利益，而不是盟国的反法西斯战争。

1942年的时候，英国遇到了很多问题。在北非，隆美尔率领的德意军队将英军打得满地找牙，连北都找不着了。如果盟国不在北非采取相应的行动，说不定隆美尔带着他的手下一个冲锋，苏伊士运河和中东石油产区就落到法西斯轴心国手里去了。

有鉴于此，丘吉尔对马歇尔的提议只是假意表示欢迎，而他心里却另有盘算。1942年6月19日丘吉尔飞赴华盛顿，想说服美国总统罗斯福让盟军在北非登陆。罗斯福总统当时担心苏联顶不住德国的进攻而投降，所以他不同意在北非登陆，只同意提供装备去支援北非的英军。

1942年7月18日，罗斯福总统的特别顾问霍普金斯、马歇尔将军、金海军上将到达伦敦，同英国军方讨论开辟第二战场的问题。会议中，以马歇尔为首的美国代表再次强力推荐"铁锤"计划，而英国方面则咬定登陆北非的计划不松口。

美英双方各执一词，争论极为激烈，双方代表谁也说服不了谁，最终会谈陷入僵局。后来，还是罗斯福总统打破了僵局。罗斯福考虑到美军刚刚参战没多久，部队里新兵很多，战斗经验远远没有英军丰富。要是英军铁了心不愿意进攻西欧，只让美军单独去打登陆战，说不定就是一个流血漂橹的结局。罗斯福考虑再三，终于在1942年7月25日致电霍普金斯，同意英国方面提出的盟军在北非登陆的计划。

1942年8月，丘吉尔飞赴莫斯科，将美英决定在北非登陆的决定告知斯大林。毫无疑问，斯大林对美英的做法深为不满。斯大林责问丘吉尔为何美英要坐视盟友苏联流血，而不伸出援助之手。丘吉尔解释道，美英尚且不具备在西欧登陆的实力，因为德军防御力量强大。对于丘吉尔的论调，斯大林很不以为然，双方陷入了沉默。

后来，丘吉尔率先打破了沉默，并向斯大林保证——英国将尝试在法国某个地点实施一次登陆，以吸引德军的注意力，从而缓解苏联战场的压力。闻听此言，斯大林脸色稍稍好转，称赞了英国盟友后，表示苏联将竭尽全力粉碎法西斯的进攻。

结束苏联之行后，丘吉尔就意识到不在西欧进行一场登陆战，在斯大林那里实在是不好交代。想通此节，丘吉尔立即与美国总统商议部署一次登陆西欧的行动。

罗斯福本来就同意在西欧开辟第二战场，这个提议自然没有异议。根据丘吉尔的提议，美英双方当即召开参谋联席会议，商讨登陆西欧的计划。商议之后，对这次登陆计划有了这样几个明确的认识：

首先，这次登陆行动要达到如下几个目的——将德军的视线适当吸引到西线一些来，以缓解苏联的压力；试探德军在西欧沿海地区的防御力量有多强，防御体系有多严密；借助此战来试验新式武器，并为盟军随后的登陆战积累经验；德军在迪耶普配置了一部新型雷达，盟军可以突袭一下雷达站以便获得德军新型雷达的参数。

接着，为了具体实施登陆法国的计划，盟军决定成立"西欧登陆战联合作战指挥部"，该指挥部由英国的蒙巴顿伯爵担任总司令统一指挥。本次登陆战，蒙巴顿将指挥盟军海陆空三军联合作战。

蒙巴顿接到了任命后，当即召集指挥部的参谋人员开会讨论，以便制订出西欧登陆战的具体计划。蒙巴顿及其参谋人员考虑到一些必要的因素，比如登陆地点离英国一定要近，盟军的飞机可以支援登陆作战，盟军进攻和撤退都很方便。之后，蒙巴顿及其参谋人员最终选定法国港口小镇迪耶普为登陆地点。

对于如何进攻迪耶普，盟军西欧登陆战联合作战指挥部制定了两个方案：第一个方案是从正面进攻迪耶普，突破海堤，占领迪耶普港，与此同时在迪耶普两侧辅之以侧翼袭击；第二个方案强调侧翼袭击，而没有正面进攻，登陆部队将从侧后方迂回进攻迪耶普。

蒙巴顿反复掂量了一下这两个方案，他觉得从侧翼进攻路线太长，会丧失突然性，达不到突袭的效果，所以他选择了从正面进攻迪耶普的方案。为了进一步确保达到突袭的效果，蒙巴顿决定，不采用空军对迪耶普进行任何轰炸，也不采用海军对迪耶普海滩进行炮火攻击。

这样，从正面进攻迪耶普的计划就算是定了下来。接下来怎样从正面进攻迪耶普，盟军联合作战指挥部的参谋人员动了一番脑筋后，拟定了一个具体的进攻计划——以突然性来取代登陆前的空军轰炸和海军的舰炮火力准备，派突击队从侧后攻占德国的海岸炮连，随后在海上的浓雾和人为释放的烟幕掩护下派出主力部队直取迪耶普海滩，达到占领迪耶普港的目的。

如此，蒙巴顿及其参谋人员把登陆计划就敲定了，接下来就是把其他准备工作做好。

此战，蒙巴顿决定派遣4963名加拿大官兵、1000名英国敢死队员，以及50名美军观察员合计6013人。同时，再派55辆"丘吉尔"式新型坦克。在英国空军和海军的掩护下，对纳粹控制下的法国小镇迪耶普突袭一次登陆战。

待迪耶普登陆战总指挥部将参加登陆战的士兵挑选出来后，他们就被集中了起来，在一处沙滩上进行登陆演练。在官兵们演练的同时，包括登陆艇等各种物资陆续被调拨到与法国迪耶普隔海相望的英国南部港口普尔、朴次茅斯和纽黑文等地。

盟军的侦察机开始时不时地光顾迪耶普地区，进行高空拍照作业。盟军侦察机返航后，就有专门的情报人员把照片洗出来，研究迪耶普的地形、地貌，以及德军的防御配置情况，从而为盟军登陆提供地图。

本来，盟军想把这次行动做成一次高度保密的突袭行动，事实上盟军的秘密行动演变成了一次不折不扣的"阳光作业"。产生这种结果的原因是盟军太反常了——1940年9月17日大不列颠空战结束后，尽管英国与德国相互宣战，英国这边却长期与德国保持对峙状态，平时一点儿动静也没有；此时，盟军猛然间调集大批登陆艇到英国南部港口，德军也侦测到英国南部港口的无线电通讯猛然增多，另外盟军对英国南部港口对面迪耶普的空中侦察次数也有些多。

综合以上信息，德军高层已然料想到盟军将有大动作。德军把情况分

转折之战 诺曼底登陆

析后，就指示潜伏在英国的间谍们密切关注英国南部港口盟军的动向。德军高层特别指示间谍们，只要盟军离开港口，立即发报给他们。

1942年8月18日晚上10点，装载着6013名官兵和55辆坦克的9艘登陆舰、179艘登陆艇、8艘驱逐舰、39艘炮艇和摩托艇、2艘辅助船，共计273艘舰船组成的混合船队离开英国南部港口，向迪耶普破浪而去。

参加迪耶普登陆战的登陆部队由加拿大罗伯茨将军指挥，而海上的兵力由英国的霍雷特上校指挥，英国空军一口气调集了67个航空中队为此次登陆行动提供空中火力保障。

这支混合船队刚刚离开英国南部港口，潜伏在英国的德国间谍就把情报传递给了德军。根据这个情况，德军高层通知迪耶普的守军加强戒备。

如此，登陆部队将要面对的是高度戒备的德军守备部队。当然鉴于这次盟军派出的部队不是很多，德军也没有出动很多部队去支援迪耶普。德军高层觉得迪耶普的地方守军完全可以应付这一小支突袭部队。

不得不说，德军高层有如此信心还是很有依据的。德军的驻防部队有8000人，其中德军302师1500人部署在海岸线附近，另外其他部队的6500人部署在内陆。驻防海岸线的302师配备着为数不少的轻重机枪、大炮、迫击炮、高射炮，有200架战斗机和100架轰炸机为他们提供空中掩护。

德军驻防部队将防卫重点设在迪耶普镇，德军在迪耶普滨海地段修筑了大量坚固的碉堡，这些碉堡大部分被粉刷成民居的样式，其内布置了大量机枪和火炮。

在迪耶普镇以及其东面的乡村普伊斯和西面的乡村普尔维尔附近派驻有6个炮兵连队，这些大炮的炮口指向海滩，一旦有敌来犯，数不清的炮弹就会砸在敌人的头上。

迪耶普镇周边的悬崖高地上德军也布置了不少机枪和高射炮阵地，这些机枪和高射炮阵地可以俯瞰整个沙滩，一旦有敌人来进攻，德军守军取居高临下之势，可以向敌军泼洒连绵不断的弹雨。

正是由于德军守备部队有如此森严的防备，并且事先又得知盟军要来袭击，所以迪耶普的德军指挥官有充足的信心将盟军赶下海。

第三节
侧翼进攻失利

德军加强了防御这一点，登陆部队司令官罗伯茨少将一无所知。他召集了各个参战部队的指挥官，按照突袭战的套路部署此次登陆战，并给各部队派发各自的任务。在宣布作战计划、分派任务前，罗伯茨表示为了达到行动的突然性，登陆前不会进行任何炮火准备。

随后，罗伯茨告知各部队指挥官他已将迪耶普地区分为4个登陆点，即东外翼、东内翼、西外翼和西内翼。

这4个登陆点中，东外翼登陆点是指迪耶普东面的普伊斯小乡村和贝尔内瓦尔海岸炮兵阵地，东外翼的这两个敌军目标将由加拿大皇家步兵团和第3突击队来负责进攻。具体来说，加拿大皇家步兵团负责进攻普伊斯，并摧毁普伊斯附近的2个德军炮兵阵地；第3突击队负责进攻贝尔内瓦尔海岸炮兵阵地。

西外翼登陆地点指的是迪耶普西面的普尔维尔小乡村和瓦朗日维尔炮兵阵地，西外翼的这两个德军目标将由南萨斯喀彻温省团、女王加拿大卡梅隆高地团和第4突击队负责进攻。

具体来说，南萨斯喀彻温省团和女王加拿大卡梅隆高地团负责进攻普尔维尔，待攻下普尔维尔之后，这两个团必须进攻雷达站，并迂回到迪耶普西北方向，摧毁附近的德军机场。另外，如果条件允许，这两个团最好顺便把德军驻防部队302师师部给端了。与任务较重的南萨斯喀彻温省团和女王加拿大卡梅隆高地团相比，第4突击队的任务比较简单，第4突击队只需攻下瓦朗日维尔的炮兵阵地即可。

东内翼和西内翼指的是迪耶普镇的东面和西面,这两个登陆点的进攻是主要进攻,担任这两个登陆点进攻的第一波部队是皇家汉密尔顿轻步兵团、埃塞克斯苏格兰团和第14加拿大装甲团。

西欧登陆作战团

对于登陆战中的注意事项,罗伯茨强调说东外翼和西外翼的行动应首先发动,等东、西两外翼的进攻发起30分钟后,东内翼和西内翼的进攻再开始发动。东外翼和西外翼的进攻最好同时进行,以免哪支部队提前进攻引起德军的警觉,从而给其他部队登陆带来麻烦。

等到罗伯茨布置妥当,他就指示各部队指挥官对好手表上的时间,带领各自的手下们先到登陆艇上做好准备。

1942年8月19日凌晨3点,登陆部队在各自指挥官的带领下,开始从运输船换乘到登陆艇上。30分钟后,官兵加上坦克等装备由运输船都转移到了登陆艇上。

凌晨3点45分,罗伯茨对部队进行了最后叮嘱。罗伯茨要求进攻东外翼和西外翼的4路部队于凌晨4点50分到达各自负责的海滩,并同时发起进攻。这4路部队的指挥官应了一声"是,长官"。随后,在相关舰艇的护送下，满载着4路先遣登陆部队的船队朝各自的登陆地点进发。

这4路先头部队的船队在驶向海滩的过程中，除了第3突击队之外，都没有遇到任何阻击。倒霉的第3突击队在向贝尔内瓦尔海滩行进时，他们的船队正好碰上德国一支海岸运输船队。当德国的护航炮艇发出一枚照明弹，看清第3突击队所在的船队是盟军船队后，交火马上就开始了。

双方的护航炮艇拉开架势，用大炮互射。德军的鱼雷艇则对盟军的登陆艇发射鱼雷。交火过程中，虽然登陆艇上的突击队员们没有任何火炮之类的重型武器，但他们仍然用高射机枪对敌军船队展开了回击。

这场遭遇战自然引起了德军贝尔内瓦尔海岸炮兵阵地哨兵的注意，他们将海面上有船只交火的消息传达给长官。指挥官分析一下，觉得这只不过是一次盟军运输船队和德军运输船队的交火而已，这种事在英吉利海峡很常见。指挥官认为船队规模太小，不会是登陆船队，因此未让手下去一探究竟。

盟军第3突击队所在船队与德军护航船队经过30分钟激战，终于将德军运输船队击退。

此次遭遇战打完，第3突击队损失惨重！23艘登陆艇中仅有1艘登陆艇没有受到人员伤亡和设备损伤，其他的登陆艇要么沉没，要么有人员伤亡和设备损失。

此时，第3突击队乱作一团，各艘舰艇开始各行其是。这些舰艇中的绝大部分选择返回大部队，因为这些舰艇上的指挥官们普遍觉得德军已经警觉，这时再去袭击目标基本等于送死。

在多数人选择返航时，第23号登陆艇的指挥官亨利·托马斯·巴克上尉以及他的副手彼得·扬格少尉依然决定带领23名士兵去完成任务。

凌晨4点45分，比原计划提前了5分钟，第3突击队中这支勇敢的小部队抵达了贝尔内瓦尔海滩。等到登陆艇靠稳了，这23名队员赶紧带好装备，下了船，随后借助绳子攀上了悬崖。

巴克上尉带着他的队员悄悄行进到德军贝尔内瓦尔炮兵阵地周围，他合计了一下，敌人有200人，己方仅23人，无论怎么算己方都无法攻下贝尔内瓦尔炮兵阵地。

于是，巴克上尉命令手下们四散开来，采取多点开火的方式迷惑德军，让德军以为有很多人来进攻他们，使他们不敢出击。如此，巴克上尉认为攻占贝尔内瓦尔炮兵阵地就算不成，至少也可以将此地的德军吸引住，使得主力部队在迪耶普登陆时，这里的大炮不会向迪耶普海滩发射炮弹。

巴克上尉带领着他的手下们一直战斗到早上8点10分，等到他们的弹药快要耗尽时，他们才不得不在盟军舰艇的接应下，回到主力部队所在地。在此次勇敢的行动中，巴克上尉的队伍没有出现任何伤亡。

与第3突击队一同进攻东外翼的加拿大皇家步兵团虽然在海上没有遇到大的麻烦，但是他们的登陆艇在海上过于分散。为了重组阵型便于进攻，加拿大皇家步兵团浪费了17分钟时间，给他们随后的登陆带来了大麻烦。

加拿大皇家步兵团是5点07分到达普伊斯海滩附近的。等他们到达海滩附近时，天已经蒙蒙亮了。普伊斯两侧悬崖高地上的德军哨兵很快发现了这支醒目的登陆部队，哨兵立即发出了警报。

随后，德军马上组织好了防御阵型，并率先向即将到达海滩的加军开火了。德军的火炮不停地向海上发射炮弹，炮弹在加军登陆艇周围炸开，激起一个个水柱，有的登陆艇十分不幸地直接就挨上了炮弹，船上的士兵死伤一片。

德军的机枪手居高临下，视野极好，他们将连绵不断的子弹发射到加军所乘的登陆艇上。由于加军所乘的登陆艇是木质的，有些子弹干脆直接穿透了木板，打在了加军士兵的身上，造成了伤亡。

等登陆艇将靠岸、登陆艇前面的挡板就要放下时，排在前面的加军还没有冲出登陆艇，就被打成了筛子。后面的加军士兵见前面的战友顷刻间成了血人一个，当时就吓蒙了，他们躲在登陆艇里不出来。

加军的军官们无奈，只好用手枪指着士兵们，强迫他们下船。在军官们的威胁下，加军士兵们很不情愿地从登陆艇的两侧翻下船，朝沙滩上集结。

等到加军官兵们终于冲上了沙滩，等待他们的是德军更加猛烈的火力。德军的迫击炮、岸防炮、反坦克炮、轻重机枪不停地向沙滩上播撒炮弹和子弹，加军的周围升腾起了不少炮弹爆炸带来的橘红色的烟柱和子弹打出来的小洞。

德军的狙击手专门盯着加军的军官和通信兵下手。在德军狙击手的特别关照下，加军军官和通信兵死亡率高得出奇。随着加军军官和通信兵的大量死亡，加军的进攻变得无法有效进行。如此，加军被压制在海滩上，遭到德军持续的枪扫炮轰。

到上午7点，加拿大皇家步兵团的进攻，或者说德军对加拿大皇家步兵团的"屠杀"结束了。仗打到这个地步，不用说，东外翼的进攻完全以失败告终。

与一开始就遇到重重困难的东外翼登陆战相比，西外翼的登陆战显然要稍微顺利一些！负责进攻瓦朗日维尔炮兵阵地的第4突击队，在洛瓦特中校的带领下顺利抵达了瓦朗日维尔海滩。到达海滩后，洛瓦特及其手下带齐装备，借助绳索攀上了悬崖。

第4突击队登上悬崖后，当即悄悄地接近德军瓦朗日维尔炮兵阵地。等到距离足够近的时候，第4突击队兵分两路，分散到德军营房周围，等到洛瓦特中校打着手势下达了命令，突击队员们向德军发起了突然袭击。

经过一番激烈的交战，瓦朗日维尔炮兵阵地上的112名德军防卫者，仅有4人存活，其余的全部被解决掉了。

等第4突击队处理了守军，他们就开始搞起了破坏。第4突击队的队员们先把德军的6门大炮全部炸毁，随后又一把火把德军的所有物资和设备烧了个精光。

待完成了任务，第4突击队的队员们乘坐舰艇安然返回了大部队所在地。

在迪耶普登陆战的第一波次登录中，第4突击队是唯一完成了任务并顺利返回的。为了表彰第4突击队，洛瓦特中校被授予卓越服务勋章，队长帕特里克·波蒂厄斯被授予了维多利亚十字勋章。

在西外翼另一地点普尔维尔登陆的南萨斯喀彻温省团尽管在海上没有遇到任何困难，但是在登上陆地时，该团却很不幸的把登陆地点给搞错了。

本来，该团应该在赛斯河的东岸登陆，但是事实上该团的绝大部分人马却在赛斯河的西边上了岸。如此情况，该团官兵只得先攻下普尔维尔位于赛斯河西岸的部分地区，然后向赛斯河上唯一的一座桥梁进发。他们必须穿过桥梁，才能向迪耶普方向移动，去完成摧毁飞机场和敌炮兵阵地、进攻雷达站，并袭击德军驻防部队302师师部的任务。

等到南萨斯喀彻温省团的官兵们赶到赛斯河上唯一的桥梁边时，他们发现德军早就在桥的东头严阵以待。

见德军已经构筑好了防线，南萨斯喀彻温省团的官兵们不得不用自己手上的轻武器去同拥有迫击炮、反坦克炮和机枪的德军交战。结果，无论南萨斯喀彻温省团的官兵们如何努力，他们始终无法突破德军的防线。

就在南萨斯喀彻温省团的官兵们跟桥上的德军对战时，女王加拿大卡梅隆高地团的官兵们在赛斯河东岸登陆。该团成功登陆后，分出一部分官兵去支援南萨斯喀彻温省团的战斗，其主力部队则向内陆挺进。

女王加拿大卡梅隆高地团向迪耶普方向挺进了不到2千米，就遭遇了从内陆赶来增援普尔维尔的德军部队。

德军的增援部队在人数和火力上均强于轻装备的女王加拿大卡梅隆高地团，该团指挥官明白自己的部队不是德军的对手，他就指挥自己的部队一边与德军交战，一边往海滩方向后退。与此同时，赛斯河西岸的南萨斯喀彻省团也在德军逐渐加强的反击下步步后退，一直退到了海滩上。

就这样，南萨斯喀彻温省团和女王加拿大卡梅隆高地团被压缩到了海滩上，受到德军炮火和机枪的持续打击。

最终，这两个团合计341人乘坐登陆艇返回了主力部队所在地，其他的人要么被俘，要么就死在了德军的枪炮之下。

如此，纵观东外翼和西外翼的进攻，只有第4突击队完成了预定任务，摧毁了瓦朗日维尔炮兵阵地，其他的5个炮兵阵地以及机场仍完好无损的掌握在德军手上。

第四节

血洒迪耶普海滩

1942年8月19日凌晨5点15分左右，因为加拿大皇家步兵团的通信兵被大量狙杀，身在"凯尔普"号驱逐舰上的罗伯茨少将并不知道加拿大皇家步兵团在普伊斯遭遇了惨重的失败，德军的防守极为森严，进攻可能会带来巨大损失。罗伯茨少将仍然按照预定计划展开了对迪耶普的登陆进攻。

首先，罗伯茨少将命令装载着皇家汉密尔顿轻步兵团、埃塞克斯苏格兰团和第14加拿大装甲团的登陆艇向迪耶普海滩进发。其具体的进攻计划是，皇家汉密尔顿步兵团进攻迪耶普海滩的西半部，埃塞克斯苏格兰团进攻迪耶普海滩的东半部，这两个团的首要任务是破坏德军的防御工事，为坦克登陆扫清障碍。

随后，罗伯茨命令4艘驱逐舰向迪耶普海滩发射炮弹进行炮火准备。与此同时，皇家空军的5个"飓风"式战斗机中队也加入了对迪耶普海岸防御设施的轰炸并在登陆总船队和沙滩之间释放了烟雾。

5点20分，在盟军对德军重兵驻防的迪耶普海滩进行短暂的、一点儿也不充分的炮火准备的同时，盟军的登陆艇快速地向迪耶普海滩推进。

等盟军的炮火准备结束后，没受多大损失的德军立即用迫击炮对盟军登陆艇展开炮击，用机枪向盟军的登陆艇扫射。

加拿大的士兵们顶着德军的炮火和机枪扫射，硬是推进到了海滩上。随着登陆艇的挡板被放下，皇家汉密尔顿轻步兵团和埃塞克斯苏格兰团的官兵们终于踏上了迪耶普海滩。

转折之战·诺曼底登陆

在迪耶普海滩东端登陆的埃塞克斯苏格兰团刚一踏上陆地就遭到了来自迪耶普东面悬崖及海滨防御设施中德军火力的全面压制,在德军猛烈地打击下,埃塞克斯苏格兰团在刚登陆25分钟的时候,就出现了40%的伤亡。到45分钟时,这个数字上升到了80%。

就这样,埃塞克斯苏格兰团始终被德军的强大火力压制在海滩上,动弹不得。与埃塞克斯苏格兰团相比,皇家汉密尔顿轻步兵团的处境要好一些。

由于迪耶普西端的一些房屋距离海滩比较近,皇家汉密尔顿团的一些士兵趁机冲上了一个距离海堤不远的娱乐场,并与守军展开了争夺。在激战1个时后,除了最顶层,整个娱乐场被加拿大士兵控制住了。

借助这个落脚点,两组加拿大士兵突入了迪耶普镇,并与德军展开了巷战。在汉密尔顿团和埃塞克斯苏格兰团登上迪耶普海滩不久后,盟军的坦克终于也上了岸。

除去在海上就沉掉的坦克,一共有27辆"丘吉尔"式坦克登上了迪耶普的海滩。这27辆坦克中有好几辆刚一下船就陷在沙石中,再也出不来了,它们就此失去了战斗力。另外还有几辆坦克也是刚一下船,还没走多远,就被反坦克炮给炸瘫痪了。

最终,仅有15辆坦克穿过沙滩,越过工兵炸开的海堤,进入了迪耶普镇的外围。这15辆坦克虽然行进到了迪耶普镇镇外围,却因为有反坦克障碍物的阻挡根本开不进迪耶普的大街中。如此,停在开阔地上,毫无遮掩的坦克马上就成了德军反坦克炮和"铁拳"反坦克火箭的靶子,有5辆"丘吉尔"式坦克当场就被德军的炮弹和火箭弹打成了废铁。

装甲兵们见待在迪耶普镇周围太危险,就急忙开着余下的10辆坦克回到沙滩上,为步兵们提供火力支援。

盟军部队在迪耶普海滩展开登陆战

上午7时左右，由于有烟幕的阻挡，位于"凯尔普"号驱逐舰上的罗伯茨少将并不知道沙滩上真实的战斗情况。

通过无线电，罗伯茨掌握到汉密尔顿团一部已突入迪耶普镇的消息。闻听此消息，罗伯茨误以为加军已经大部攻入了迪耶普镇，他决定派出皇家莱斯燧发枪团这支预备队去增援迪耶普海滩上的登陆部队。

皇家莱斯燧发枪团的200名官兵乘坐着登陆艇离开主力舰队，穿过烟幕，在迪耶普西面悬崖下面的海滩登陆了。

这支部队登陆后，立即遭遇了火力压制，绝大多数人被困在布满岩石的海滩上动弹不得。仅有一个小组的士兵在皮埃尔·杜巴克军士的带领下离开海滩，冲入了城镇。在耗尽弹药之后，这个小组的士兵被迫投降。

早上8点半时，罗伯茨了解到一个海滨娱乐场已经控制在了汉密尔顿团的手上，且海滩西部也在汉密尔顿团和皇家莱斯燧发枪团的手里，另外这两个团的一些官兵已经杀入了迪耶普镇内。

为了一鼓作气攻下迪耶普，罗伯茨决定派出最后一支预备队去增援登陆部队，他把皇家海军陆战队突击队派了出去。

皇家海军陆战队突击队在菲利普斯上校的带领下乘坐登陆艇向迪耶普海滩冲去。在穿过烟幕、可以看见海滩上的情况后，一副可怕的情景映入了菲利普斯的眼帘。

只见迪耶普海滩上满是燃烧的登陆艇、瘫痪的坦克、遍布海滩的尸体，登陆部队在很近的距离下被德军的炮弹炸死炸伤。

看到这一幕，菲利普斯认为登陆行动业已失败，此时突击队再上岸与送死无异。于是，菲利普斯掉转头，指挥自己的手下们速速返回。事实证明，菲利普斯的决定是正确的，他避免了盟军一次无意义的伤亡。

当盟军的陆军和海军与德军激战正酣时，盟军的空军也与德军的空军展开了激战。凭借岸基作战、滞空时间长的优势，德军飞机给英国皇家空军造成了严重的损失。皇家空军共有106架飞机被击落，而德军飞机的损失比皇家空军要少得多。当皇家空军被击退后，德军飞机掌握了制空权，形势对盟军更加不利。

上午11点，罗伯茨终于了解到战场上的真实情况。普伊斯海滩上的加军几乎全军覆没，普尔维尔海滩上的两个团也损失惨重，迪耶普海滩上的部队被压制在海滩上寸步难行。

鉴于形势极为不利，本次登陆战已然失败，罗伯茨当即下令全线撤退。接到命令后，登陆艇急忙接应迪耶普沙滩上的盟军官兵们撤退。

由于盟军在迪耶普沙滩上的部队过于分散，而德军的反击火力实在太猛，登陆艇只好将距离较近的盟军官兵接走，剩下的人就只有请上帝保佑他们了。

到13点为止，盟军的撤退工作基本完成，能从迪耶普海滩撤退的盟军官兵仅有370人而已。13点过8分，罗伯茨收到了迪耶普海滩发来的消息，留在迪耶普海滩上来不及撤走的盟军官兵们告知罗伯茨：我们已经全部投降。

从1942年8月18日晚上10点到1942年8月19日13点，迪耶普登陆战，也就是"庆典行动"历时15个小时后结束。此战，盟军以惨败而告终！

参战的加拿大军队有907人阵亡、568人受伤、1946人被俘；英军一共有247人伤亡和被俘。英国海军损失了一艘驱逐舰（系触礁沉没）、33艘登陆艇和550名水兵。皇家空军损失了106架飞机（战斗机88架、轰炸机18架），153名飞行员。

与损失惨重的盟军相比，德军的损失较轻。德军仅仅损失官兵600人，损失飞机48架（战斗机23架，轰炸机25架）。

被俘的盟军士兵经过迪耶普镇

单纯就战果而言，盟军的迪耶普登陆战算是完败收场，此次登陆战暴露出了盟军两栖登陆战中存在的很多弱点，盟军登陆战的相关准备工作还需要加强。

不过，俗话说得好，"失败乃成功之母"。通过这次登陆战，盟军总结了很多经验教训，这些经验为后面的北非登陆、西西里岛登陆和诺曼底登陆的成功奠定了基础。

盟军通过这次登陆战获得的经验主要有以下几点：

1. 登陆作战一定要隐蔽突然，一定要打敌人一个措手不及才行。像这次迪耶普登陆战，盟军的一些反常表现那就是明明白白地在告诉德军他们即将登陆。正是吸取了此次教训，在诺曼底登陆战中，盟军将隐蔽作战这一点做得极为成功。

2. 对登陆部队的最大威胁来自空中和滩头。此次登陆战，英吉利海峡的制空权仍然为德军所掌握，另外为了达到突袭的效果，盟军并未进行充足的炮火准备，海滩上毫发无损的德军火力点对登陆部队造成了巨大的威胁。鉴于此，盟军意识到必须完全掌握制空权，并用海军的大口径火炮进行充足的火力准备后，才能派遣部队登陆，以便使登陆部队快速穿过滩头，挺进内陆。

3. 在滩头阵地没有巩固之前，不能派遣坦克部队上岸。

4. 不应对德军防卫严密的地区发动正面进攻，应当避实击虚，从侧翼发动主要进攻。

对于此次登陆战的重要意义，蒙巴顿伯爵是这样评价的，他说道："在迪耶普奇袭中每伤亡一名士兵，在诺曼底登陆中就能少伤亡10名士兵，迪耶普奇袭就是诺曼底登陆的前奏。"

诺曼底登陆

· 第二章 ·

地中海练兵

第一节
丘吉尔的小算盘

1942年8月19日，迪耶普登陆战结束了。发生在迪耶普沙滩上的血淋淋的现实告知了斯大林和罗斯福：盟军没有对德国取得绝对空中优势之前，在西欧开辟第二战场绝对只是一个幻想。

苏联方面鉴于美英的确采取了登陆西欧的行动，而登陆行动也的确失败了，斯大林也就不再对美英两国不在西欧开辟第二战场一事耿耿于怀。斯大林不再催促美英在西欧开辟第二战场，他转而要求美英两国尽快在北非展开新的攻势，以达到吸引德军部分兵力，缓解苏联压力的目的。

斯大林的表态，丘吉尔无疑是欢迎的。说句实在话，丘吉尔千方百计争取来的登陆北非计划其实完全是为英国的利益做打算的。

丘吉尔有如此的算盘完全是拜一个鼎鼎有名的人物所致，这个人就是"沙漠之狐"隆美尔。若要问为何隆美尔会使丘吉尔如此重视北非战场，那就得从1940年说起了。

1940年6月，德国的盟友意大利对英法宣战。意大利对英法宣战之后，意大利的独裁者墨索里尼为了重现昔日罗马帝国的荣光，决定发动一场战争，一场旨在将地中海变为意大利内湖的战争。

墨索里尼要实现自己的目标，那首先就一定要击败在北非和东北非有大片殖民地的英国。

1940年7月，意大利从自己在非洲的埃塞俄比亚殖民地和利比亚殖民地对英属埃及、英属苏丹和英属肯尼亚发起了进攻。

在战争的开始阶段，意大利军队无疑占有巨大的优势！意大利在东北非的埃塞俄比亚部署有 30 万人马，在北非的利比亚则部署有 23.6 万人；英国在东北非只部署了 3.25 万人，在北非则部署了 6.6 万人。

凭借着人数上的巨大优势，开战没多久，在东北非战场，意大利军队一度攻入了英属苏丹、英属肯尼亚和英属索马里，并占领了一些地区。

后来，由于英属埃及军队和英属肯尼亚军队的殊死抵抗，再加上不满意大利殖民统治的埃塞俄比亚游击队的不断骚扰，意大利军队停止了攻势，转入了防御。

德国元帅沙漠之狐隆美尔

借着这个喘息的机会，英国急忙把它的殖民地军队扩充到了 15 万人。等英国军队的实力增强后，就对意大利军队展开了反击。

1941 年 5 月，英国和意大利在东北非的战事结束。此战，英国大获全胜，意大利丢失了它在东北非的埃塞俄比亚、厄立特里亚和意属索马里这几块殖民地。

1940 年 9 月 13 日，英国和意大利在东北非开打两个月后，英国和意大利军队在北非也交起火来。

北非开战之初，意大利军队凭借其人数的优势，一度从利比亚攻入埃及境内 130 公里。随后，意大利军队由于指挥失当，后勤不继，被英军抓住机会，杀了一个回马枪。

1940 年 12 月 9 日，英军首先从正面反击意军，使意军吃不住，后退！1941 年年初，英军派出一队人马在利比亚的图卜鲁格登陆，一举切断了意军的退路。

如此，在英军的左右夹攻之下，经过两个月激战，意军10个师被歼灭。英军在成功歼灭意大利军队10个师后，士气大振，跟着乘胜直追，一度攻入利比亚境内。

眼见英军突飞猛进，把意大利军队打得一溃千里，利比亚守不守得住都是个未知数。墨索里尼急了，他赶紧向希特勒求助，希望盟友希特勒能出兵援助意大利。

希特勒答应了墨索里尼的请求。1941年2月6日，德军统帅部将德国非洲军（下辖一个坦克师、一个轻步兵师，司令为隆美尔中将）和一些航空兵部队调往利比亚。

1941年2月11日，隆美尔到达了利比亚首都的黎波里，随着隆美尔一同到达的还有德军一个团的先遣部队。

隆美尔到达后，立即投入到战斗中。首先，隆美尔命令刚刚遭逢大败，士气很差的意军务必坚守住苏尔特海湾的的黎波里、坦尼亚防线，使英军不至于全部占领利比亚，也使德意军在利比亚好歹还有一块落脚地。

在隆美尔的要求下，意大利军队终于止住了不断逃跑的势头，开始组织防守，抵挡英军的进攻。等英军的进攻被顶住后，隆美尔派遣空军轰炸了英军的运输线，这使英军的补给困难，也为隆美尔反击创造了条件。

作为一个在二战中很有名的将官，隆美尔有很多优点——喜欢在前线指挥作战，以便掌握第一手的前线讯息，从而迅速做出正确的反应；能够非常灵活地运用机械化部队，发起快速进攻；擅长利用地形和环境因素作战；喜欢动脑筋，经常用一些小擅长谋略。这些优点，为隆美尔在北非成名奠定了基础。

1941年2月16日，隆美尔到达前线，他接过了前线意大利军队的指挥权，成为北非德意军队的总指挥，随后他开始研究如何在沙漠地带用兵。

经过考察和研究，隆美尔认为要想在沙漠作战中获胜，必须注意两点：一是"速度第一"；二是"最好的防御就是进攻"。

1941年2月底，始终在一线的隆美尔探知到英军一个动向，英军王牌

第7装甲师撤回埃及，进行休整和补充，第7装甲师的战区由刚从英国调来的、都是新兵组成的第2装甲师的一半兵力来接管。

与英军第7装甲师一同攻入利比亚的澳大利亚第6师也被澳大利亚第9师替换，这个第9师的一部分官兵因为补给不够干脆就没到利比亚来。

英军指挥官敢这么干，是因为他们料定缺兵少将的隆美尔不敢进攻。本来，一般人的确不会进攻，但是隆美尔不是一般人。

1941年3月15日，隆美尔率领着德军第5战车团和意军一个师向英军发起了进攻。由于没想到隆美尔会进攻，结果英军大败。被击败后，英军只好按照进攻的路线往埃及方向后撤。

在敌军后撤的时候，隆美尔没有做任何休整，他带领德意军追着英军一阵猛打。在追击英军时，隆美尔有时还会用一些计谋。比如，隆美尔在进攻时，为了迷惑英军，不让英军发现其实他的实力很有限，他就把一些汽车改造成了假的装甲车。隆美尔把真假装甲车混在一起用，就让英军误以为德意军的装甲车很多，从而不敢交战，只管逃跑。

在隆美尔的精心策划下，德意军很快就把大部分英军打出了利比亚，余下的一部分英军则被围困在利比亚的图卜鲁格。

待此战打完，隆美尔名声大噪。由于隆美尔指挥作战灵活，能根据沙漠地形和气候用兵，有时候还用用计谋、出其不意的进攻，能够以少胜多，因此被称为"沙漠之狐"。

隆美尔将大部分英军逐出利比亚后，德意军就跟英军在埃及和利比亚的边界附近展开了拉锯战。

1942年5月26日夜间，已经在北非站稳脚跟的德意军集结7个意大利师、3个德国师，共计13万人，在610辆坦克和600架飞机的支援下，对拥有13万人，1270辆坦克，640架飞机的英军发起了进攻。

1942年6月底，在隆美尔的指挥下，德意军不仅解决了顽强驻守在利比亚图卜鲁格的英军，还一度攻入埃及境内，进至距离开罗不远的阿拉曼附近。这次隆美尔导演的进攻战被称为第一次阿拉曼战役。

照着德意军的势头，如果隆美尔得到足够的给养和援兵，拿下开罗也

转折之战 诺曼底登陆

不是不可能。只要埃及失陷，盟军的生命运输线苏伊士运河，盟军的产油区伊拉克、伊朗和沙特阿拉伯还保不保得住都是未知数。

面对北非做出情况，丘吉尔再也坐不住了。要知道，大英帝国在埃及和中东的殖民地有不少产业呢！为了使大英帝国的家当不被隆美尔砸得稀烂，丘吉尔一边跟美国表示英国愿意尝试在西欧登陆，一边又希望美国能够支持英国在北非登陆。

根据丘吉尔的意思，在北非登陆有如下几点好处：

1.夹击隆美尔，迫使他撤退，保障苏伊士运河和盟军的石油产区不再受到威胁；

2.盟军将北非占领后，可以将北非作为跳板，进攻意大利；

1942年6月，经过丘吉尔的不懈努力，美英之间就北非作战问题达成协议。1942年7月22日，罗斯福致电伦敦，并向丘吉尔表示：鉴于英国愿意在西欧登陆，美国决定支持英国在北非登陆。接到罗斯福的电报，丘吉尔大喜过望，当即将盟军登陆北非的行动定名为"火炬行动"。

登陆北非的方案定了下来，接下来的问题是在哪儿登陆。经过细致的考虑，盟国的政治家们决定选择维希法国统治下的法属北非殖民地作为登陆地点。选择这一地点可以带来两个好处：第一个好处，适度敲打一下法国，迫使法国加入盟国共同对德国作战；第二个好处，一旦美英登陆成功，就可以从法属阿尔及利亚对利比亚展开进攻，从而营造出东西两面夹攻北非德意军的战略态势。

不得不说，盟国政治家们的考虑还是很有依据的！1939年9月1日，二战爆发，法国对德国宣战。1940年5月20日，德国对法国发动闪击

火炬计划 整装待发的空军部队

战，法国战败投降。法国投降后，一战时的英雄贝当元帅组织了一个傀儡政府，继续统治法国中南部和法国海外殖民地。因为贝当元帅组建的政府在法国维希办公，故而贝当元帅统治的法国又叫维希法国。

当时，在维希法国，像贝当这样对德国卑躬屈膝的人是少数，绝大多数法国人都渴望赶走德国人，光复祖国。那些不满德国统治的法国人组建了形形色色的抵抗组织，秘密与盟国联络反对德国。

法国的民心无疑给了盟国的政治家们信心，盟国的政治家们认为完全可以利用法国人的心理，在少流血、甚至不流血的情况下，完成北非登陆行动。

盟国的政治家们把登陆地点敲定了，接下来就将制订作战计划这样的事情交给了参谋。1942 年 7 月 25 日，美英参谋长联合委员会召集美英的将军开始制订"火炬行动"作战计划。

当商议起具体的作战计划时，美英的将军们不可避免地出现了分歧：

第一个分歧是时间问题，鉴于隆美尔在埃及攻势凶猛，英国方面建议 1942 年 10 月 7 日就登陆；而美国方面则要求准备充分后再登陆，时间定在 1942 年 11 月 7 日。

第二个分歧是地点问题，英国方面预计德意会在盟军登陆后抢占突尼斯，来保障隆美尔的后方，便主张盟军在阿尔及利亚的奥兰和阿尔及尔登陆，然后直捣突尼斯，与在埃及指挥英军的蒙哥马利合力夹击隆美尔；美国人觉得英国方面提出的计划很是冒险，因为英国人提出的登陆地点距离德意控制区太近，很难预料德意是否会强力反击，所以美国人提出不在地中海，而是在非洲西边的摩洛哥大西洋海岸登陆，然后再穿过阿尔及利亚，杀向突尼斯。

如此，美英两国的参谋各执一词，迟迟定不下登陆的具体时间和地点。当讨论到法军是否会抵抗的问题时，双方的参谋吵得更凶了。

鉴于这次盟军的登陆地点是北非，盟军的敌人是法国人，而不是德国人。美英的将军们决定好好动动脑筋，看看怎样才能用最合理的方法完成这次登陆战。

转折之战 诺曼底登陆

在充分考量了法国和美英的关系之后，美国方面充满善意地告知英国方面：为了赢得法军的好感，首批登陆的部队是美军，英军随后上岸。美国方面提出这样的建议，英国方面没有提出什么反对意见，这是因为他们稍稍有些心虚。至于原因，那就要从英法两国的关系说起了。

一战的时候，英法在西线紧密合作，共同奋战4年，最终将德军击败。这次大战开战之初，英法再度并肩作战，共同对抗德国。后来，德军闪击战将法国击败。于是，法国不得不退出战争，留下英国人单独抗击德国。

法国人向德国投降之后，并未主动向德国提供一兵一卒用于对英国的战争，从这个角度来看，法国人对英国朋友很够意思。

与很够意思的法国人相比，英国人的表现就不那么好了！当时极为害怕德军在英伦三岛登陆的英国人，由于担心法国军舰被德军征用，就派出军舰对法国在北非的舰队一阵猛轰，结果不仅把法国人的军舰搞沉了几艘，还炸死炸伤了几千法军。

英国人这一手玩下来，法国人就怒了，法国人就此跟英国人结下了梁子。有了这样的背景，盟军方面很担心，要是英军担任主攻在北非登陆，说不定法军本来不想打的，一看见英国人，反而跟盟军干起仗来了。

跟英国比起来，法国跟美国的关系就好多了，法国人普遍对美国人怀有好感。出于这样的考虑，美国方面才跟英国方面建议由美军担当主攻。

英国方面虽然自知理亏，觉得美国不无道理，但是英国人觉得美国军队根本没有任何两栖登陆战的经验，要是没经验的美军在登陆时遇到法军的抵抗，说不定迪耶普的悲剧将会上演。

为了确保北非登陆战成功，丘吉尔致电罗斯福，希望美国能允许英国军队穿上美军制服，让有经验的英军冲在前面。丘吉尔觉得反正美军也说英语，法国人短时间内不会察觉。丘吉尔的要求遭到了罗斯福的拒绝，后者认为这是对法国朋友的欺骗行为，他不同意。

就这样，丘吉尔和罗斯福通过电报你来我往、讨价还价后，终于在1942年9月15日达成了协议。

罗斯福和丘吉尔一致同意盟军在摩洛哥的卡萨布兰卡、阿尔及利亚的奥兰和阿尔及尔三个地点登陆，首批登陆部队是美军，英军随后上岸。美军主要负责地面作战，英国负责海上的行动。美英高层计较停当，即开始布置具体实施事宜。

第二节
美国人和法国人搞的小动作

美英高层决定1942年秋季在北非进行代号为"火炬"的登陆战役,该战役将由美国陆军中将艾森豪威尔任总指挥,英国海军上将坎宁安任海军总司令。

此次登陆战将动用10.7万人,航空母舰16艘、战列舰7艘、巡洋舰9艘、各种驱逐舰、扫雷艇和各式登陆艇650艘,1700架各式飞机投入作战。

根据统一作战原则,盟军所有海陆空参战部队均受艾森豪威尔调配。艾森豪威尔接过"火炬行动"指挥权,即开始分派各部队的任务。艾森豪威尔把在卡萨布兰卡、奥兰、阿尔及尔登陆的部队编为西、中、东三个特混编队。

这三个特混编队都由登岸陆军、海军两部分组成。由于此战是登陆战,自然是陆军唱主角,海军的任务是运送陆军、为陆军提供炮火支援和压制敌方海军舰艇。

盟军的西部特混编队有陆军2.45万人,由大名鼎鼎的巴顿任司令;海军由休伊特海军少将指挥。在巴顿上岸建立指挥部之前,海军由休伊特指挥,之后休伊特受巴顿指挥。该编队由美国起航,前往摩洛哥海域,登陆地点是卡萨布兰卡。

中路特混编队有陆军1.85万人,由费雷登德尔少将指挥;海军舰队由特鲁布里奇海军准将指挥。陆军上岸后,海军由费雷登德尔指挥。该编队由英国起航,开往地中海,登陆地点是奥兰。

东路特混编队由英军和美军各9000人组成，由美国陆军少将赖德指挥；海军舰队由英国海军少将巴勒指挥。陆军上岸后，海军同样由赖德指挥。该编队同样由英国起航，开往地中海，登陆地点是阿尔及尔。

"火炬行动"的空中掩护由两部分来完成：一部分是以航母为依托的陆军航空兵，由杜立特尔指挥，他麾下的航空兵负责支援西路部队；另一部分是以直布罗陀为基地的陆基航空兵，由英国空军上将威尔士指挥，他麾下的航空兵负责支援中路和东路。威尔士和杜立特尔都受艾森豪威尔调配。

鉴于地中海海域有意大利海军和法国海军存在，英国海军将大部分本土舰队的战列舰和驻直布罗陀的舰队合并，让坎宁安率领这支混合舰队为中路和东路编队保驾护航。

由于此次登陆战涉及的地面部队十分庞大，对补给品的需求量极大，单纯依靠登陆艇转运物资无法满足登陆部队的需求，必须要有港口才行。

直接进攻敌军重兵把守的港口一定会付出巨大的代价，成功的把握也不大，所以登陆地点都选在港口不远的开阔海滩，掌握了海滩，再从侧后进攻港口。

由此来看，登陆成功的关键点就是：务必以最快的速度夺取港口，让后续人员和物资迅速上岸，从而达到巩固登陆场、成功登陆的目的。

通过登陆战的特点反推一下，守军要想挫败登陆部队的突击，只需稳守港口，断绝登陆部队的后勤补给即可。

尽管有迪耶普的例子在前，艾森豪威尔和美英的参谋仍然想一开始就派出专门的部队去袭击港口，以防守军凿沉船只阻塞航道或者破坏码头。

直接夺取港口的计划能否成功，说实话艾森豪威尔和美英的参谋心里都没底，当他们为能否成功夺到完好无损的港口而发愁时，法属北非的美国外交人员带来了一个意想不到的好消息。

早在登陆发起前，美国就向北非派遣了为数不少的谍报人员。这些谍报人员的任务是说服法国的高级将领向盟军倒戈。在美国派出的谍报人员中，美国驻阿尔及尔的总领事罗伯特·墨菲在策反维希法国将领这件事上取得了不小的成绩。

经过墨菲的不懈努力，北非法军总司令阿尔彭斯·朱安将军和阿尔及尔城防司令马斯特将军被争取到同盟国阵营里来了。另外，维希法国海军总司令达尔朗上将也对加入盟国阵营一事表现出了浓厚的兴趣。1942年10月上旬，墨菲将他的工作成果写成报告交给了艾森豪威尔。

墨菲的报告引起了艾森豪威尔的高度重视，他觉得要是能够促成法国高级将领的倒戈，无疑可以减少盟军的损失，甚至说不定还可以兵不血刃占领北非。怀着这样的念想，艾森豪威尔打算跟法国海军上将达尔朗联络，看能不能促成达尔朗倒戈。

达尔朗是法国的一个重要人物，他的威望仅次于贝当，法国海军完全听他的命令。艾森豪威尔有心想跟达尔朗联系，却又有那么一丝顾虑。达尔朗是一个很有名的亲德分子、仇英人士，美国国务院要求艾森豪威尔不要跟达尔朗接触，以免盟军的登陆计划泄露给德国人。

跟达尔朗接洽这条路走不通了，艾森豪威尔只好在朱安和马斯特身上下功夫。10月22日，艾森豪威尔派遣他的副手马克·克拉克带着一箱美元前往阿尔及尔，去跟法国将领谈判。

克拉克一行人乘坐潜艇到达阿尔及尔，他们上岸时遇到了风浪，那一箱美元不幸掉到海里去了。他们进入阿尔及尔后，费了很大劲才见到墨菲和马斯特将军。双方见面后，当即开始密谈。

10月25日，克拉克回到了直布罗陀，他给艾森豪威尔带来了好消息：马斯特将军愿意跟盟军合作，他说只要盟军出现在北非，朱安将军也一定会帮助盟军上岸，他还表示会联络摩洛哥的法军，让他们也帮助盟军。

听完克拉克的汇报，艾森豪威尔十分满意，这次虽然没有把达尔朗争取过来，但是奥兰和阿尔及尔的大门已经向盟军敞开，现在盟军只需考虑对付停泊在卡萨布兰卡的法国军舰即可。

艾森豪威尔误以为有马斯特和朱安的投诚，奥兰和阿尔及尔的全部法军就会不战而降，他不知道的是奥兰的港口和阿尔及尔的港口都由法国海军守卫，这些守卫者只忠于达尔朗。艾森豪威尔的这一个小失误为盟军随后夺取港口带来了一些麻烦。

就在艾森豪威尔和法国人秘密联络时,休伊特率领的西部特混舰队自美国汉普顿港驶出,穿过大西洋,朝摩洛哥海域驶去。几天后,东部和中部特混舰队自英国西海岸起航,南下直布罗陀,在那里会合后,分别驶向奥兰和阿尔及尔。坎宁安率领的掩护舰队在两支舰队的东北方提供掩护,准备随时截杀敢于来犯的法国和意大利舰队。

当盟军的大批船队出现在直布罗陀和非洲西北部时,不可避免地引起了德军统帅部的注意,德军统帅部在猜测这些部队的意图。

此时,散布在欧洲德占区的美英间谍放出风声,说是盟军将要援救被德意围困在马耳他岛上的英军以及攻击法属西非的达喀尔。德国统帅部相信了这些消息,于是命令前线部队密切监视出现在直布罗陀的盟军舰队,防备这支部队去增援马耳他岛。有了这样的前提,美英发起的北非登陆战取得了一个突然性的效果。

11月7日夜,盟军的3路特混舰队都已经在各自登陆海域集结完毕,根据"火炬行动"总指挥艾森豪威尔的命令,11月8日发动登陆作战。

盟军的这次登陆战由于是没有什么经验的美军率先发动的,所以在此次登陆中美军遇到了很多问题。说句实在话,要不是守卫北非的法国军队三心二意,盟军能不能在北非登陆都是个问题。

在摩洛哥方向,盟军的西部海军特混舰队在11月7日分为3个突击舰群行动:

南路突击舰群直接南下,直取摩洛哥南部港口萨菲,任务是将6500名官兵和90辆中、轻型坦克送上岸,等到部队上岸后,立即集结起来,从南面进攻卡萨布兰卡;

中路突击群是主力部队,任务是将近2万名官兵和65辆轻型坦克在卡萨布兰卡北面的小港费达拉处送上陆,等到部队登岸,立即集结起来,从北面向卡萨布兰卡进攻;

北路突击群的登陆地点是海滨村庄梅迪阿,任务是将9000名官兵和65辆轻型坦克送上岸,这一路部队的任务是夺取奥特港附近的机场。

由休伊特指挥的掩护舰队向卡萨布兰卡进发，准备炮击任何企图离开该港口的法国军舰。而航空母舰也分为3组，在盟军的3个登陆地为盟军提供空中支援。

登陆行动发起的时间上面，陆军将领巴顿和美国海军之间有点儿小分歧。美国海军建议将登陆时间定在天亮以后，这样就可以提供舰炮支援。根据陆军进攻的特点，巴顿建议登陆部队摸黑向海岸进攻，以达到出其不意的效果。

由于登陆这件事是陆军负责的，巴顿有此要求，休伊特也没办法，休伊特同意了巴顿的要求。如此，巴顿将登陆的时间定在了凌晨4点。

11月8日午夜，负责进攻费达拉的美军主力部队开始从运输船上转移到登陆艇上。由于携带的装备太多了，美军官兵在通过登陆网梯换船时的动作极为缓慢。到凌晨4点时，预定出发的登陆艇中只有一半儿到达了会合地点。

时间不等人，负责掩护的美军驱逐舰引导着先到达的登陆艇向出发线进发。大约50分钟后，登陆艇驶抵出发线。出发线两侧的海滩方位标示艇用灯光指出了海滩的位置，登陆艇分成数排，将艇头指向海滩方向。

凌晨5点，前几排登陆艇作为第一艇波率先出击，随后每隔5到10分钟，第二、第三艇波相继跟进。

当美军的登陆艇接近海滩的时候，登陆艇的马达声终于惊动了海滩上的法国守军。海滩上的探照灯被守军打开了，他们先向天上照了照，看是不是有飞机飞过来？发现没有飞机飞过来，他们就又朝着海面照了照，结果美军的登陆部队就在灯光下现形了。

美军见法军用探照灯照到了自己，就立马用机枪对探照灯进行扫射，探照灯应声而灭。

这时天还没亮，法军看不清海上的情况，也就没有开火。然而，令人哭笑不得的是，法军还没有开火，美军就已经遭遇了伤亡。

具体的情况是这样的：驾驶登陆艇的驾驶员只经过了为期两个月的训练，根本不能熟练地驾驶登陆艇；盟军的驾驶员训练时都是在风平浪静且视线良好的条件下训练的，现在大西洋上波涛汹涌，海浪滚滚，且天还是黑的，盟军的驾驶员们根本无法自如地驾驶登陆艇。

在这样的情况下，意外发生了。由于视线不好，盟军的登陆艇直接撞上了与登陆海滩相毗邻的礁石——有些登陆艇被卷入拍岸浪，突然横转过来，被冲上了海滩；有些登陆艇在行驶的时候，突然就撞在了一起；有些登陆艇上的士兵不知何故掉到海里去了，身负沉重装备的美军士兵一旦落水，马上就被他们的装备给拽进了海底深处。

就这样，在一片忙乱中，接近黎明时，登陆艇总算把3500人送上了岸。这3500人上了岸以后，立即组织起来，攻占了费达拉城。

美军攻占费达拉的时候，天已经大亮。这时滩头两侧的海岸炮仍在法军的控制下，美军吃不准法军会不会开炮！

第三节
更像是演习的登陆战

当美军登上岸时，法军犹犹豫豫，始终也没有下定决心打还是不打，这种表现跟他们上层的态度有关。

法军在卡萨布兰卡驻有一个师，该师师长贝图阿尔是一个反德分子，他早就跟阿尔及尔的马斯特将军联系好了，准备欢迎盟军登陆。盟军告知了贝图阿尔一个暗号，只要英国广播公司的广播中出现了"罗伯特来了，罗伯特来了……"这样的信息，就表明盟军登陆了。

11月7日夜，英国广播公司终于将这个暗号播送了出来，贝图阿尔听到了这个暗号，就马上采取了行动，将德国停战委员会的特派员给抓了起来。紧接着，又对法国驻摩洛哥总督诺盖将军和卡萨布兰卡的海军司令米歇勒海军少将展开了游说，贝图阿尔劝说他们不要跟盟军对抗，加入盟军的阵营去跟德国作战。

本来诺盖也很想加入盟军跟德国作战，但是若是盟军没有派出大部队前来登陆，他贸然宣布加入盟军，说不定德军马上就打到卡萨布兰卡来了。有鉴于此，诺盖决定先看一看形式，过了许久，当他听说发生在海滩上的战斗只不过是一次小小的骚扰性进攻后，他马上下令抵抗，随后他把贝图阿尔给抓了起来。

诺盖一下令抵抗，法军的大炮就响了，费达拉两侧的法军海岸炮向海滩上的美军以及海上的美国驱逐舰倾泻了大量的炮弹。驱逐舰见状，只好开火还击，这样美军和法军就打起来了。

既然开打了，美军就不客气了。美军凭借着兵力和兵器上的优势，将法军完全压制住了。只可惜，登陆艇太少了，不能给登陆的部队提供足够的补给，这使美军的推进速度大受影响。

直到11月10日，美军才将距离费达拉仅仅16千米的卡萨布兰卡包围。

在卡萨布兰卡南面的萨菲和北面的梅迪阿登陆的部队同样进展缓慢，要不是法军打了一阵不想打了，再加上美军的海军炮火着实猛烈，估计登陆部队根本就站不住脚。

盟军西部特混舰队的登陆搞得一团糟，盟军中部和东部特混舰队的登陆要好一些，好一些的根本原因是法军几乎没有进行像样的抵抗。

在奥兰登陆的是美军第二军，他们分3路进攻：第1路攻击奥兰以西的两个滩头；第2路主力部队攻击奥兰以东的阿尔泽港及其毗邻的一段海滩；第3路是由400名突击队员组成的B战斗群，其任务是在登陆发起2小时后，乘坐两艘快艇"华尔纳号"和"哈兰特号"，直接闯进奥兰港，并夺取港口，以防港口被破坏。

11月8日凌晨1点，美军发起奥兰登陆战。

在奥兰东、西两侧进行的登陆十分顺利，法军基本上没有进行抵抗，坦克和陆军都上了岸。与顺风顺水的海滩相比，进攻港口的B战斗群可遭了大殃。

凌晨3点，美国突击队员们在自己乘坐的快艇上悬挂上两面大大的美国国旗，随后"华尔纳号"一马当先，先一步闯进了奥兰港，"哈兰特号"紧随其后，也一头扎进了奥兰港。

法军见美军凭两艘小艇就想拿下奥兰港，觉得尊严受损，于是立即派两艘驱逐舰和一艘鱼雷艇围着美军的快艇一顿猛揍。法军一认真开打，美军就撑不住了，两艘快艇全部被击沉，400名美军突击队员伤亡惨重，一部分随着快艇沉没，还有一部分被法军俘虏了。美军突击港口的行动以失败告终！后来，当美军主力部队占领奥兰港时，港口已经被守军破坏，已无法使用了。

港口没能夺下来，占领奥兰的行动也遇到了麻烦！美军在海滩上完成集结后，分两路向奥兰进发，行至半路，突遇守军猛烈抵抗。由于补给不足，美军无法突破守军的防线，战局一时僵住。

在阿尔及尔，美军计划在阿尔及尔东、西两侧三个平静、没有潮汐的海湾内换乘并登陆，同时派遣英国驱逐舰"布罗克号"和"马尔科姆号"带着突击队员，去袭占阿尔及尔港，防止港口被法军破坏。

11月7日晚上，收听到英国广播公司暗号的阿尔及尔城防司令马斯特知道盟军即将登陆，就按约定将城里军政官员全部控制起来，守军的防务陷入瘫痪状态，海滩已经完全没有了防备。

尽管海岸完全没有防备，但是由于美军缺乏登陆的经验，训练也不足，其登陆过程极为混乱。不同番号的部队混杂在长达几千米的海滩上，士兵们要费好大的劲才能找到自己的连队和长官，等队伍的建制齐整了，登陆部队开始向内陆推进。

由于马斯特提前做了工作，盟军的进攻倒更像是武装游行，沿路的法国部队统统一枪不放，就缴械投降。11月8日日落前，阿尔及尔城落到了盟军的手里，但它的港口却一直捏在法国海军的手里，港口的守军只听达尔朗的命令，马斯特指挥不动他们，他们拒绝投降。

盟军深知阿尔及尔港的重要性，登陆发起时，两艘满载着突击队员的英国驱逐舰"布罗克号"和"马尔科姆号"向港口发起了突击。

刚开始时由于处于黑暗中，加上不熟悉海域而迷航，两艘悬挂着美国国旗的英国船根本找不着通往港口的狭窄入口。好不容易找着了入口，进了港口，又吃了守军无数炮弹。结果，"马尔科姆号"被重创，撤出了战斗；"布罗克号"顶着炮火靠上了一个码头，总算把突击队员送上了岸。这些突击队员很快发现处境不妙，他们被机枪包围了，只好明智地选择了投降。送完了突击队员，"布罗克号"本打算逃走，却因伤势过重，最终沉没。

仗打成这样，盟军想夺取一个完好无损港口的愿望怕是要落空了。眼看着阿尔及尔港就要像奥兰港那样被毁时，达尔朗拯救了它。

不知是巧合还是命中注定，盟军发起北非登陆战时，法国海军上将达尔朗正好在阿尔及尔的医院里看望他患病的儿子。随着阿尔及尔城的陷落，达尔朗成了俘虏。

朱安告知艾森豪威尔，只要达尔朗肯下命令，北非全部法军就会停止抵抗。得知这一消息，艾森豪威尔的副官克拉克来到阿尔及尔与达尔朗谈判。克拉克威胁说，若是不和盟军合作，达尔朗必将面临牢狱之灾；而与盟军合作，其职位没有任何显著变化。

达尔朗本身就心向盟军，如今身陷囹圄自然不会再顽抗。他说他已经给贝当元帅发了一封电报，希望得到贝当的正式授权后再与盟军合作。

艾森豪威尔并不意外法国人的这个脾性，他的同僚曾经说过："法国人无论干什么事情，都要披上一件合法的外衣，这个法则在法军中尤其盛行！"

11月9日，贝当的回复称允许达尔朗见机行事。有了这道回复，达尔朗立即发令：阿尔及尔地区的法军停火，让盟军使用港口。

得益于这样一个巧合事件，阿尔及尔港才完整无缺地落到了盟军手中。可以说，达尔朗拯救了阿尔及尔港，也拯救了东路盟军！

当时，海上天气转坏，东路盟军不得不停止对登陆部队的增援。只要法军认真抵抗，登陆行动可能面临失败。

11月10日上午11时，达尔朗命令法属北非所有法军投降。当天，盟军进入卡萨布兰卡和奥兰。至此，"火炬行动"的登陆部分宣告结束。在此次登陆战中，美英军首次出动空降兵参与夺占机场等行动。由于法军几乎没有抵抗，参与这次空降作战的空降兵没有太大伤亡。

美英军在法属北非登陆的消息惊动了德军统帅部，希特勒迅速做出了反应。希特勒认定法国人在盟军登陆时不作为、没有抵抗、着实可恶，遂命令德国国防军占领法国全境，贝当元帅被解职。

11月11日，德意利用美英军未在突尼斯登陆的机会，派兵抢占了突尼斯城和比塞大两个基地。德意做出如此举动的目的是接应在埃及兵败的隆美尔，并护卫利比亚的西面边境。

1942年10月23日，当"火炬计划"还在紧张的准备时，得到美国援助而实力大增的英国驻埃及第8集团军在蒙哥马利的率领下，趁着隆美尔无法从德国获得足够给养和补充的机会，对德意军发起了进攻。

面对实力占绝对优势的英军，隆美尔回天乏术，德意军一路从埃及败退到突尼斯，利比亚全境随之被英军占领。

从 1942 年 11 月 8 日至 10 日，北非登陆战以盟军一方胜利而告终，这次登陆一举扭转了北非战局，使盟军实现了绝大部分战略意图：苏伊士运河和中东产油区安全了；法国在北非的军事力量也站在盟军一边对德作战。接下来，只要肃清困守在突尼斯的德意部队，就可以完全占领北非，得到进攻意大利的跳板。

此次登陆战使盟军收获颇丰：美军得到了锻炼；登陆过程中暴露了一些问题，这些存在的问题必将得到解决；迪耶普和北非的经历显示直接占领港口是不可能的。

北非的胜利已成定局，盟军的目光开始移向德国实力偏弱的盟国——意大利。

第四节
"爱斯基摩人"计划

　　1943年1月14日，当盟军和德意军还在突尼斯激战时，美国总统罗斯福和英国首相丘吉尔各自带领幕僚齐聚在刚刚解放的卡萨布兰卡，共同讨论盟军今后的战略问题。

　　这次会议罗斯福本来还想邀请斯大林前来，但是这位苏联的领导人正在指挥苏军围歼被包围的德国保卢斯军团，所以他谢绝了罗斯福的邀请。斯大林不能来，罗斯福也就只好跟英国方面讨论战争的相关问题。

　　在卡萨布兰卡会议上讨论盟军今后的战略问题时，英国首相丘吉尔、英国总参谋长艾伦·布鲁克、美英参谋长联合委员会英方首席代表迪尔均主张北非战事结束以后，盟军要么在西西里岛或者撒丁岛登陆，迫使意大利退出战争；要么在巴尔干半岛登陆，打击巴尔干半岛上的德军，以便将土耳其拉入对德战争。

　　英国方面认为在南欧开辟对德战场，能够进一步吸引德军的兵力，达到削弱德军、支援苏联的目的，等到德军在南欧被大大削弱后，就可以在西欧的法国北部大举登陆。

　　英国制定的战略方针遭到了美国方面的反对，美国参谋长马歇尔认为盟军凭借自身巨大的人力、物力和海空军优势，完全可以直接在法国北部大举登陆。盟军登陆以后，立即寻找德军主力决战，将德军主力围歼掉，随后直捣德国，结束战争。

　　从登陆北非开始，马歇尔始终认为英国人在利用美国为自己谋得利益，英国人提出的登陆地点都是战前英国有利益的地带，他怀疑英国人想

转折之战 诺曼底登陆

借美国的力量恢复其在东南欧的势力范围，再将美国拖入欧洲国家之间复杂的纠纷之中。

马歇尔担心在南欧登陆的计划会影响盟军在法国北部登陆的计划，另外，他也担心在西线没有太大压力的德国会集中兵力击溃苏联，迫使苏联投降，从而影响到盟国的反法西斯战争。所以马歇尔坚决主张北非战事结束以后，盟军马上在英国集结兵力，在法国北部大举登陆。

美国人会对自己的战略方针提出反对意见，这个英国人早就料到了。英国的参谋长布鲁克早就准备好了一套说辞，来说服美国人。

布鲁克指出：盟军之前在迪耶普和北非开展的登陆战表明，登陆战异常困难，盟军在北非登陆能够成功完全得益于法军形同儿戏的抵抗。他强调驻守在法国的德军可不是法军，德军一定会对盟军的登陆行动展开坚决抵抗。一旦盟军在法国登陆，德国可以在不从东线调兵的前提下，集结44个师的兵力用于对盟军作战。盟军没有足够的兵力和登陆舰艇去击败这些战斗力十分强大的德军。

鉴于此，布鲁克认为盟军不应该在法国冒险，而应该用有限的兵力和有限的作战行动，牵制并削弱德军，这样做既能支援正在苦战的苏联，也能为盟军将来在西欧登陆扫清障碍。

为了加强说服力，在南欧登陆的3点理由被提了出来：

第一，从希腊到法国地中海北部海岸，海岸线漫长，处处都是德军不得不设防的地带；

第二，盟军在地中海地区已经集结了强大的陆海空军，盟军完全享有制

1943年1月24日，在摩洛哥卡萨布兰卡会议后，美国总统罗斯福（左二）、英国首相丘吉尔（右一）与法国的戴高乐将军（右二）和吉罗将军（左一）合影。

海权,可以将兵力输送到地中海北岸的任何地方,这就使希特勒不得不处处设防,而处处设防会导致兵力分散,跟无防是一样的,这对盟军的进攻有利;

第三,意大利和巴尔干为多山地带,交通不便,盟军在巴尔干和意大利登陆时,德军短时间内无法将足够的部队运到意大利和巴尔干来阻击盟军。相反在法国登陆,由于中欧和西欧地势平坦、交通便利,在很短时间内,德军就可以将大批兵力从东线运到西线来阻击盟军。

布鲁克列举出了以上3点理由后,又总结道:在地中海登陆成功的可能性很高,能继续吸引德国的兵力,对苏联也能起到支援的作用。如果战事顺利,盟军甚至有可能迫使意大利退出战争,使德军不得不进入原先由意大利军队控制的地区,从而进一步分散德军的兵力,另外土耳其也有可能被拉入盟国阵营对德作战。

不得不承认,布鲁克的一番话说得相当好,连美国的海军作战部长和陆军航空兵司令都站出来为他鼓掌。

权衡了一下,马歇尔觉得布鲁克说得不无道理,便同意了英国提出在南欧登陆的计划。

为了使盟军避免在巴尔干地区与即将要进军到那里的苏军发生摩擦,马歇尔否决了在巴尔干登陆的提议,他只同意在西西里岛登陆,而且还不同意进攻意大利本土。马歇尔始终还是惦记着在法国登陆的计划,他担心进攻意大利本土会影响盟军登陆法国。

见马歇尔同意了自己的方案,英国方面也做出了妥协,同意只进攻西西里岛,不进攻意大利本土。

1943年1月23日,经过充分的争吵和相互妥协,美英的参谋长们终于制订了《1943年作战方针》,并把它提交给了罗斯福和丘吉尔。

该作战方针最终显示的盟军计划是这样的:驻地中海地区的盟军在肃清北非的残军后,将攻占西西里岛,以确保地中海航线的安全,减轻德军对苏军的压力,增加对意大利的压力。进攻西西里岛的时间不迟于1943年7月10日。

转折之战 诺曼底登陆

作战方面的事情一向是军人来拿主意的，既然美英军方都同意此计划，罗斯福和丘吉尔自然没有什么异议，他们都同意了此作战方针。

方针既定，接下来盟军就着手开始制订具体的作战计划。1943年2月，盟军在阿尔及尔成立了一个特别参谋部，开始动手制订代号为"爱斯基摩人"的西西里岛登陆计划。

西西里岛是地中海最大的岛屿，是意大利的领土。整个岛屿呈三角形，一条公路环绕全岛。该岛东西长300千米，南北最宽为200千米，地形以山地、丘陵为主，岛上最高处是埃德纳火山。岛上的主要港口有东面的锡拉库扎、奥古斯塔、卡塔尼亚，西面的杰拉、首府巴勒莫，以及与意大利本土相距仅3.2千米的墨西拿。岛上的机场集中在3个地区：奥古斯塔和卡塔尼亚之间的杰尔比尼地区、杰拉地区和西北海角的卡斯特尔维特拉诺地区。

只要看看西西里岛的地理位置，盟军的计划就很明确了。"爱斯基摩人"计划的最终目的就是盟军占领墨西拿，切断岛上德意守军的退路，跟着将他们一网打尽。

将现有的条件合计后，盟军的参谋人员发现进攻西西里岛面临着两个问题：

第一，空军的作战半径限制。盟军以突尼斯和马耳他岛为基地的战斗机作战半径只能达到锡拉库扎、特拉帕尼以南，而墨西拿在空军的作战半径之外很远，没有空军的支援登陆基本等于送死。

第二，西西里岛距离意大利太近了。西西里岛与意大利本土之间只隔着一道狭窄的海峡，一旦登陆发起，德意军可以迅速增援，将盟军赶下海。

对于第一个问题，盟军参谋设想的解决办法是在西西里岛的锡拉库扎和特拉帕尼以南地区登陆，巩固滩头阵地以后，再兵分多路从路上会攻墨西拿。具体的计划是，盟军兵分两路进攻：蒙哥马利指挥的英国第8集团军在西西里岛东南角即帕塞罗角两侧登陆；巴顿指挥的美国第7集团军在卡斯特尔维特拉诺登陆。

上岸后，蒙哥马利所部以海滩为后勤补给基地，兵分两路，一路沿公路直取锡拉库扎港，另一路占领杰拉附近的机场。

巴顿上岸后，立即率兵进占卡斯特尔维特拉诺附近的机场。

西西里岛登陆战役

待盟军的战斗机进驻上述机场后，蒙哥马利所部即向墨西拿进攻，巴顿则向巴勒莫进攻。两路人马中，蒙哥马利的部队为主攻，巴顿的部队为助攻。

第一个问题解决了，对于第二个问题，盟军的参谋想出了一条妙计来解决，这条妙计是一个战略欺骗计划，后文将做详细介绍。

"爱斯基摩人"计划制定时突尼斯正在激战，德意军战力极强，给盟军制造了极大的麻烦，盟军地中海战区最高司令艾森豪威尔一度忧心忡忡，他甚至做好了一旦拿不下突尼斯，就干脆放弃进攻西西里岛的打算。

1942年10月，隆美尔在埃及被蒙哥马利击败，一路西逃，蒙哥马利所部则跟在他的后面，一路西进猛追。1942年11月，艾森豪威尔率领盟军在北非登陆，随后他派出军队东进直取突尼斯，其意图是与蒙哥马利一道东西夹击隆美尔，将德意势力逐出非洲。

显而易见的事实是，一旦德意失去北非，意大利和整个地中海北岸都将陷在盟军的打击范围之内。

正是由于北非极为重要，不容有失，希特勒和墨索里尼急令驻意大利本土和西西里岛的德意军海空并进，尽全力抢占突尼斯。

德国伞兵先行一步，在突尼斯空降，并迅速抢占战略要地。随后，大批德意军接踵而至，组建成了德国第5装甲集团军，由阿尼姆统一指挥。该军团首战就击溃了士气极高、装备极差的法国驻突尼斯军队，并占领了突尼斯西部的山地，借以防御东进盟军的进攻。

1942年12月，北非连下大雨，道路和机场统统泥泞不堪。顶着巨大的后勤压力，艾森豪威尔指挥的东进盟军于12月25日对突尼斯发起了进攻，但是被德意军轻松击退，他们只好挖掘战壕，固守等待晴天。

由于作战不力，东进盟军打算与蒙哥马利的西进盟军会合后，共同进攻突尼斯的德意军。隆美尔先于蒙哥马利一步与阿尼姆会后，他与阿尼姆趁东、西两路盟军尚未会合之机，先向艾森豪威尔所部发起了进攻，结果东进盟军大败。

隆美尔本打算趁东进盟军大败之机，尽全力将其围歼。但是阿尼姆分外胆小，不敢孤注一掷，东进盟军逃过一劫，德意军扭转北非战局的最后机会就此溜走。

没过多久，艾森豪威尔所部和蒙哥马利所部会合，盟军士气大振，对德意军展开了猛烈进攻。德意军受到的压力持续增大，突尼斯极有可能落于盟军之手。

为了保住北非，希特勒不顾隆美尔撤出北非的建议，仍然派遣大批人马增援突尼斯，他想将突尼斯变成堡垒，抵御盟军。

希特勒显然忘了盟军已经占据了海空军优势，德意运输兵力和补给的飞机和舰船遭到持续打击。由于损失太大，德意不得不停止了向突尼斯运送军队和补给的行动。

德意方面的空运和海运一旦停止，也就意味着仍然在突尼斯作战的德意军成了瓮中之鳖，后路断绝。

1943年5月13日，盘踞在突尼斯的30万德意军全部被歼，其中俘虏就达25万人。伴随着兵力损失的，是兵器的损失。德意军损失了200多辆坦克，没有一件重武器运出非洲。

希特勒和墨索里尼增兵突尼斯的举措不仅无济于事，而且还牵连到意大利防务。由于大批精锐部队被调到突尼斯，意大利本土和西西里岛几乎没剩下什么有战斗力的部队，这两地的防务极为空虚。

第五节
"肉馅"欺敌计划

1943年1月至1943年5月，发生在突尼斯的战事，对盟军高层的决策产生了一定的影响。1943年3月13日，盟军在地中海战区的三军首脑，艾森豪威尔上将、坎宁安海军上将、亚历山大大将和特德空军上将批准了关于进攻西西里的最初方案。但是此方案实施的前提是突尼斯的德意军必须被肃清。

德意军在突尼斯稳守阵地，还伺机报复，其强大战力给盟军将领们留下了深刻印象。蒙哥马利见识了德意军的战斗力后，深恐己方不足，难以完成预定任务——他坚持此时缺兵少将，不足以在占领机场的同时，再去占领港口。于是，他要求将巴顿的一个师调拨过来。

蒙哥马利的直接上司亚历山大不但同意了蒙哥马利的建议，而且还要求巴顿的部队干脆直接与蒙哥马利一起在西西里岛东南部海岸登陆。美英联合参谋长委员会不同意，因为这样做就是要放弃巴勒莫，而巴勒莫实在是太重要了。

双方就西西里的进攻计划吵来吵去，始终无法确定一个可行的计划，这让艾森豪威尔极为沮丧。直到5月，非洲的德意军队已经处于穷途末路，全部被歼指日可待，艾森豪威尔的将领才开始全身心地投入到西西里战役的计划中。

为了使西西里登陆计划通过，亚历山大和蒙哥马利稍稍做出了一些让步——亚历山大不再坚持让巴顿所部也在西西里东南部登陆，他同意巴顿所部进攻巴勒莫；同时，蒙哥马利也不再要求将巴顿所部一个师调拨给他，他转而要求全面修改一下最初的计划。

按照蒙哥马利的意思，登陆地点不能太分散，应当集中兵力在几个主要地点登陆，他要求巴顿在杰拉登陆，掩护自己的侧翼，自己所部则在帕塞罗角和锡拉库扎之间登陆。

盟军参谋人员认为该计划不太可行，因为没有港口，仅靠海滩不足以为两个集团军提供充足的补给。恰在此时，一种新式装备解决了后勤运输问题。美国新研制的大批"鸭子"水陆两栖运输车被送到了北非。

载重2.5吨的两栖车可以把人员、物资直接从海里运到陆上，上岸后这些汽车可以直接在陆地上行驶，从而解决了后勤问题。后勤问题得到了解决，击败隆美尔的英雄蒙哥马利的意见自然不会再有人反对。

5月13日，美英联合参谋长委员会批准了蒙哥马利的方案。此时距离7月10日的最后期限只有不到两个月的时间了，刚刚打完突尼斯战役的盟军部队，立即又投入到紧张的训练中。

"爱斯基摩人"行动计划的总指挥是盟军地中海战区总司令艾森豪威尔将军，但具体负责指挥这次作战的是副总司令、盟军第15集团军群司令、英国陆军上将亚历山大。指挥海军行动的是英国海军上将坎宁安，指挥空军行动的是英国空军上将特德。

第15集团军群下辖第8集团和美国第7集团军。亚历山大决定让蒙哥马利的第8集团军主攻墨西拿，巴顿的美国第7集团军负责助攻。

蒙哥马利的部队分两路进攻，右翼的第13军在锡拉库扎以南登陆，集结完成后北上攻占锡拉库扎和奥古斯塔两个港口，再夺取扼守在埃特纳火山下的卡塔尼亚，直取墨西拿；左翼的30军在波扎罗和帕奇诺登陆后，首先占领帕奇诺的机场，然后沿公路向西西里中部的埃纳进攻，通过埃特纳火山的西麓，进攻墨西拿。

巴顿的第7集团军也分两路进攻，右翼主力第2军在杰拉登陆后，首先占领杰拉机场，然后也向埃纳进攻，待攻下埃纳，向北进至海岸，再沿环岛公路进攻墨西拿；左翼第3师在拉卡塔上岸后，首先占领机场，然后直取西西里首府巴勒莫。

参与此战的盟军地面部队总兵力为 16 万人，有 600 辆坦克和 1800 门大炮。坎宁安指挥的海军舰队分为 3 部分：运送第 8 集团军上岸的西部特混编队，由美国海军上将拉姆齐指挥；运送美国第 7 集团军上岸的西部特混编队，由美国海军中将休伊特指挥；负责为登陆部队提供火力支援的掩护舰队，由英国海军中将威利斯指挥。

特德空军上将指挥的盟军空军共有各式飞机 3880 架，他们的主要任务是迅速进驻西西里的各机场，确保盟军在西西里岛上的空中优势。

为了抢占各主要路口，阻击德意军队趁盟军登陆部队立足不稳时的反击，盟军决定首次大规模使用自己的空降兵参战。

据气象专家的预计，7 月 10 日是满月大潮，空降兵可以借着月光登陆，登陆舰艇也可以在黑暗中接近海岸，在黎明时分抢滩上岸，有这么好的气象条件，盟军才决定将登陆日期选在这一天。

登陆的计划定好了，有一个问题却又让盟军的参谋们费起了思量，这个问题就是如何分散德意的视线，尽量减少西西里的驻军，减少盟军登陆时的阻力。

毕竟西西里距离突尼斯太近了，很容易受到盟军的进攻，希特勒和墨索里尼必然会将目光紧紧盯在西西里岛上。

为解决这一问题，盟军参谋们决定演一出戏来迷惑希特勒。计划是这样的：炮制一个重要的战略欺骗，让希特勒认为盟军进攻西西里岛已不是什么秘密，但正是太明显反而失去了意义，盟军真正的进攻目标是撒丁岛或者希腊。从现在的局势看，如果盟军在地中海继续采取行动，除了进攻西西里之外，要么进攻希腊以便向巴尔干推进；要么在撒丁岛登陆，以作为进攻法国南部的跳板。

根据目前的战略态势而设想出来的这个欺骗计划，被称为"肉馅"行动！

1940 年 4 月 30 日，在西班牙的摩尔渔维尔海岸附近，英国的"六翼天使"号潜艇神秘地浮出水面。舱门打开了，一群士兵打开一个铝制圆桶，抬出一具挂着少校军衔的尸体，他们把一个皮质公文包牢牢地拴在尸体上。随

转折之战 诺曼底登陆

即尸体被抛入海中,汹涌的波涛将尸体向不远处的海岸推了过去。

这具尸体漂到了西班牙沿海的一个小镇,被当地渔民发现,这个情况被迅速上报到了小镇上的西班牙海军办事处。

闻讯后,办事处人员立即派出军官赶赴事发现场勘察情况。一见到尸体,西班牙海军军官马上认出,这是一名淹死在大海里的英国少校军官。很快,他们又发现了那个与尸体紧紧拴在一起的公事包。

按照惯例,西班牙人立即搜查了尸体的衣物和皮包。初步认定:死者名叫威廉·马丁,系联合作战参谋部的英国参谋。在他的上衣口袋里有一张银行的透支单和一封从劳埃德银行寄来的催款信。马丁少校似乎刚刚订婚,他随身带着一张向邦德街国际珠宝商菲利普斯赊购订婚戒指的账单。有两封情书已被海水浸湿,但署名处依然可见,有"爱你的妮莎"等字样。

见一切符合常理,西班牙海军军官们没有怀疑马丁的身份,但是马丁文件包里一份标示为绝密的文件却让他们大为震惊。该文件显示:盟军准备进攻西西里岛,但那是一个假象,是一次战略佯攻,目的是为进攻撒丁岛和希腊作掩护。

希特勒

二战时,西班牙表面上是中立国,实际上暗地里与纳粹德国关系密切,如果发现盟军方面的情报,西班牙人肯定会告诉德国人。

盟军所料不差,在相关部门的授意下,西班牙人先向德国在西班牙的谍报部门做了汇报,德国间谍立即拍摄了马丁身上的全部文件和物品。

刚开始,德国间谍并未轻信马丁的身份,他们对马丁所有的资料都认真地做了核对,以此确定是否真有此人。德国间谍们反复核对了所有信息，并通过德国潜伏在英国的间谍确认无误后，德国谍报部门才初步相信确有马丁少校存在。

事实上，德国谍报部门是不可能找出破绽的，虽然马丁少校只是一个死于肺水肿的普通人，但是他的身份资料却是英国谍报部门花了4个月时间准备的，英国人推敲了每一个可能出纰漏的细节，才制造出了一个几乎真实存在过的马丁少校的所有生活痕迹，这由不得德国人不上当。

德国谍报部门相信了马丁少校的身份，但是他们仍然怀疑为何盟军的绝密作战计划会拿在一个小小少校的手里，这不符合逻辑。

英国谍报部门料到德国人会有此疑问，他们早就准备好了材料来打消德国人的疑虑。一封由蒙巴顿写给地中海舰队司令、英国海军上将坎宁安的信中提到："作为应用登陆艇的专家，马丁少校是个不可多得的人才，他起初总是沉默腼腆，但确实有两下子。他在迪耶普对事态的可能趋势比我们当中一些人预料得更为准确，而且在苏格兰做新式大船和设备的测试时，他也一直表现得很好。恳请一待进攻结束，就立刻把他还给我。"

信的末尾，蒙巴顿还附上了一句："待他回来时给我捎一些新鲜的沙丁鱼来，因为沙丁鱼在英国是配给的。"

英国人编写的这封信打消了德国间谍的所有疑虑，既然马丁少校是精英人才，那么接触到一些高级机密也不意外，另外沙丁鱼是撒丁岛的特产，看来盟军接下来的登陆地点将极有可能是撒丁岛。

由于担心德国间谍会解剖尸体，英国人专门选择了一个死于肺炎而有肺水肿的人来扮演马丁少校。当德国人解剖尸体时，就会发现死者的肺中有积水，这和溺水而死的特征是一样的。

德国间谍们在充分研究完了马丁少校身上的资料后，向柏林总部做了汇报，柏林方面指示西班牙将马丁少校的尸体及材料归还给英国。同时，德国派出不到万不得已绝不出动的在伦敦潜伏的间谍去查探了4月29日英国海军公布的阵亡将士名单，其中马丁少校赫然在列，并且其身份信息和德国在西班牙的间谍们掌握的信息丝毫不差。如此，德国柏林情报总部相信了德国驻西班牙谍报部门的判断，即马丁少校携带的密件是真的，盟军的下一个登陆地点极有可能是撒丁岛或者希腊，西西里岛只会是盟军佯攻的地点。

在确定此消息属实后，德国情报部门当即向统帅部做了汇报。接到情报后，统帅部担心英国方面会因为消息走漏而改变原计划。情报部门对此的解释是，马丁少校的遗体和所有材料均完好无损地归还英国，英国人应当不会怀疑文件内容已经被德国知晓。

正当希特勒和德国统帅部举棋不定时，在撒丁岛一座滨海城市的海岸线上，海潮又冲来一具尸体，死者身穿英国突击队制服，身上的证件和笔记证明，他属于一支正在侦察撒丁岛的小分队。其实，这又是英国潜水艇的一个杰作罢了。

通过这一切，终于使德国统帅部相信了盟军将在撒丁岛或者希腊登陆的情报。随后，希特勒做出了相应的部署。1943年5月12日，希特勒下达了调动部队的命令："在即将结束的突尼斯战斗之后，可以预料，美英联军将试图继续在地中海迅速行动。我要求所有与地中海防御有关的德国指挥机关迅速地密切合作，利用全部兵力和装备，在所余不多的时间内，尽可能加强特别危险的地区。对撒丁岛和希腊采取的措施要先于一切。"

1943年5月14日，希特勒会见了墨索里尼，并向他透露了马丁密件的内容，并且十分笃定地说道："我想做出确是真的！在我们举棋不定时，这个情报太重要了。"

墨索里尼说道："我总有一种预感，觉得盟军还是要进攻西西里岛。"听了墨索里尼的话，希特勒加重语气说道："直觉并没有情报重要，我们得到了可靠的情报。"

希特勒心中已有定见，墨索里尼多说无益。打定了主意，希特勒立即开始调动兵力前往希腊和撒丁岛，根据希特勒的命令，德国从驻法国的部队中抽出了一个装甲师增援撒丁岛，从苏联前线撤出两个装甲师去加强希腊的防御。

从希特勒的表现来看，他中计了！盟军的"肉馅"计划成功了，西西里岛的守卫力量不仅未得到任何加强，后来盟军真的进攻西西里岛时，德军还以为那只是佯攻而已。

第六节
意大利人投降了

经过盟军的一番运作，西西里岛上的防卫力量变得极为薄弱。岛上的驻军是意大利第6集团军，下辖第12军和第16军，共有4个野战师、6个海防师和2个海防旅。此外还有第15装甲步兵师和赫尔曼·戈林装甲师等两个德国装甲师。上述部队都受意大利第6集团军司令古佐尼指挥。

德国的两个装甲师本来是派往突尼斯的，只因盟军的海空封锁过于严密，突尼斯的德意军投降太快，这两个师才避免了覆灭的命运。

意大利军队总兵力有23万，德军兵力4万。人数倒也不算太少，只不过意大利军队中除了利沃那师是正规军外，其余部队均为强征西西里岛居民组建的壮丁部队。

西西里岛的居民厌恶战争，也痛恨墨索里尼的独裁统治。有了这样的思想，壮丁部队的战斗力可想而知有多差。

不同于人数虽众、战力却不足的意大利军队，两个德国师的战斗力是很强的。这些德国师名义上受意大利第6集团军的调配，但实际上它们只听德国南线军总司令凯塞林的话。

当时凯塞林和古佐尼均判断盟军会在锡拉库扎和杰拉一线登陆，就将3个正规师部署在岛的东南部。后来，由于凯塞林担心盟军在巴勒莫登陆，直取墨西拿，截断德意军的退路，他就不顾古佐尼的反对，把第15装甲步兵师调到了巴勒莫，他私下里告知两个德国师的师长，不必理会古佐尼的命令，一切听他本人的调遣。

凯塞林搞这种小动作，一来分散了德意军的反击部队，二来把指挥关系搞混乱了，给本就薄弱的西西里防务增添了新的困难。

在希特勒忙着往撒丁岛和希腊增兵时，盟军的舰队已经从美国、英国、埃及和北非沿岸起航，驶向马耳他岛东南方的会合海域。7月8日中午会合后，掉头驶向西西里岛。

从7月9日中午开始，地中海一改前几天的风平浪静，突然风暴骤起，风力增大至7级，海上随之波涛汹涌。海里的运输舰时而被大浪推上浪尖，时而又落入浪谷。船上的盟军官兵在剧烈地起伏中纷纷晕船，呕吐不止，他们大多瘫在船舱里，看样子极为难受。

海军总司令坎宁安见风暴不止，他就考虑是否取消原定登陆计划，现在无法进行换乘工作，登陆艇也会被大浪打翻！反复思虑良久，最终凭借着多年在地中海作战的经验，坎宁安判断出风暴定然会止歇，遂命令各舰队继续行动。

1943年7月9日晚上10点，正如坎宁安所预料的那样，风暴停止了，海面上也恢复了平静。这时，盟军已经接近了换乘区。

7月9日午夜，盟军到达了换乘区。士兵和水兵们忙碌起来，将一艘艘登陆艇从运输舰上放下，全副武装的士兵们顺着换乘梯进入登陆艇，开始换乘工作。

盟军这边在搞换乘工作，意大利人则没有什么防备。守军以为风大浪急，盟军绝对不会登陆，7月10日凌晨负责海岸防务的意大利人正在床上安心地睡大觉。

这次的登陆条件极为宽松，守军基本上处于无防状态，按道理讲美军应该较为轻松才对。只可惜在这样的条件下，美军仍然破绽百出。

美军登陆艇的驾驶员多是新手，有的在离开美国前连大海都没见过。这些新手驾驶着登陆艇在黑夜中行驶，有的开着开着就迷失了方向，在其他地方登陆了；有的开着开着就撞上了礁石，船搁浅了，一船人停在海上，进退两难。

就这样，美军登陆艇在新手驾驶员的带领下，一路事故不断地到达了海滩。上岸前，美军原以为要经历一场大战，一个个都极为紧张，结果上了岸才发现海滩上空空荡荡，没有敌方人员出现。

再看看英国军队登陆的滩头。英国人登陆好几次，经验十足，登陆艇驾驶员并未出现如美国驾驶员那样的失误，英军十分顺利地登上了海岸。

当然，登陆初期，盟军能运上岸的只有作战官兵和轻武器，大炮和坦克这样的重武器没法运上岸。这时，如果守军发起进攻，盟军顶不顶得住都很难说。

事实上，盟军如此大规模的登陆自然引起了守军的注意。天亮时，海岸上的意大利守军见到了正在登陆的盟军，当时，意大利守军立马就向盟军冲了过去。

盟军见意大利军队冲了过来，开始还紧张了一下，不过后来就完全放松了。因为他们发现意大利人根本不是来作战的，而是来投降的！

一个英国观察员这样记载道："意大利的海防部队向我们设的战俘营蜂拥而来，以寻求安全。造成如此可怕的混乱，以致我们的部队被践踏的危险比被子弹打死的危险还要大。"

西西里本地人组成的壮丁部队不愿意送死，他们中的大多数自愿进了盟军的战俘营，其他人则回家去了。

由于意大利海防部队没有抵抗，盟军轻轻松松越过环岛公路，分别向杰拉机场和锡拉库扎方向推进。

盟军的登陆部队没有遇到什么麻烦，伞兵们可就没那么好运了。此次参战的伞兵是从英国第1空降师和第82空降师抽调出来的，共有1500名英国伞兵和3400名美国伞兵。美国伞兵是第一个露脸的，在第505团团长加文的指挥下，美国伞兵的任务是夺取俯视步兵第一师滩头的高地。

此次空降，盟军共出动366架运输机，其中331架是美国的C—47运输机。这些运输机的飞行员大多是第一次参战的新手，出点状况很难免，只不过这状况太惨了点！

有的飞行员驾驶着飞机飞着飞着就迷航了，消失得无影无踪；有的驾驶员没有经验，离海岸很远的时候就投放了滑翔机，结果伞兵们直接滑翔到海里喂鱼去了；很多运输机根本就没有把目标搞清楚，它们投放的伞兵地点完全错了。结果，到最后美国伞兵也没有占领那个高地。

不得不说，空降兵们的战绩不佳，他们首次亮相就交出了一份不及格的答卷。空降兵们失败了，登陆部队的噩梦也即将开始。

意大利第6集团军司令古佐尼知悉盟军登陆后，立即下令德意军反击。但是，凯塞林吃不准盟军的主攻方面是不是杰拉和锡拉库扎，他还是担心盟军想进攻巴勒莫，在直逼墨西拿。他命令两个德国师按兵不动，容他观察一下，再作判断。

凯塞林不发话，古佐尼自然指挥不动德国师的师长，无奈之下，古佐尼只好命令利沃纳师单干。7月11日早晨8点30分，装备着老式法国轻型坦克的利沃纳师向美军占据的杰拉城发起了进攻。

意大利的老爷坦克车历经千辛万苦终于开到了杰拉城下，却被装备了反坦克炮的美军迅速击退。这一天，意大利军队的地面反击很弱，但是空中反击却极为凶猛。

驻扎在意大利本土和撒丁岛的198架意大利飞机和283架德国飞机轮番轰炸盟军的滩头阵地，一时间盟军损失惨重。盟军的飞机匆忙赶来迎战，与德意的飞机杀作一团，难解难分。

由于盟军军舰和地面的高射炮炮手们时不时挨上几颗炸弹，仓促中他们也分不清天上的飞机哪些是自家的，哪些是敌人的。于是，他们干脆见飞过来的东西就开炮。

巴顿知道德意军队必然会大规模反击，滩头后勤基地必须加强兵力，他命令在11日夜间向滩头空投2000名伞兵。运输伞兵的飞机在飞临海滩上空时，由于50分钟前海滩上的部队刚刚挨了德意飞机的轰炸，他们还以为德意飞机又来了，高射炮炮手们出于本能对夜空中出现低空飞行的飞机开起火来。

高射炮一顿炮火打出来，当即就有23架运输机被揍了下来，另有37架被重创，空降兵伤亡318人。

自相残杀的惨剧刚过去没多久，训练有素的德国装甲兵开始反击了。7月11日下午，凯塞林终于看清盟军的主攻方向不是巴勒莫，他命令赫尔曼·戈林师于次日清晨倾全力进攻在杰拉登陆的巴顿军团，第15装甲师全速向岛的东南角运动。

凯塞林计划先击溃巴顿军团，再解决蒙哥马利军团。

7月12日天刚亮，戈林师的坦克成群结队地向杰拉方向突进。守卫海滩的美军缺少反坦克炮，坦克也不足，形势不妙。装备着著名"虎式"坦克的戈林师一度突进到距离杰拉海滩不足900米的环岛公路。

美军原指望空军来助阵，只可惜关键时刻空军没影儿了！这时，巴顿猛地瞥见身边"海军岸上火力控制组"的联络员，他询问该联络员有没有办法对付德军的坦克。

联络员立即联系上了位于海上的两艘美国巡洋舰"博西斯号"和"萨凡纳号"。两艘军舰一听到岸上的召唤，立即按照联络员提供的坐标将18门大口径大炮对准了德国坦克。

随着一阵巨响，重达100千克的炮弹成排成排地砸在了德国坦克的身上，没有任何坦克能够抵挡威力如此巨大的炮弹。一阵炮弹砸过后，大多数德国坦克直接就被炸成了废铁。戈林装甲师见势不妙，赶紧溜之大吉。就这样，杰拉海滩算是守住了。

美国人这边有惊无险，英国人那边则是先甜后苦。第8集团军登陆后，一路上根本就没有遇到抵抗，其左翼的第30军轻轻松松地占领了波扎罗和帕奇诺机场，其右翼的第13军轻取锡拉库扎后，在向卡塔尼亚方向进击时，却遇到了阻碍。

第13军遇阻的原因是通向卡塔尼亚的一座极为重要的桥梁被德国伞兵提前占领了，英国伞兵则迟了一步。

凯塞林见戈林装甲师被盟国海军揍得鼻青脸肿，而从巴勒莫驰援西西里东南部的第15装甲师受到盟军飞机持续骚扰并步履维艰时，他觉得将盟军赶下海是不可能的，遂请求希特勒同意他的部队撤出西西里岛。

希特勒见盟军已在西西里岛上站稳了脚跟，再拖下去岛上的德意军有全军覆没的危险。于是，便同意了凯塞林的要求，不过他要求守军且战且退，以便争取足够的撤退时间。

根据希特勒的要求，凯塞林决定依托埃特纳火山，坚守卡塔尼亚，拖住英国第13军，力保墨西拿的安全，为德意军撤退赢得足够的时间。

当时德国的戈林装甲师被打得只剩下半条命，第15装甲师又远在岛的西北方，卡塔尼亚无兵去守。如此情况，凯塞林找希特勒要来了在意大利南部卡拉布里亚的第29装甲师和在法国南部的第1空降师，并命令德国第1空降师于7月13日在卡塔尼亚以南空降，坚守住卡塔尼亚以南的普里莫索勒河大桥。盟军破译了这一命令，蒙哥马利急令在突尼斯的英国第1伞兵旅抢占大桥。

8月13日夜，145架盟军运输机拖曳着19架滑翔机，装载着1900名伞兵飞往普里莫索勒河大桥。这支运输机队伍在从突尼斯飞往大桥的路上，先是吃了自己军舰的一顿高射炮轰击，接着又被德军岸防高射炮一顿猛轰，损失惨重。

最终有200人成功地在大桥附近降落，只可惜他们的德国同行早已在大桥上降落，正举着枪等着英国伞兵大驾光临呢！

由于没有控制大桥，英国第13军进展缓慢，再加上德国第29装甲步兵师快速赶到，英国第13军始终无法越过卡塔尼亚半步。见正面没有进展，蒙哥马利命令第30军越过埃特纳火山，从侧后方进攻墨西拿。

乘着德军和英军厮杀之机，巴顿所部自杰拉沿环岛公路于7月22日攻取巴勒莫，然后追着德军一路朝墨西拿进击。德军且战且退，一路毁路炸桥，猛埋地雷。巴顿所部碰上了地雷阵，需边排雷边前进，有如蜗牛一般进军缓慢。

为了加快进军速度，巴顿决定不走公路，转走海路，他的部队乘船于8月16日之前连续占领了墨西拿以西的圣阿加塔和布罗洛，试图从墨西拿的西侧进攻该城，以便截断德意军的退路。

等巴顿8月17日清晨6点进入墨西拿时，德意军早已撤出西西里岛，不久蒙哥马利也进入了墨西拿。到此为止，西西里岛登陆战以盟军胜利结束。

此战达到了盟军的战略目的，1943年7月25日，西西里登陆战尚未结束之时，意大利前任总参谋长巴多里奥在国王的支持下发动政变推翻了墨索里尼，随后他积极和盟军接触，商讨意大利投降事宜。

这次登陆战也使盟军积累了更多的经验，与迪耶普和北非登陆战相比，盟军的两栖登陆水平有了大幅度的提升，但是也暴露出了一些问题。

第一个问题，计划仓促，侦察不力，地形不熟；

第二个问题，空军关键时刻不知去向，地面火力经常攻击自己的飞机，空地协同还需要加强；

第三个问题，还需要对登陆部队进行专门的两栖训练，美军的登陆艇驾驶员水平太差。

在西西里登陆战胜利结束之际，苏德战场的库尔斯克坦克大战也即将分出胜负，德军赖以成名的坦克军团淹没在了T34坦克的铁甲洪流之中，苏联已经具备了单独击垮德国的能力。这个时候，西欧的政治前途成了盟军高层重点考虑的问题，登陆西欧的行动终于要上演了！

诺曼底登陆

· 第三章 ·

庙堂定谋

第一节
"三叉戟"会议

截至1943年5月,世界反法西斯战争形势一片大好——苏德战场上,苏军取得了斯大林格勒战役的胜利,法西斯德国的丧钟已经敲响;太平洋战场上,美军连连出击,日军困守孤岛;北非战场上,困守在突尼斯的德意军弹尽援绝,覆灭只在旦夕之间。

有"民主国家兵工厂"之称的美国,开足马力生产各式武器并源源不断地向世界各地的反法西斯战场输送过去。大批训练充分、装备精良、士气高昂的美军士兵们乘船被运到太平洋、北非和英伦三岛。有了美国强大的人力和物力支撑,法西斯最终的失败指日可待。

在地中海战区,登陆西西里岛的"爱斯基摩人"计划已经制订完毕,只待突尼斯战事硝烟散尽即可正式开始执行。美英高层均认为盟军凭借巨大的人力、物力优势,拿下西西里不在话下,接下来该为下一步的作战方略谋划一番了。

为协商西西里登陆后美英两军新的军事行动,美英两国高层决定在华盛顿的白宫召开美英高级军政首脑会议,会议代号"三叉戟"。

1943年5月4日,丘吉尔率领着英国的军政高官们登上了豪华游轮"玛丽皇后"号,准备前往美国参加"三叉戟"会议。

当时大西洋上德国潜艇仍然肆虐,要是德军知道这艘游轮上有英国的众多高官,只需奉送鱼雷几颗,丘吉尔一行人就会被"送"到海里喂鱼,之后英国高层必然地震,同盟国的反法西斯事业说不定也会受到影响。

为了保障丘吉尔等人的安全,英国的情报部门精心设置了一些骗局来迷惑德国人。特工人员一共设计了两条计策，第一计是在船上张贴了一些荷兰文写的布告，说是荷兰女王及其随行人员乘船到美国旅行；第二计是在船上各个通道都修建了可供轮椅使用斜坡道，这是暗示美国总统罗斯福极有可能乘坐此船访问英国。

经过英国特工人员的一番布置，德国人果然没有重视"玛丽皇后"号。5月5日晚上，一艘德国潜艇在离该船24千米远的地方出现，不过它并未理睬这艘庞大的邮轮。

虽然这艘潜艇没有攻击邮轮，但是它的出现还是让丘吉尔紧张了一下，由于担心有落水的可能，他甚至跟哈里曼开玩笑道："如果我掉到了水里，而又不能被捞上来，那也许是不太美妙的。"

5月11日，邮轮安全抵达美国海岸，丘吉尔一行人下了船即换乘汽车前往华盛顿，去参加为期两周的"三叉戟"会议。

丘吉尔此行的目的是推销他的"进攻巴尔干"计划，1943年1月的卡萨布兰卡会议上，英国参谋长布鲁克一番说辞促使盟军定下了进攻西西里的计划。这一次，丘吉尔想故伎重演，试图说服他的美国伙伴暂缓在西欧登陆，转而在攻下西西里之后，要么从意大利本土，要么从巴尔干这两个欧洲"柔软的下腹部"地区进攻德国。

5月12日，会议正式开始。鉴于当时突尼斯的战事已经接近尾声，盟军已经胜券在握，美英一众军政首脑的脸上洋溢着喜气。

在这种气氛下，丘吉尔率先发言，他极力向美国朋友们推销从南欧进攻德国的计划，他认为应当乘着地中海战局一片阳光之机，先克西西里，迫使意大利退出战争，再以意大利本土为跳板进攻德国；或者攻下西西里之后，再攻巴尔干，从德军防御薄弱的南斯拉夫进攻德国。

丘吉尔重弹他的老调，美国人毫不意外。早在1942年，美国就提出进攻西欧、声援苏联的"铁锤"计划，而这位精于权谋的首相却将大规模在西欧登陆的时间从1942年拖到了1943年，看样子，他还想继续拖下去。

1942年，美国刚刚参战，官兵们大多是没有什么战斗经验的新兵，其战斗力和英军不可同日而语。所以，在欧洲作战还需要借助英国，故而罗

转折之战 诺曼底登陆

斯福总统当时很给丘吉尔面子，他听了丘吉尔的话之后就不再坚持1942年就在西欧大规模登陆的计划，先是同意了登陆北非的计划，后来又同意了登陆西西里岛的计划。

罗斯福认为在北非登陆，可以达到侧面支援苏联的目的，而且也可以让美国的小伙子们跟德军干上几仗，让美国陆军积累一些战斗经验，使美国军队尽快成长起来。

第三次美英首脑华盛顿会议（三叉戟会议）期间，（左起）马歇尔上将、迪尔元帅和阿诺德上将在一起。

经过北非战事的洗礼，罗斯福认为美国陆军已经具备了一定的战斗能力，这次突尼斯战役的胜利说明，美国陆军已经成长起来了，他们可以担负起对德作战的重任。

有了一支上阵见过血的军队，美国人觉得不必再看英国人的脸色行事，美国此时兵强马壮，完全可以按照自己的意愿行事。

完全从军事的角度，马歇尔及其手下的参谋们列举出几条理由，用来驳斥丘吉尔提出的从巴尔干进攻德国的计划。

美国人给出的理由具体如下：

1. 登陆西西里岛或许可以迫使意大利退出战争，但是意大利是轴心国集团中实力最弱的一个成员，它的垮台未必会对德国造成多大影响，而且从意大利进攻德国将面临地理上的困难，北部的阿尔卑斯山脉将会给盟军带来极大困难。

2. 从巴尔干地区登陆再侧击德国也会面临着地理上的困难，经南斯拉夫进攻德国路途遥远，而且要经过卢布尔雅那隘口，大部队会在那个狭窄的山口遇到麻烦。

马歇尔及其手下的参谋们说出上述理由无非是想暗示英国人，他们对丘吉尔的计划不感兴趣，他们要的是单刀直入，直接从法国登陆去进攻德国，把希特勒从他的老巢里揪出来，结束这场战争。

可以肯定，没有美国朋友的支持，单凭英国是无法完成进攻意大利本土或者进攻巴尔干的行动的。

马歇尔等人说得在理，罗斯福也完全支持他们的主张。在这次会议上，美国方面一致认为西西里岛登陆结束后，盟国的主要力量应从地中海转移到英吉利海峡，用于进攻法国的重大军事行动中。

这项登陆法国的重大军事行动被正式定名为"霸王"行动，该行动将带来的正是苏联人在1941年就渴望的第二战场。

这项行动的逐步计划是这样的：横渡海峡作战的行动日期定在1944年5月3日。最初的进攻由9个师负责，在拿下海滩或者港口等落脚点之后，立即有20个师开进落脚点。参与这项行动的4个美国师和3个英国师，将于1943年11月1日之后由地中海战区调至英国，其余的参战部队将以每月3至5个师的速度，由美国本土运往英国。

见美国人将作战计划都端了出来，丘吉尔知道要想取消这个行动已经是不可能的，他转而想出一招拖延战术，他向美国人提出了实施"霸王"计划的种种困难。

丘吉尔指出盟军必须解决下面的问题，然后才能毫无后顾之忧地实施登陆计划：首先，美英部队必须在英吉利海峡赢得无可争议的空中优势，不把德国人的飞机从天上打下去，盟军的登陆舰艇就有可能被航空炸弹直接送进海底；其次，盟军必须解决还在大西洋上肆虐的德国潜艇，不把德国人的潜艇赶走，盟军的运兵船和登陆舰艇就有被鱼雷击沉的风险。

丘吉尔的拖延战术，美国人一望便知，只是丘吉尔的说法的确也有几分道理。对丘吉尔提出的问题，美国的答复是1944年5月1日前，盟军的空军会凭借数量上的巨大优势，将德国驻法国的空军飞机消灭干净，同时海军也会倾尽全力，让德国潜艇消失在大西洋中，等盟军取得了空中和海上的绝对优势，就实施"霸王"计划。

美国人的决心如此之大，丘吉尔没奈何之下只得同意"霸王"计划。

见丘吉尔即便不是出自本心，仍然同意了"霸王"计划，罗斯福还是相当满意的，他认为1944年渡过英吉利海峡的军事行动，将是战胜德国的关键步骤。

就这样，经过不算激烈的讨论，美英的下一个重大行动就此确立——令丘吉尔伤心的事情不可避免地发生了，地中海地区的军事行动将大大缩减；令罗斯福满意的是，久拖不决在西欧开辟第二战场的事宜，终于有了眉目。

第二节
魁北克会议

1943年8月4日夜，丘吉尔及其随行的二百多名各级官员再度登上了停泊在英国克莱德湾的那艘"玛丽皇后"号邮轮，这一次邮轮的目的地是加拿大的魁北克，那里将要召开代号为"四分仪"的盟国最高级会议。会议的目的是让美英之间就"霸王"作战计划的相关问题进行审查和讨论。

"玛丽皇后"号邮轮在大西洋上破浪前行，它的周围环绕着几艘重型巡洋舰，这些军舰保卫着邮轮的安全。其实到1943年8月，即便没有护航军舰，丘吉尔也不必为自己的安全忧虑，因为经过盟国海军的努力，曾经令大西洋航线上的盟国船只蒙受巨大损失的德国潜艇已经难觅其踪，根本不用担心会有鱼雷来袭。

从英国至加拿大魁北克，尚有5天航程。在享受海洋美景之余，丘吉尔还可以好好谋划一下如何与美国讨价还价，看能不能说服美国不执行"霸王"计划，转而去执行登陆巴尔干的计划。

对于丘吉尔的心思，美国依稀可以猜到几分，但毕竟"霸王"计划已经确定，还是不容更改。为配合魁北克会议，盟军最高统帅部参谋长摩根中将特地派了几名军官，向丘吉尔介绍"霸王"计划的制订情况。

尽管美国军官十分卖力，但是丘吉尔明显神游天外，没有什么兴趣去听，现在他的脑子反复出现的就是敦刻尔克大撤退的场景和迪耶普海滩的烽烟。

1940年5月，德军狂飙猛进，将英军打得大败溃逃，30万英国军队拥挤在敦刻尔克的海滩上，眼看着就要全部被吃掉。正巧关键时刻希特勒

转折之战：诺曼底登陆

的脑子进水，没有让装甲部队进攻，只是派空军去轰炸海滩。德国的航空炸弹陷入沙中，爆炸力大减，英军伤亡甚微。接着，英国包括民用船只在内的船只全部出动，穿越海峡将英国远征军的将士们从法国救回国。这次撤退，虽然人回来了，但所有装备、物资却留在了法国，成了德国的战利品。

1942年8月19日，英军为主的盟军出动几千人在法国迪耶普尝试了一次登陆，结果在德国空军和地面部队的快速反击下，登上海岸的盟军寡不敌众，死伤无数，被俘1000多人，几艘军舰也被击沉，飞机损失了106架。

德军迅速而有效的防御给丘吉尔留下了深刻的印象，他认为攻取敌人重兵把守的滩头阵的极为困难，即便占领了滩头阵地，也不易向纵深发展，将登陆场扩大。最坏的可能是，敌军调集优势兵力猛然压向登陆部队，那么上岸部队除了跳海或者投降，没有其他的路可以走。

为了避免将英国并不充裕的兵力和物力损耗在德军重点防御的西欧海滩，丘吉尔采取了避实击虚的战略，他坚持从德国防御薄弱的巴尔干下手，这样既可以分散德国的兵力，又能使英国的兵力和物力损耗减到最小，同时还可以恢复英国之前在巴尔干的势力范围。

作为一个日落西山的大国，由于现今国内资源有限，丘吉尔不得不精打细算，反复提出进攻巴尔干的计划，比如这次"四分仪"会议，英国代表们就又准备了一套说辞，打算说服美国继续在地中海地区鏖战。

与人力和物力资源都要算计着用的英国人相比，美国人可没有那些顾虑。美国人力资源和武力资源都极为丰富，他们想的就是单刀直入，以绝对的实力压垮敌人，力争飞机比敌人多、坦克比敌人多、士兵比敌人多，再订个计划，直接打到敌人老家。

美国总参谋长马歇尔就是实力决定论的忠实拥趸。早在1942年，他就计划利用美国巨大的人力、物力优势，直接从法国登陆进攻德国。可惜的是，每次他的谋划都被丘吉尔给搅黄了。

这一次魁北克会议，马歇尔料想丘吉尔铁定会重谈进攻巴尔干的计划，他还真担心对方的雄辩之术会使自己这边的一些人被说服，他准备采取一些措施来预防一下。

马歇尔首先把手下的参谋们召集起来，对他们明确地说道："我们不能再等待了。"闻弦歌、知雅意，马歇尔的手下们领会了上司的心思，纷纷表示一定支持"霸王"计划——就是丘吉尔说得天花乱坠，也绝不改变主意。

见大家齐齐表了态，马歇尔稍稍放心了一些。不过还有一个重要目标需要他去做工作，那就是说服罗斯福总统不被丘吉尔蛊惑。

1943年8月9日早晨，马歇尔驱车直奔白宫，见到了罗斯福后，先与总统寒暄了几句，便转入正题，他把丘吉尔对"霸王"计划表面赞同，实际上根本没有放弃进攻巴尔干计划的意图摆上了台面，并说美国军方的意思是坚决执行登陆西欧的计划，他想知道总统想法。

罗斯福完全赞同美国军方的意见，根本不赞同丘吉尔等人的意见，他对马歇尔说道："我完全不希望直接或者间接参加巴尔干的战事，而且也不同意盟国远征军在这个地区登陆，因为这将要求美国提供新的资源——船只、登陆艇，这些东西都是其他战役所必需的。"

总统表了态，参谋长心里就有底了，这次马歇尔不怕丘吉尔再翻盘！

统一了思想以后，美国马上就拿出了一套应对英国人的军事战略方针：盟军在意大利的推进不能超过罗马，主要进攻重心应放在欧洲西北部，进攻欧洲大陆时，美军在联合王国（就是英伦三岛）的兵力应该超过英军的数量。这样，盟军的司令官顺理成章地就应该由美国人来当。只要美国人当上了司令官，就可以不理会丘吉尔的意见，让"霸王"

1943年，加拿大魁北克同盟国会议（左起，坐者加拿大总理W·L·麦肯齐·金，美国总统富兰克林·罗斯福和英国首相温斯顿·丘吉尔）。

计划顺利进行。

如此，美英各自打好草稿后，便迎来了最终的对垒。1943年8月14日上午9点30分，"四分仪"会议正式拉开帷幕。

会议一开始，英国总参谋长阿兰·布鲁克爵士首先讲了一下英国对未来战争发展方向的看法。他说了很久，大致就是盟军应当乘着西西里登陆战即将胜利之机，继续进攻意大利。

布鲁克的一套说辞无疑令美国人大怒，因为英国人在"三叉戟"会议上分明同意了"霸王"计划，这次会议是讨论如何实施登陆西欧的计划，这些该死的英国人一上手就跑题，是何道理。

因此被激怒的美国人很多，暴脾气的金海军上将就是其中一个，他严厉地反驳了布鲁克，而对方也不甘示弱，双方便唇枪舌剑起来。

眼看着战略计划制订会就要变成吵架会，马歇尔急忙站出来和了一把稀泥，他着重强调了美军将战略重心放在西欧而不是意大利的主要立场。见美国总参谋长发了话，布鲁克也就不再说什么，不过他还是没有放弃继续在意大利采取行动的初衷。

就这样，美英双方在会议上自说自话，根本无法形成统一的意见。

1943年8月18日，"四分仪"会议逐渐开进了死胡同，美英的参谋长们各执一词，互不相让。在此情况下，罗斯福决定和丘吉尔联袂到魁北克走一趟，看能不能让美英达成统一的意见。

就在这一天，一份文件放到了会议桌上，该文件提供了一个令人振奋的消息：盟国海军对猎杀德国潜艇的战事基本结束，这些德国水下幽灵的威胁已经被消除，大西洋航线从此安全了。

这样一份报告提交出来，英国人反对"霸王"计划的借口就少了一个，从而不得不做出部分让步，并不再强调将地中海战区作为盟国的重点作战区域。

8月19日，丘吉尔和罗斯福亲临会场，参加会议。

8月23日和24日，会议的最后阶段，苏德战场上的新形势促使丘吉尔改变了主意。东线战场上，苏德双方在库尔斯克展开了规模空前的坦克大战，此战苏军的钢铁洪流彻底摧毁了德军赖以横扫欧洲的精锐装甲兵团。库尔斯克坦克大战结束后，德军的精锐尽失，已经抵挡不住苏军的进攻。

苏联凭借着自己的力量足以击败德国，到时苏军一路西进，说不定苏联国旗会插满欧洲。

鉴于此，丘吉尔终于同意了美国的主张。这次会议决定"霸王"战役是1944年的核心战役，盟国的人力、物力都要向该战役倾斜，只有该战役成功了，才能再考虑地中海战役计划。

会议批准了盟军最高统帅部参谋长摩根中将领导的计划参谋部制定的登陆作战纲要，同意把进攻日期（也就是著名的"D"日）定为1944年5月1日。会上，摩根中将被授权着手拟定详细的行动计划和进行全面的实际准备工作。

何人指挥"霸王"战役的问题，美英双方没有太大的分歧，此战由美国一力促成，且美国参战兵力居多，自然由美国人出任总司令为好。

为策应西欧登陆战，参谋们提出在法国南部也发动一场登陆战，这个提案一经提出，便顺利通过。

会议开到这里，美英之间基本上已经没有分歧，罗斯福见开辟第二战场的夙愿终于实现，他迫不及待地想在即将举行的德黑兰会议上将这个好消息告诉苏联领导人斯大林。

第三节
德黑兰会议

1943年11月28日，全世界的目光都聚集在伊朗德黑兰这座城市，因为一些重要人物将要到来。他们分别是：美国总统罗斯福、英国首相丘吉尔、苏联人民委员会主席斯大林，以及上述三国的外交部部长和高级军事将领们。

这些同盟国的军政要人聚集在德黑兰的目的是参加一个会议，这个会议代号"找到了"。

在苏联驻德黑兰公使馆内举行的第一次全体会议上，被媒体戏称为盟国三巨头的罗斯福、丘吉尔和斯大林要讨论的问题可真是不少，他们要讨论三国如何合作对德作战的方针问题、确定美英在欧洲开辟第二战场的日期，并就远东问题（对日作战）、分割德国，以及战后建立"维护和平"的国际组织等问题交换意见。

在这些问题中，最重要的一个问题就是讨论在欧洲开辟第二战场的问题。

1943年接近尾声之际，世界上的军事形势更加有利于同盟国！

在广阔的太平洋，德国的盟国日本也在持续溃败。策划珍珠港偷袭事件的山本五十六被美国空军的战机击毙，美国人报了一箭之仇。日本的海空军越打越弱，美国海空军则越战越强，美国军队正逐渐逼近日本本土。

苏德战场上自从斯大林格勒战役结束后，苏军已经开始反攻。在库尔斯克的坦克大战中，德军的精锐装甲军团损失殆尽，苏军一路高歌猛进，眼看着就要突入德国境内。为了阻挡苏军，希特勒不得不从西线调出大军去修补四面漏风的东部防线。

在地中海战区，意大利已经向盟国投降，希特勒不得不将大批部队调往意大利，以防备美英军队的进攻。

德国的潜艇被逼进了海港，再也无法威胁大西洋和地中海航线，盟国的船只在两条航线上畅行无阻。

在德军占领区，游击队如雨后春笋般茁壮成长起来。利用手中的一切武器，游击队员对德国占领军发起进攻，使德军焦头烂额，疲于应付。

形势如此有利，盟国领导人决定尽快进行一次会晤，就开辟第二战场的问题展开讨论。

虽然盟国开辟第二战场的基调无疑已经确定，但是执着的英国人显然没有放弃不合时宜的进攻巴尔干的计划。当丘吉尔再次提出这个计划时，他没有什么意外地遭到了冷遇。

德黑兰会议一开始，罗斯福就被推选为主持人。接着在他的主持下，三巨头的第一次会晤开始了。

在寒暄片刻后，罗斯福正式发言，在高谈阔论了一番世界战场的形势后，话锋一转就谈到了最重要的欧洲战场。

罗斯福总统首先提到美英方面在魁北克会议上通过了一项决议，内容是：1944年5月11日，美英方面将派遣一支数目庞大的远征军，通过横

1943年11月29日，德黑兰会议三巨头：（从左至右）斯大林、罗斯福和丘吉尔，摄于德黑兰苏联大使馆的前廊。

渡英吉利海峡进攻西欧。

说完最让斯大林感兴趣的一件事，罗斯福接着提到英国方面的建议，他说有的人（也就是丘吉尔）建议在地中海采取一些必要的行动来支援苏联，比如在意大利、巴尔干等地区采取行动。

不过，罗斯福提到，如在上述地区采取行动，势必使横渡英吉利海峡的行动受到拖累，可能要延迟几个月之久。对于这两个战略方向的分歧问题，罗斯福想听听斯大林的意见。

罗斯福话音刚落，斯大林心中的石头便落了下来。根据情报，英国首相丘吉尔对横渡英吉利海峡作战，长期持反对态度，虽然他口头上同意了"霸王"计划，但内心深处对进攻意大利或登陆巴尔干还是念念不忘。

比如这次会议，丘吉尔就打算再次把登陆巴尔干的计划提出来，看能不能让盟军从意大利或者巴尔干进攻德国。

鉴于此，斯大林决定好好吓唬一下丘吉尔和罗斯福，他表示苏联军队虽然掌握了战场的主动权，但由于寒冷天气的限制，苏军的进攻已经缓慢下来，而德军正在积蓄力量，打算反攻。

向罗斯福和丘吉尔摆了困难之后，斯大林继续说，他不认为意大利是一个进攻德国的合适跳板。他认为进攻德国最直接的、也是最好的方法就是取道法国西部和北部，甚至南部也行，直接插向德国的心脏鲁尔区。这样，战争就能很快结束。

听斯大林这么一说，罗斯福很是满意，毕竟苏联领导人跟他想到了一块儿了。而丘吉尔显然不认同斯大林的看法。

接过斯大林的话茬儿，丘吉尔说，英美两国早就计划在西欧登陆。现今地中海的战争形势一片光明，应当促成土耳其参加战争，从德国防御薄弱的南欧进攻才是妙策，丘吉尔认为把横渡英吉利海峡的军事行动拖上几个月也没什么。

对于美英继续在地中海行动的理由，丘吉尔说西欧登陆的战事6个月以后才打响，这6个月盟军可不能闲着，还要继续在意大利的行动，以免民众责难政府消极应付战争。

乍一听，丘吉尔说得倒有几分道理。但意大利的战事开打，盟军就会投入大量人力、物力到地中海去，到时"霸王"计划必然会受到影响，也可能会被取消。

话讲到这里，三巨头的态度逐渐明朗，罗斯福和斯大林同意登陆西欧，直攻德国；丘吉尔则希望继续在地中海的意大利和巴尔干用兵，侧击德国。就这样，罗斯福和斯大林兴致勃勃地讨论起如何在法国开辟第二战场，丘吉尔被撇在一边。第一次会议进行了2小时20分钟。

11月29日下午4时，第二次全体会议在英国驻德黑兰公使馆召开。这次参会的人员，除了三巨头之外，还有三方的高级将领们。

会议开始后，围绕第二战场的开辟问题，美苏的代表站在一条战线上跟英国的代表争论了起来。最终结果是：英国代表败下阵来，三方最终确立了开辟第二战场的总方针。

等三方的军事将领确定了登陆西欧的军事目标，他们就联袂向三巨头做了汇报。听完汇报后，斯大林猛然发现：这么大的军事行动，闹了半天居然连总指挥都没有，这却是何道理。

带着疑问，斯大林询问罗斯福"霸王"计划的总指挥是谁。听斯大林这么一问，罗斯福一时怔住，之前光顾着跟英国人打嘴仗，倒把总指挥的人选给漏了。于是，罗斯福只好如实回答说目前正在选择，尚未勘定人选。

闻听此言，斯大林莫名惊诧，他以为美英在合伙消遣他。略带不悦，斯大林表示：希望美英方面从速确定总指挥人选，以便切实执行"霸王"计划。

见斯大林不高兴，显然是认为美英方面提出的"霸王"计划空有名号，根本就没有实质性内容，丘吉尔急忙解释说摩根将军早就在制订详细计划，只是指挥官还没有任命而已。丘吉尔表示由于美国的参战兵力多于英国，所以这次西欧登陆行动的总指挥将是一位美国将军，至于究竟是何人，两个星期后公布。

见丘吉尔说到了美国，罗斯福急忙向斯大林解释说在这里匆忙任命总指挥将会影响挑选工作。

斯大林见状，知道美英方面所言不虚，也就不再怀疑两方的诚意。于是，明确提出了对开辟第二战场的看法和要求。斯大林直截了当地说，他不赞同在意大利和巴尔干进行军事行动，因为那都不是真正的重要的战役，他强调"霸王"战役才是最重要的，不能分散对这一战役的注意力。

接着苏联领袖继续提出了他的3点要求：

1. 确定霸王行动的日期，并不再延期，以便苏联在东线发动进攻策应此次登陆战。

2. 如果条件允许，对法国南部的进攻应在"霸王"战役前两个月发动；如果条件不允许，那就同时发动，或者稍迟一些也可以。法国南部的进攻不同于在意大利和巴尔干的牵制性战役，它将是一场辅助战役，用以保证"霸王"行动成功。

3. 必须尽快任命"霸王"行动的总指挥，让该行动快速启动起来。

由于不满英国反复提起从南欧进攻德国的计划，斯大林直接询问丘吉尔：英国是否并不真心支持"霸王"计划，目前的表态只不过口头上敷衍苏联，实际上却在消极应付这个计划。

斯大林的话无疑说中了丘吉尔的心思，但他可不打算跟斯大林闹别扭。丘吉尔回复斯大林说，英国政府会把一切力量投入到渡海作战上去，并甚至建议美英的参谋长明天早上开会，拟定一份共同意见，交给三方首脑审阅。

1943年11月30日上午，美英的军事人员聚在一起就"霸王"行动实施问题交换了意见，并最终形成了统一方案。参会人员将结果整理出来，并一致推选英国参谋长布鲁克爵士将此结果向三方首脑汇报。

下午4点，第三次全体会议召开。会议一开始，布鲁克就将美英参谋人员议定的结果向首脑们做了汇报。

布鲁克爵士说美国和英国联合参谋部举行的会议达成了如下的协议，并提请总统和首相批准：

1. "霸王"行动将于1944年5月发动；

2. 在法国南部将有一个支援战役，根据这一战役可以利用的登陆艇数量，使战役规模尽可能的大。

会议开到这里，三方最关心的问题终于板上钉钉，十拿九稳了。接下来的问题，就是对"霸王"行动的准备和实施问题再交换一下意见而已。

1943年12月1日，德黑兰会议圆满结束，三巨头各自回国，忙于军政大计去了。而二战中规模最大的一场登陆战终于敲定，接下来围绕着"霸王"计划，盟军又开始忙碌了起来。

· 第四章 ·

"霸王"计划

第一节
选择诺曼底还是加莱

1943年1月,卡萨布兰卡会议中的美英参谋长联席会议上,美国提出在登陆北非的"火炬"行动结束后,下一步就直接去进攻欧洲大陆。英国列举出种种理由,把美国的建议给顶了回去。最终美英参谋长联席会议一致同意的是,登陆西西里岛的"爱斯基摩人"计划。

虽然同意了登陆西西里岛的计划,但是美国强烈要求英国认真考虑重返西欧的计划。英国迫于美国的压力,同意成立英美特别计划参谋部,以此来研究重返德国占领下欧洲大陆的计划。这个新成立机构的任务是:

1. 制订小规模的两栖登陆行动计划;

2. 一旦德国像第一次世界大战时,国内发生革命突然崩溃,就迅速派兵登陆,以便抢在苏联人的前面占领西欧;

3. 如果德国不崩溃继续作战,那就于1943年派兵在欧洲大陆占领一个桥头堡,为1944年大规模进攻提供出发基地。

为了使重返欧洲的战役计划尽快得到谋划和执行,美英参谋长联席会议一致决定给该战役配备一位总司令和总参谋长,其中总参谋长负责制订作战计划,总司令负责统筹安排作战计划的实施工作。

1943年3月3日,总司令还没有选出来,总参谋长倒是先走马上任了,被任命为参谋长的是英国陆军中将F·摩根。

摩根中将能够担当如此重任,一方面是由于他的确有几把刷子,他1940年曾以一名装甲集群指挥官的身份参加过远征法国的战役,1942年10月,他升任军长,盟军在北非登陆后,他负责制订了盟军在撒丁岛登陆的计划，这个叫作业务过硬；另一方面是他的社交关系搞得很不错，他性格随和、幽默搞笑、头脑极为灵活、富有创造力和组织力，非常擅长在美国和英国同事之间和稀泥，两边的人都很喜欢他，这个叫作人脉过硬。

有了军事素质过硬和擅长交际的特点，摩根才能把英美两国的人员捏在一起共事，制订登陆西欧的军事计划，他上任之后第一件事就是给自己所在的部门取了一个别名"考萨克"，这是"同盟国欧洲远征军最高司令部参谋长"的缩写。

摩根履职时还是光杆"司令"一个，手下连半个兵也没有，制订作战计划这么大的事靠他一个人显然是不现实的，想通后，他就开始招兵买马。

"考萨克"迎来的副总参谋长是"美国陆军欧洲作战区"的雷·巴克准将，与摩根一样，巴克准将也有相当丰富的海陆空联合作战的经验。"考萨克"下设海、陆、空三军代表和所有与登陆作战有关的兵种代表，这些兵种代表包括美国海军代表、英国海军代表、加拿大陆军代表和工程兵代表。

截至1943年年底，"考萨克"已经有了489名军官（其中215名是英国军官），614名专业士兵（其中204名是美国人），其总部设在伦敦。根据欧洲战场的局势的变化，"考萨克"制订的作战计划也是随之变化的。

1943年5月前，"考萨克"并未考虑强行在欧洲大陆登陆，其考虑的是一旦德国崩溃，就迅速派兵紧急进入欧洲大陆的计划，即"兰金"计划。当时摩根等人考虑到德国在苏德战场和北非战场持续失败，其国内可能动荡不安，也许会出现推翻希特勒的革命。

虽然摩根等人望眼欲穿，希特勒却仍然在德国元首的位子上坐得稳稳当当，德国一点儿要发生革命的迹象也没有。种种信息显示德国正在积蓄力量，准备在1943年夏天使用其精锐装甲军团对苏联发起新的进攻。

见德国自行崩溃并不现实，1943年5月召开的"三叉戟"会议上，罗斯福和丘吉尔最终拍板在1944年5月1日大举反攻欧洲大陆。从这个时候开始，"考萨克"才开始全面考虑在欧洲大陆强行登陆的计划，这个计划后来演变为闻名世界的"霸王"计划。

经过这么久的等待,"霸王"计划终于正式摆上了台面。现在,"考萨克"的第一个重要工作就是为"霸王"计划选定一个合适的登陆地点。

这个登陆地点应该具有以下一些特点:

1. 该地距离英国不应太远,以便登陆发起时,能得到从英国起飞战斗机的掩护;

2. 航渡距离尽可能短,以便登陆部队占领海滩、开辟登陆场后,运输船队能够迅速将后续部队和后勤物资源源不断地从英国港口运至登陆场;

3. 该登陆地点周围要有大港口。

将上述三个条件考虑进去后,可供选择的登陆范围也就框定在从荷兰符利辛根到法国瑟堡之间480千米长的海岸线上。经过反复比较,最终有两个地带进入了摩根等人的视线,它们分别是从法国敦刻尔克到索姆河之间的加莱地区,还有从奥恩河畔的卡昂到科唐坦半岛底部的诺曼底地区。

"考萨克"对加莱和诺曼底进行了反复的比较,发现两者各有千秋。

加莱地区最大的优点就是距离英国很近,两者之间最近的距离仅有33千米,它是通往德国心脏地区——鲁尔工业区的捷径,另外该地区的海滩平缓,沙质很适合坦克机动,且其沙滩周围很少有高地和山坡,比较适合登陆。

可惜加莱地区最大的缺点也是距离英国太近了!德国人知道盟军必然会惦记着从这一地区登陆,所以他们对这一地区的防务进行了精心的部署。德军在加莱地区的海岸上修筑了大量的钢筋混凝土工事,并且调配了15个师的兵力在其周围。

加莱地区另一个缺点是周围没有较大的港口,如果在加莱地区登陆,必须确立一个稳固的登陆场。登陆部队或者海军部队必须夺取距离登陆地点200千米远的勒阿弗尔港或者180千米远的安特卫普港。

迪耶普、北非的经验摆在盟军的面前,直接进攻敌军重兵把守的港口,成功的概率很小。如果不能夺取港口,那么盟军很难将大批的后续部队和后勤补给运到岸上。一旦缺少后续部队足够的支援和充足的后勤保障，在德军的反扑之下，盟军的登陆行动很有可能面临失败。

摩根认为在加莱地区登陆的缺点还是有些多，反观诺曼底地区，尽管它与英国的距离比加莱要远得多，海滩沙质也不太适合坦克通行，且其海滩周围高地和山坡较多，但是诺曼底地区也有加莱地区所没有的4个优点：

第一，诺曼底地区的"大西洋壁垒"工程尚未完工，德军的防御较为薄弱；第二，科唐坦半岛可以挡住从西面海上刮来的大风，有利于登陆艇抢滩；第三，诺曼底海滩周围的土地非常适合用来建立机场，该地区的地形比较适合坦克作战；第四，诺曼底地区虽无港口，但是距离该地区不远的科唐坦半岛顶部有法国北部最大的港口瑟堡港，该港口距离奥恩河口不足80千米，比较容易被上岸部队夺取。由于诺曼底地区具有如此多的优点，摩根决定选择该地区作为盟军的登陆地点。

当摩根将自己的决定公布时，随即遭到"考萨克"中陆军成员和空军成员的强烈反对。

空军成员们反对的理由是，加莱离英国机场很近，空军战机滞空时间长，能为地面部队提供持续的支援，而诺曼底地区显然不具备这样的优势；陆军代表们反对的理由是，诺曼底海滩不太平缓，且沙质较差，其四周有许多高地和坡地，陆军抢滩时坦克会陷进沙中动弹不得，而敌军可以在高坡下居高临下阻击登陆官兵，这会给陆军带来巨大的麻烦。

对于空军代表和陆军代表提出的反对意见，摩根与海军的负责人蒙巴顿进行了细致的说服工作。

摩根解释说加莱虽然登岸容易，但是其地形不适合大部队展开，另外德军的反击力也很强大，15个德国精锐师可不是北非心向盟军的法国军队和西西里岛上斗志全无的意大利军队，他们的战斗意志和战斗力都极强。而盟军的运输力有限，无法将足够的后续部队和后勤补给运上岸，到时登陆部队就有可能在援军不足、弹药不继的情况下被击败。

而诺曼底地区海滩虽然沙质不佳，且其周围有较多高坡，但是其沙滩后的地形非常适合大部队展开，另外德军部署在该地区的兵力不多，不会对登陆部队形成强大的阻击。瑟堡港距离该地区不远，港口的防御力量比较薄弱，很易于夺取。有了港口，后续部队和物资就可以源源不断地上岸，这样登陆场得到巩固的概率就大多了。

摩根说完了意见后，蒙巴顿接着补充了一些意见。特别就迪耶普登陆战的事例进行了介绍，1942年8月的这次登陆战中，登陆部队面临的登陆地形跟诺曼底地区很相似，迪耶普海滩和诺曼底海滩的周围都有一些坡地存在，在那些坡地上同样设有德军的炮兵和机枪阵地。

当时英国突击队悄悄摸到高地悬崖的底部，再成功地攀上岩壁，以突然袭击的方式摧毁了德军的岸防炮兵。据此，蒙巴顿表示即便海滩上有坡地，只要挑选一些经过训练的士兵去突击，照样可以突破敌人在高地上布下的防御阵地。

为了进一步增强说服力，蒙巴顿将"考萨克"的成员全部请到了设在苏格兰的联合作战司令部，在那里，蒙巴顿向众人展示了突击队的训练和演习过程。看完了突击队一套熟练的演练，众人心里逐渐有底了，对诺曼底登陆不再坚决持反对意见。

经过摩根和蒙巴顿的一番开解，陆军代表们最终同意了在诺曼底登陆的提议，空军代表见别的部门都没疑问了，也同意了。

"考萨克"的意见统一了，诺曼底确定无疑是"霸王"计划的登陆地点。接下来，就是如何将登陆部队输送到海滩上的问题，摩根原本被告知他可以得到足以海运5个师和空运2个师的运输工具。可是当摩根点算了手里实际拥有的运输工具后，他发现自己只拥有海运3个师和空运2个旅的工具。

面对这样的情况，摩根便向高层抱怨如果没有充足的运输工具，就不能保证全部登陆部队进攻海滩，保持进攻时的冲击力，那么两栖作战就必然会陷入困境。

德军可能在5天内调动12个以上的机动师压向登陆场，如果登陆部队能够占领海滩并建立了登陆场，却不能将后续部队和物资运上岸，导致德军增援部队增加的速度超过登陆部队增加的速度，那么登陆行动就会失败。

盟军高层获悉摩根的困难之后，当即表示运输工具会陆续调拨给他，让他就利用手里拥有的运输工具制订登陆计划，等运输工具足够多了，再对计划作相应的修改。

1943年6月26日，摩根带领自己的手下们集中精力开始制订诺曼底登陆计划。7月初，计划完成。

这个计划的内容如下：根据现有的兵力和登陆艇的输送能力，准备以3个师在维尔河口的卡朗坦至奥尔河河口的卡昂32千米宽的3个海滩（也就是后来的"奥马哈"海滩、"金"海滩和"朱诺"海滩）登陆，同时空降2个旅，8个师随后上岸，预期两个星期内占领瑟堡。在诺曼底登陆发起时，盟军要在法国南部登陆，以达到分散德军注意力和兵力的目的。

1943年8月召开的魁北克会议上，美国总统罗斯福、英国首相丘吉尔和同盟国参谋长联席会议的成员们审议了"霸王"计划。会上，丘吉尔提出要尽一切努力使首次突击兵力至少增加25%。

至于如何增加首次突击兵力，盟军的首脑们决定1944年其他战区暂时不进行重大军事行动，将"霸王"行动定为最重要的军事行动，一切物资调配要优先满足该行动的需要。

在这次会议上，盟军的首脑们经过充分讨论，一致决议将诺曼底登陆战的日期定在1944年5月1日。

到此为止，"霸王"计划算是初步出炉了，接下来"考萨克"的任务就是为这个计划查缺补漏、添砖加瓦，使这个计划更加完善。

第二节
盟军的新技术登场

"霸王"计划初步形成后,"卡萨克"又面临着一个非常棘手的问题,即:从盟军登上诺曼底海滩到夺取瑟堡港的两个星期里,如何给登陆部队提供大量的弹药、医药和后援兵力。

应急性的方法就是,将人员和物资运到海滩上来,利用海滩对登陆部队进行人员和物资的补充。这个方法在西西里岛登陆战的时候用过,不过只能在风和日丽的地中海用,在经常风大浪急的英吉利海峡就不现实了。

海滩附近的水很浅,吃水深、运载量大的船是不能靠岸的,这时运送人员和物资的工作只能靠小型运输工具完成。小型运输工具吃水浅、运量小、运输效率低等缺点就不说了,最要命的是,小型运输工具运输时需要无风无浪的好天气。如果天气不好,比如说风大浪急的时候,在海面上跑运输的小船铁定翻船。

偏偏气象部门的报告显示,英吉利海峡的天气情况不容乐观。英吉利海峡是世界上最变化无常的水道之一,英伦岛与欧洲大陆之间的海面上终年恶浪汹涌,狂风劲吹。

盟军气象人员统计分析了近50年来英吉利海峡的天气变化情况后,发现英吉利海峡风浪比较小、适合于登陆的季节只有5月、6月和9月,但是哪怕在这几个月份,海面上完全风平浪静的日子也只有可怜巴巴的几天而已。

这么个情况,陆军的代表们就不乐意了,他们觉得天气这么差,要是陆军上了岸,跟德军拼死辟出了几块儿登陆场,后续人员和物资如果没有跟上,当登陆部队弹药用完时,怎么跟德军打仗!

陆军代表们表示要是不能在登陆几天以内搞到一个港口,并把后勤补给问题解决好,陆军绝对不派半个兵登陆。这时,就需要负责运输的海军拿出一个方案,以达到陆军提的要求。为此,海军的将领们多次开会讨论,总是想不出一个合适的办法来。

就在海军代表们抓耳挠腮、一筹莫展之际,"考萨克"的英国海军代表约翰·休斯·哈莱特海军少将灵机一动,建议制造人工港来解决港口问题。听了哈莱特的建议,众人觉得似乎有些耳熟。没错,建造人工港用于登陆的想法早就有人提过,这个人就是蒙巴顿。

在迪耶普登陆战结束后召开的一次经验总结大会上,蒙巴顿就提出如果登陆时,没有夺取可用的港口,那就制造配件,再把这些配件拖到海滩附近装配成一个港口。当时,人们听了蒙巴顿的建议,统统笑了,他们觉得蒙巴顿那是在做梦。

现在,当哈莱特将蒙巴顿几年前提过的方案再提出来时,没有人笑话哈莱特,因为这是唯一可行的方案。

"考萨克"最终决定制造两个人工港,一个命名为"桑树 A",设在美军登陆的海滩附近;另一个命名为"桑树 B",设在英军登陆的海滩附近。建造人工港的方案在 1943 年 8 月的魁北克会议上被批准,1944 年 1 月在英国动工建造。

这两颗长在海里的"桑树"完全是盟军技术人员的杰作,当真应了那句话:只有做不到,没有想不到。

这个人工港口的设计思路是这样的:选取一片海滩作为物资集散地,在这片海滩延伸出去的海面上就是建造人工港的区域。人工港由防波堤和人工码头组成,其中人工码头位于中间,防波堤位于人工码头的两侧。人工港的核心组成部分是防风浪的防波堤,它一共由两层构成。

内层的防波堤是由一些空心混凝土沉箱构成的,空心混凝土箱是由钢筋水泥制作而成的,有点像我们住的房子,只不过没有门窗罢了。这些沉箱设计的就像一艘船,人员可以住宿,还可以放置两门"博福斯"式火炮和 20 吨弹药,这使得其具有一定的防卫能力。

转折之战 · 诺曼底登陆

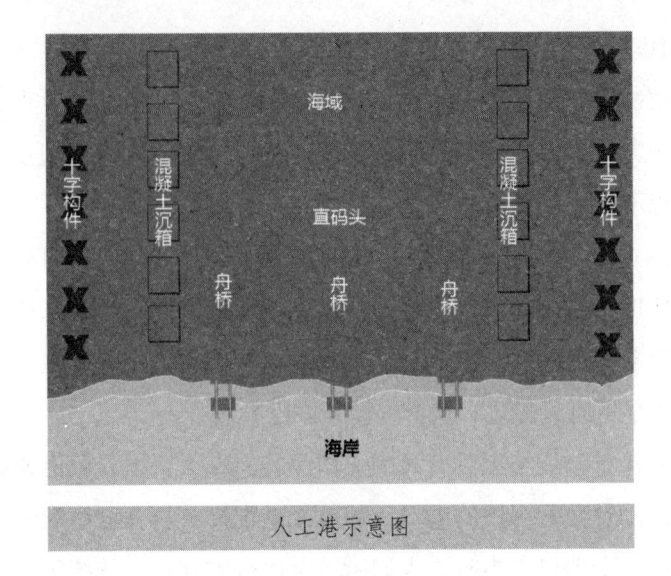

人工港示意图

这些混凝土沉箱的长度是 61 米，其大小因为海水的深度而异。最小的沉箱排水量为 1772 吨，最大的沉箱重达 6044 吨。每个沉箱建成后，都是漂浮在水面上的，不能自航，必须被拖船牵引着到达指定的海域。

在建造人工港的时候，这些沉箱就在距离海滩 5.5 米的地方按照个头小的靠近海滩、个头大的远离海滩的顺序排成一条直线，这条直线与海滩所对应的海岸线垂直。等沉箱的顺序排好、位置摆正之后，工作人员就会打开沉箱底部的水阀，沉箱进水后就会下沉。沉箱与海滩之间空出来的空间会有相应的部件填补起来，这样由沉箱组成的第一道防波堤就组成了。

外层的防波堤由一些长 61 米的十字形钢制构件构成，这些钢制构件成两列用锚固定在 18 米的等深线上，形成一个防风浪的深水锚地，这就是第二道防波堤了。

两侧的防波堤制作完后，就会在两者之间形成一片面积约 5 平方千米的防浪海域，这片海域就是人工码头的所在地。

人工码头由一些直码头和舟桥构成。直码头与海岸线相平行，由 23 个 61 米长、17 米宽、18.4 米高、排水量为 5000 吨的钢制浮箱连接而成。这些浮箱被固定在打进海底的桩子之间，可以在桩子之间上下浮动，其上设有船员居住室、储藏室和发电机组。直码头上设有倾斜跳板，登陆艇的艇首可以靠在跳板上，车辆可以直接开上去，沿着舟桥一直行驶到海滩。

舟桥就是工兵通常所用的架桥工具，其作用是充当临时桥梁。舟桥与直码头相垂直，它一端直接延伸到沙滩上，另一端用锚固定在海里。舟桥在海里的一端与直码头相连。

这约个5平方千米的人工码头可以供7艘大型舰船、20艘近海船、400多艘拖船和1000艘小艇停泊。人工码头的中间是主要补给码头，有两座舟桥与海岸相连，小艇可以将货物直接卸载到卡车上，卡车直接开上海滩。

主码头的东面是一个坦克登陆舰码头，坦克在那里先上码头，再走舟桥上岸；主码头的西面是一个较短的驳船码头，大船在这里把货物卸载到驳船上，接着货物会被转运到码头上，再运到海滩上。

盟军技术人员在构思了人工港口之后，还想了一个办法来给登陆舰艇提供避风的水域，他们打算搜集一些废船，让它们排成一列，并使所有废船的船头与海岸方向平行，然后让这些船只沉到大约3米深的水中，这样一个避风水域就形成了。

盟军给人工港和登陆舰艇避风港的每一个部件都取了一个代号，其中混凝土沉箱叫作"凤凰"，直码头和舟桥叫作"鲸鱼"，防波堤外侧的十字构件叫作"低音大号"，沉船叫作"醋栗树"。

1944年1月，海军司令拉姆齐派遣坦南特海军少将负责建造"凤凰"、"鲸鱼"和"低音大号"。接到命令之后，坦南特立即率领500名军官、1000名士兵和大量的工人开始了紧张的制造工作。

由于时间紧，船坞和船台的数量都不够，在建造沉箱时，英国人想了不少办法。英国的施工人员在泰晤士河附近挖了12个深坑，他们先在坑里建造沉箱的基础部分，然后将深坑注满水，沉箱便浮了起来，他们就接着建造沉箱剩余的部分。英国人用这种办法建造了48个沉箱，其余的57个在干船坞、18个在湿船坞、23个在船台上建造。

建造人工港配件的工程是浩大的，也是费钱的，制造这些配件一共花掉了英国政府2000万英镑，这一巨大的耗费将英国政府最后的一点儿家底也给花光了。

这些部件建成以后，全部被拖船拖到英格兰南部进行装配，等到需要的时候，再拖到美军和英军的登陆海域附近完成最后的组装工作，然后再投入使用。

人工港口并不是盟军技术人员唯一的奇思妙想，还有很多的新鲜事物被盟军的技术人员提了出来，比如向岸输油管系统就是其中的一个。

盟军部队的机械化程度高，自然消耗的石油就多。如何为登陆部队提供充足的油料就成了摆在"考萨克"面前的又一个问题。为解决这一问题，"考萨克"专门设置了机构，叫作"普拉托"（也就是英文海底输油管pluto的译音），也由坦南特少将负责领导。

盟军技术人员提供的海底输油方案有两个：

第一个方案是铺设4条直径为15厘米和25厘米的软钢管，美英两个登陆地段各两条，4根油管从岸上伸到海里的系泊设施上，每小时可以从英国本土向登陆地输送600吨燃油。

第二个方案是从怀特岛经英吉利海峡向瑟堡附近的奎尔克小港铺设两种共10根油管，其中一种与电缆线相似，只不过是空心的，可以用电缆铺设船铺设；另一种是用软钢管缠在直径为15厘米的浮动卷轴上，卷轴在拖过英吉利海峡的同时边拖边放。

这是两种很独特的方案，输送燃油的一般方法自然是使用油轮，不过在没有大型港口的前提下，这种方法确是不错的选择。盟军最终采用的是第二个方案中的第一种电缆线式的供油方法。

除了人工港和向岸输油系统外，盟军还有一个独特的发明，这个发明叫作特种坦克。盟军发明特种坦克的用途是跟登陆部队一同上岸，为登陆部队提供掩护，使其快速冲过沙滩，占领滩头。

原先登陆战的一般步骤是这样的：冲在最前面的是工兵，他们的任务是排除沙滩的地雷和铁丝网之类的障碍物；等工兵把障碍物扫除差不多了，步兵再进攻；步兵把登陆场巩固后，坦克开始上岸。

这一次诺曼底登陆战，鉴于敌人是战斗力很强的德军，继续按照这样的一般步骤显然推进速度会很慢。要是推进速度过慢，等德军回过神来，集结兵力来个反登陆，那就麻烦了。

为了加快登陆部队的推进速度，使其快速占领海滩。英军提出用坦克开路的设想，这个设想的创始人是英国陆军少将霍巴特。

1943年3月，鉴于迪耶普登陆战的前车之鉴，英国参谋长艾伦·布鲁克决定建立一支特种装甲部队，利用特种坦克在工兵突击之前上岸。特种装甲部队上岸后要压制敌人防御工事中的火力，爆破海滩上的雷区，破坏人工障碍物，通过或者破坏下一道海堤、混凝土障碍物或者深壕沟，接着爆破更多雷区，压制剩余的机枪掩体。

当特种坦克冲在前面开路时，随后上岸的工兵和步兵就可以在坦克的掩护下，快速穿过海滩，运动到敌人防御工事处与敌人展开近战，如此一举拿下海滩。

布鲁克提出这个设想时，距离"霸王"行动预定的登陆日期只有不足一年的时间，这么短的时间里，就要完成制做出特种坦克的任务，这显然需要专业人士来完成。这个时候，霍巴特就进入了布鲁克的视线。

霍巴特是个坦克的爱好者，对装甲兵的战术很有研究，平时热爱思考问题，鬼点子比较多，他的这些特点全英国的将领们没有不知道的。不得不说，布鲁克把制造特种坦克的任务交给霍巴特，那算是找对人了。

接到任务后，霍巴特立即投入了工作，他先从民用车辆开始做实验，接着他用自己指挥的第79装甲师的坦克做实验，历经多次试验和失败以后，终于在1944年初基本上完成了任务，设计出了很多新式坦克。

霍巴特设计出了好几种非常特别的坦克：

第一种坦克：DD坦克，它的特点使它可以像船一样在水里航行，其制作方法是给坦克装上两个螺旋桨，再用帆布把坦克给围起来。这样的坦克到了水里后，由于帆布包裹带来的浮力而使其浮在水面上，这时再启动螺旋桨，坦克就可以像船一样在水里航行。等坦克上岸后，就把帆布取下来，这样坦克就可以立即投入陆战。这种DD坦克就是现在水陆两栖坦克的祖先。

第二种坦克："转筒"坦克，它的特点是可以为坦克铺设一条专门的通道。盟军曾派人乘坐潜艇潜入到诺曼底海滩去收集了一些沙子带回来研究，通过对比"考萨克"在英国找到了一个沙质与诺曼底海滩很相似的海滩，DD坦克开上这片海滩时立马就陷进了松软的淤泥里，动弹不得。这个情况就促使霍巴特设计了一种叫作"转筒"坦克，该坦克的上前方吊着一个卷筒，卷筒上卷着像垫子一样的金属片。当卷筒坦克前进时，这种金属垫就会被铺设在地面上，只要顺着金属片走，坦克就不会陷入淤泥中。

第三种坦克："巨蟹"式扫雷坦克，它的特点一望便知是扫雷。德军必然会在海滩上布设地雷，仅靠工兵去扫雷，任务量大、也不安全，这时就该"巨蟹"坦克出场了。"巨蟹"坦克的前面安装有一个类似于石碾一样的物体，这个物体还有些像狼牙棒，"巨蟹"坦克前进时，有些像狼牙棒的石碾一样的物体就先在地上滚动，在滚动的过程中，地雷就会被触发并爆炸，这样就完成了扫雷工作。

第四种坦克："鳄鱼"式喷火坦克，它的特点很明显是喷火，在进攻敌人碉堡的时候可以使用它。

第五种坦克：架桥坦克，它的特点是架设浮桥，盟军前进时如果遇到小河流就用它架设浮桥。

截止1944年初，霍巴特指挥的第79装甲师，已经有近千辆各种类型的坦克可供突击登陆时使用。其中盟军主要使用的坦克有3种类型：水陆坦克、工兵突击车和扫雷坦克。

当盟军的技术人员继续为发挥自己的聪明才智研制新式武器时，一项更重要的事情也在酝酿之中，这件很重要的事情就是，"霸王"计划一直只有参谋长摩根在负责运作，总司令一职仍然空缺。为解决这一问题，美英的首脑们在积极地讨论，究竟谁出任此职位才合适。

第三节
"霸王"计划终极版敲定

1943年12月3日,德黑兰会议结束之后没多久,美国总统罗斯福在开罗任命艾森豪威尔为盟国远征军最高司令,统一指挥诺曼底登陆行动。12月25日前,盟军将这一任命正式对外界做了公布。

1944年1月14日,艾森豪威尔乘坐一架C—54运输机从美国直飞伦敦。飞机到达伦敦上空时飞行员发现英国首都被浓雾包围,无法降落,于是飞机不得不改在苏格兰的普雷斯特维奇降落。艾森豪威尔下飞机后,换乘火车前往伦敦,在那里他宣誓就任"霸王"行动总司令一职。

艾森豪威尔1915年毕业于西点军校,毕业后,他担任过教官和训练中心指挥官。在两次世界大战中间,他进入过许多军事院校学习,其中包括步兵坦克学校、指挥和参谋学校、陆军军事学院、陆军工业学院。

在30年代初期,艾森豪威尔开始担任陆军部长办公室的助理参谋主任,后来又在参谋长道格拉斯·麦克阿瑟将军的办公室工作了两年。1935年至1939年的4年间,他一直在菲律宾任麦克阿瑟将军的高级军事助手。这期间,麦克阿瑟将军言传身教,使艾森豪威尔学到不少军事指挥理论和战略、战术要领。

1939年,艾森豪威尔自菲律宾回国,他回国后一路官运亨通,两年的时间里他先后担任了第5步兵团的主任参谋、第3师参谋长和第9军参谋长。1942年夏天,艾森豪威尔上校被任命为沃尔特·克鲁特中将指挥的第3集团军的参谋长。不久,他在第3集团军与第2集团军的对抗演练中出谋划策,使得第3集团军取得了胜利,为此他受到了广泛的赞扬。

转折之战 诺曼底登陆

因为担任参谋时表现出色，珍珠港事件爆发一周之后，艾森豪威尔被调到了陆军部作战计划处，担任主管太平洋和远东地区的副处长。这项任命是美军当时的陆军司令乔治·马歇尔将军经过慎重考虑后决定的。

艾森豪威尔很快就适应了新的工作，表现极为出色，他刚刚到华盛顿两个月，就接替伦纳德·杰罗少将担任了作战计划处处长，并于3月被晋升为少将军衔。不久，他所领导的作战计划处被改称为陆军作战处。

1942年5月，艾森豪威尔到伦敦去视察驻英国美军的编制情况。6月，马歇尔将军任命他指挥在伦敦新组建的欧洲战区美军司令部。7月，他被晋升为中将。

在艾森豪威尔担任欧洲战区美军司令期间，他指挥了北非登陆战、西西里岛登陆战和意大利本土登陆战，他的超强能力在这些战役中暴露无遗，他也得到了盟国军政高官们的赏识，并被晋升为四星上将。

除了指挥上述战役大大露脸之外，艾森豪威尔与那些正在计划登陆欧洲的军官们过从甚密，他随之熟悉了横渡英吉利海峡作战计划的大致轮廓。

正是由于艾森豪威尔有如此多指挥大战的经历，海、陆、空联合作战的指挥经验相当丰富，再加上他对横渡海峡的作战计划相当感兴趣，这样，他被任命为"霸王"行动的总司令也就不那么意外了。

正式上任以后，艾森豪威尔首先选中了伦敦格罗夫广场边的一座老式红砖大楼来作为他的司令部，正式名称为同盟国远征军最高司令部。找到了办公地点之后，总司令便开始四处挖人组建自己的指挥部，毕竟目前他还只是一个光杆司令！

司令部主要由两个部门组成：第一个是参谋部，这是负责制订作战计划的；第二个是作战部，这是负责按照计划执行军事行动的。

1943年10月，艾森豪威尔阅读过摩根将军制订的"霸王"计划，他觉得该计划提出的正面进攻地域过于狭窄，在初期的攻击中没有足够的突击力量，当他把想法说给蒙哥马利听时，蒙哥马利也深有同感。

1943年圣诞节期间，艾森豪威尔跟蒙哥马利和丘吉尔交流了一番，他再次提出了自己的想法，这一次，丘吉尔也认同他的想法。

鉴于此，他决定把司令部的架子搭起来，成立新的参谋部和作战部之后，就将军事主管官员给上述两个部门配齐，接着再召集司令部的将领们开会，让大家好好讨论一番，将"霸王"计划修改一下，使其更加完善。

盟军高层给艾森豪威尔的司令部配置的副司令是英国空军上将马绍尔·阿瑟·特德爵士。特德原为英国皇家空军部长，在地中海战区作战时他就在艾森豪威尔手下任空军司令。他不仅是一位战略家和空军指挥官，军事素质过硬，更重要的是他协调人际关系的能力也丝毫不下于他的军事能力，他非常善于处理盟军各部队和各军种之间的关系。正是有了非常善于协调关系这个特点，他当副司令是非常合适的。

艾森豪威尔的司令部下设的参谋部由沃尔特·比德尔·史密斯任参谋长。史密斯是艾森豪威尔亲手挑选的得力助手，他不仅要为最高司令出谋划策，还要组织好司令部的日常工作，必要的时候他甚至还要扮演"黑脸"的角色！要是司令部中有人出工不出力，办事不积极，那他就会不讲情面地将他们赶出司令部。

参谋部的副总参谋长是"考萨克"的负责人摩根。参谋部成立后，"考萨克"的历史使命结束，它并入了新的参谋部。摩根在新的参谋部里面继续参与"霸王"计划的完善工作。

诺曼底登陆战是一个涉及海、陆、空三军的联合作战行动，自然艾森豪威尔的手下就会有陆军、海军和空军的部队可供调度。

在司令部中担任陆军司令的是英国名将蒙哥马利，他在北非击败了隆美尔，在西西里岛表现出色，人送外号"沙漠之鼠"。

海军司令是拉姆齐，曾立过不少战功，成功地组织敦刻尔克大撤退，在西西里岛登陆战中担任西部特混舰队司令，他的特点是精力充沛、机智勇敢。

空军司令是利·马洛里，他也是名将一个，立下过赫赫战功。在大不列颠保卫战中他指挥英国的战斗机群与德国空军作战，在迪耶普登陆战时他指挥空军掩护登陆部队，1942年11月他开始担任战斗航空兵司令。

等相应的人员使司令部充实起来后，艾森豪威尔当即召集高级将领及参谋们开会讨论如何将"霸王"计划修改一下，使其更加完善。

在会议中，艾森豪威尔提出了他的建议，他希望参加最初突击的师从3个增加到5个；登陆正面从32千米扩大到80千米；空降兵的数量从2个空降旅，改为3个空降师；增加一个"犹他"海滩作为美军的登陆海滩；增加一个"剑"海滩作为英军的登陆海滩。他的意见均得到了三军司令的支持。

经过修改，"霸王"计划的战略大纲包括以下几点：

1. 在海上登陆开始前，空投2个空降师在海滩的内陆着陆；

2. 用舰艇运送5个步兵师在诺曼底海滩登陆；

3. 部分第二梯队将在"D"日（也就是登陆日）第二次涨潮时迅速上岸，第二梯队的其余部队必须在第二天上岸；

4. 在首批登陆部队和第二梯队上岸之后，盟军将力争以每天1.3个师的速度增强地面部队；

5. 建立牢固的联合登陆场之后，应尽早夺取瑟堡港。此外，要力争在五六个星期内占领布列塔尼半岛各港。

此次作战较长远的目的是粉碎西线的德军，攻占巴黎和解放法国南部。

上面的战略大纲无疑非常庞大，为了完成上述纲领，司令部的参谋们为盟军的陆海空三军制订了周密的行动计划。

"霸王"行动是登陆战，陆军自然是主攻部队，它们要担负起主要的作战行动。司令部决定将陆军登陆部队组建为第21集团军群，其下辖美国第一集团军和英国第二集团军。第21集团军群的总司令是蒙哥马利，他统一指挥登陆部队，他的部队分为两个梯队，其中一个为首批登陆部队，负责占领海滩，建立登陆场；另一个在首批登陆部队上岸后立即跟进，负责巩固登陆场。

美国第一集团军的司令是布莱德利，其麾下的第7军第4步兵师和第5军第1步兵师为首批登陆部队，第19军第29师为第二梯队。第4步兵师在"犹他"滩登陆，该师上岸后向科唐坦半岛北部进攻，力争占领瑟堡港；第 5 军第 1 步兵师在"奥马哈"海滩登陆，该师上岸后与紧随其后登陆的第 2 梯队 29 师会合后向卡朗坦和圣洛进攻。第 4 师攻占瑟堡后迅速南下与第 1 师和第 29 师会合，接着这些部队向阿弗朗什进攻，打通前往布列塔尼和法国腹地的通道。

英国第 2 集团军的司令是登普西，其麾下的英国第 30 军第 50 师、加拿大第 1 军第 3 步兵师和英国第 1 军第 3 步兵师为首批登陆部队，英国第 30 军第 7 装甲师为第二梯队。第 50 师在"金"海滩登陆、加拿大第 3 师在"朱洛"海滩登陆、英国第 3 步兵师在"剑"海滩登陆、英国第 7 装甲师在第 50 师上岸后立即跟进。第 2 集团军各部上岸后即进攻卡昂，威胁巴黎，吸引德军的注意力。

在美国第 1 集团军向阿弗朗什进攻的同时，后续部队美国第 3 集团军会在巴顿的率领下在"犹他"海滩和"奥马哈"海滩登陆。等巴顿全军上岸，布莱德利就将第 1 集团军的指挥权交给美国将军 C·霍奇斯，他本人则将美国第 1 集团军、第 3 集团军整合为美国第 17 集团军群，他自己任司令。

巴顿所部稍事休整后，立即沿着第 1 集团军开辟的道路进攻布列塔尼半岛，随后绕到卡昂德军的背后进攻，截断德军的退路，粉碎德军的反扑。

两路盟军联手歼灭诺曼底地区的德国守军后，立即乘胜解放法国和比利时，冲到德法和德比边境。最后以 21 集团军群为主力攻入德国北部平原，直取柏林，就此结束战争。

此次登陆战中，海军的任务是运送和掩护这些部队登陆，在登陆部队上岸后，立即搭建人工港，继

盟军最高指挥官们在商讨作战计划

续为登陆部队提供后勤补给，并运送后续部队上岸。

为完成上述任务，海军司令拉姆齐及其参谋人员专门制订了"海王"计划，这一计划是"霸王行动"中海军负责的部分，该计划的具体内容如下：

海军建立两个特混舰队：东部特混舰队（英军）和西部特混舰队（美军）。东部特混舰队由英国海军少将维安指挥，西部特混舰队由美国海军少将柯克指挥。

东部特混舰队包括以下几个编队：

G编队：负责运送英国第30军第50师在"金"海滩登陆；

J编队：负责运送加拿大第1军第3师在"朱诺"海滩登陆；

S编队：负责运送英国第1军第3步兵师在"剑"海滩登陆。

以上3个编队运送的是第1梯队登陆部队，L编队负责运送第2梯队的英国第30军第7装甲师，在第50师后立即登岸。

西部特混舰队包括以下几个编队：

U编队：负责运送美国第7军第4步兵师在"犹他"海滩登陆；

O编队：负责运送美国第5军第1步兵师在"奥马哈"海滩登陆。

以上两个编队运送的是第1梯队登陆部队，B编队负责运送第二梯队的美国第19军第29师，在第1师后立即上岸。

这些编队从海上行进到登陆海域的过程中，一路有扫雷舰艇大队、警戒大队和火力支援大队保驾护航。这其中，扫雷艇大队的任务是扫除水雷；警戒大队的任务是防备德国舰艇的袭击；火力支援大队的任务是登陆部队抢滩时和上岸后，及时提供炮火支援。

海军将登陆部队送上岸之后，紧接着要做的工作是将两个人工港拖到诺曼底，安装好并保证将后续部队和补给物资送上岸。

空军虽然不是主攻部队，但是其任务也不轻！诺曼底登陆战中参战的空军部队由利·马洛里指挥的盟国战术空军即英国的第2战术航空队和美国第9战术航空队组成，拥有各式飞机1.1万架，这些飞机包括战斗机、轰炸机、运输机和滑翔机，负责保持制空权，运送空降兵，对地面部队进行近距离直接火力支援。

除了轰炸和驱赶德军的战斗机外，空军所担负的一个较为重要的任务是运送3个师的空降兵在登陆部队上岸前空降至海滩的后方，伞兵们的任务是控制交通要道和桥梁，搅乱德军的后方，迟滞德军防守部队的反击速度。

以上就是新的"霸王"计划的全部内容，1944年2月初，英美联合参谋长委员会批准了这个新的计划。不过有一个棘手的问题当时解决不了：在1944年5月1日之前，盟军实在凑不出足够的舰船来供"霸王"计划使用。

要知道当初"考萨克"制订登陆计划就是因为舰船数量的限制，才将首批登陆部队的数量设定为3个师，现在艾森豪威尔的司令部将首批登陆的部队增加到了5个师，多出来的2个师需要6艘登陆人员运输舰、47艘坦克登陆舰、71艘步兵登陆艇和144艘坦克登陆艇来完成运送。这些多出来的舰船从哪里挤出来，这是很让盟军高层头痛的问题。

盟军高层原计划把用于太平洋战场的登陆舰艇调拨给艾森豪威尔使用，但是美国海军总司令金海军上将不答应。后来经过马歇尔一番软磨硬泡，金海军上将才勉强松口提供少量舰艇到欧洲战场，只是数量仍然太少，还是不够用。

无可奈何之下，盟军高层决定将诺曼底登陆的时间从5月1日推迟到6月初，以便从美国和英国的造船厂那里得到更多的登陆舰艇。为了进一步加强诺曼底登陆作战中的运输和舰炮支援能力，原定与诺曼底登陆战同时发动的在法国南部进行的支援性辅助登陆作战，推迟到1944年8月15日后再开始。

登陆日（也就是D日）从5月初推迟到6月初后，艾森豪威尔的司令部即着手开始确定具体的D日和登陆时刻H时。

在确定登陆时刻这个问题上，各军种根据自己的需要提出了不同的意见：陆军要求在涨潮时登陆，这样可以减少部队暴露在海滩上的时间；海军希望在不涨潮的时候登陆，以便使登陆舰艇尽可能少地受到海滩障碍物的破坏，这样就可以有足够多的舰艇投入到随后的运输工作中去；空军要求选定晴天有月光的时候发起进攻，因为这样的天气条件下，飞机更容易起飞，且空降部队容易识别地面目标。

经过充分考虑，司令部选定了一个兼顾各军种要求的方案：海上登陆部队在高潮和低潮之间登陆，由于5个登陆海滩的潮汐情况不尽相同，因而规定了5个不同的H时。除了满足海上登陆部队的潮汐要求之外，司令部还决定把D日安排在满月的日子，空降部队的H时（进攻时间）定为凌晨一点至两点之间。

根据上述条件，再结合气象专家们提供的数据，在6月份只有两组连续的3天满足登陆的要求。其中一组是6月5日至7日，另外一组是6月18日至20日。

司令部最终选定的是6月5日，6月6日和7日作为备用日期。这个日子确定之后，盟军开始集中大部分力量准备这项人类历史上最大规模的登陆战。

第五章

磨刀不误砍柴工

诺曼底登陆

第一节
英伦大兵营

早在1942年1月，盟军就计划大量向英国输送兵力和物资，以便为登陆西欧的军事行动做准备，只是当时德国潜艇仍然在大西洋上肆虐，大西洋航线并不安全，盟军才作罢。

1943年8月后，在盟国海军的努力下，德国的水下幽灵被逐出了大西洋，只能在英吉利海峡附近转悠。从此大西洋航线彻底安全了，美国开始将大批人员和物资从本土运往英国。

随着来自美国的官兵和物资源源不断地进入英国，大不列颠几乎成了一个大兵营。在岛上的乡间到处可以看到美国军人的身影，美军的车辆把公路挤得水泄不通。

大量的坦克、卡车、飞机整整齐齐地停放在仓库、空地和机场中，英国的各个港口挤满了各式各样的舰艇。

为了凑足登陆日那天需要的登陆舰艇，整个美国和英国的造船工人都在加班加点地工作。在英国，造船的工作不仅在造船厂进行，甚至在狭窄的街道和小巷子里也进行。成千上万名工人的铁锤不仅造出了舰艇，还敲出了一切"可以浮动"的东西。

1943年至1944年，造船已然成为"村舍工业"——小朋友们放学回家时，站在一边看工人们敲敲打打，孩子们完全被村舍外舰船的龙骨给吸引了。

正是在全民造船的这种背景下，盟军急需的大批登陆舰艇被制造出来。在美国和英国的工人们如火如荼造船的同时，登陆战的各项准备工作也在繁忙又不失条理地进行着。

一排排兵营在英国的滨海地区建立起来，一个个仓库拔地而起，一个个基地被修建出来。人员、物资和器械被陆续进入兵营、仓库和训练基地，参与登陆的官兵们要到不同的基地接受不同的两栖登陆基础训练。

从美国运来的官兵们在来英国之前都接受过基础作战训练，但是其中的大多数人没有经历过两栖登陆战的磨砺。不少官兵平时没有坐过船，都不识水性，完全不能适应登陆战。因此，他们需要专门的训练来习惯船上作业。

另外，新制造的登陆舰艇也需要驾驶员和水手来操作。基于北非登陆战和西西里岛登陆战的前车之鉴，盟军的指挥官们格外重视登陆艇驾驶员的培训，这些驾驶员必须经历足够的训练，才能在各种环境下操作登陆艇，将登陆部队顺利送上海滩。

为达到上述目的，一系列的两栖训练中心被建立起来，这些两栖训练中心包括：

1943年7月29日建立的阿普尔多尔和因斯托两栖训练中心，该中心负责训练登陆艇舰艇操作人员，并协助陆军训练士兵们适应船上作业。

1943年8月20日建立的罗斯尼斯两栖训练中心，该中心除了被作为两栖登陆战的人员训练基地使用外，同时也是接收站、消防和炮火支援学校、敌港管理小组（管理夺自敌人的港口）所在地。

1943年9月建立的法尔默思两栖训练中心，该中心在10月28日这天迎来了第一艘从美国开到该地的坦克登陆舰（第30号坦克登陆舰）。

1943年10月建立的萨尔库姆两栖训练中心，该处着重训练步兵登陆艇驾驶员，也是坦克登陆艇的维修基地。

1943年11月3日建立的普利茅斯两栖训练中心。从1944年1月3日开始，该中心成为霍尔的舰上司令部和威尔克斯的登陆舰艇与基地勤务欧洲司令部所在地。该中心有维修海军舰艇的设备和维修员，也是登陆日那天一个重要的登船港。

1943年11月建立的达特默思两栖训练中心，该中心除了训练部队的两栖登陆作战能力外，还担负着修理和保养登陆舰艇的任务。

1943年11月建立的延默思两栖训练中心，该中心负责训练登陆艇驾驶员和维修登陆艇。

1943年11月建立的米尔福德港和佩纳思两栖训练中心，这两个中心负责训练各型舰上水兵，并担任紧急修理工作。

在上述训练中心里，反复锻炼陆军士兵水上作业的能力；水兵加紧训练，争取尽快熟悉自己操作的舰船；登陆艇驾驶员在各种条件（比如黑暗、有风浪）下锤炼驾驶技术。

当时从美国运到英国的物资极多，为了便于战斗时取用，在诺曼底对面的英国南部港口，修建了不少储备仓库。另外，英国有为数不少的舰艇，这些舰艇在日常训练和登陆那天难免会出现故障或者被损坏，因此需要相应的修理基地来保障舰艇的正常使用。

为了储备物资和对舰艇进行及时修理，盟军修建了一系列的补给仓库和修理基地，它们分别是：

1943年9月建立的朗斯顿仓库，该仓库是用来堆放备用零件的，其中备有坦克登陆舰、辅助摩托扫雷艇、扫雷舰、木壳猎潜艇和钢壳猎潜艇的全部主机零件和所有两栖舰艇上的器材。

1943年9月建立的蒂弗顿小型仓库，其中存储的是海军帆缆器材和备用零件。

1943年10月建立的赫奇思德和勒格歇尔维修基地，该基地从事柴油机翻修工作。

1943年10月建立的埃克塞特两栖补给基地。

1944年2月建立的布格尔仓库，其中备有海军使用的弹药。

1944年2月建立的德普特福德两栖前进维修基地，该基地主要维修从地中海远道而来参加"海王"行动、供英国第二梯队使用的坦克登陆舰和其他登陆舰艇。

诺曼底登陆这么庞大的作战行动，肯定会有官兵死伤。一旦在进攻过程中登陆部队出现了伤亡，就需要医疗部队迅速将伤员由海滩转回到英国进行紧急治疗，那么战地医护人员必然是少不了的，他们也需要相应培训才行。

这些与医疗救护培训有关的后勤辅助基地包括：

1943年10月25日建立的福韦基地，该基地原本被主要用来训练小艇人员。1944年3月，该基地又增添了一项业务，它开办了一所医务训练学校，主要训练坦克登陆舰上的医务人员。

在盟军海军的"海王"计划中，很多坦克登陆舰除了将车辆、坦克等作战物品运往诺曼底之外，在它们回程时还将作为医疗船运送伤员。这些特殊的"医疗船"上配有专门的急救设备、治疗设备、甚至外科器械，每条船上配有2名海军尉级军官、一名陆军外科军医、2名陆军手术室技师和40名海军医务兵。

到登陆日前，该基地共培训出了150名军医和2850名医务兵。另外，第6敌港管理组的130名军官和1005名士兵也是在这里接受训练的。

1944年4月1日建立的内特利医疗基地，该基地位于皇家维多利亚医院内，是美国第12海军医院专门为登陆战负伤官兵服务的。1944年6月至8月间有500多名伤员在此基地住院，这些伤员中有54%是在战斗中负伤的，这些伤员除了美国陆军、海军、海岸警卫队和运输商船上的伤员外，也有英国、法国和加拿大的伤员。

在盟军的各军种人员在进行各项训练的时候，美国的运输船继续将人员和物资自美国运往英国。

当时美军从大西洋运送而来，他们都在英国西海岸下船，这样他们就干脆驻扎在英国的西部和西南部，而英国和加拿大的部队则集结在英国的东部和东南部地区。正是由于美国部队大多驻扎在西面，他们才担负着诺曼底登陆战中西翼的作战行动。

到1944年6月6日登陆作战时，在英国已经集结了数字极为庞大的军队、飞机和舰只。这其中，有美国、英国和加拿大等国共计33个陆军师的部队，另有美军40个师要源源不断地运来。各型飞机有1.3万多架。海军舰艇包括战列舰6艘，低船舷重炮舰2艘，巡洋舰22艘，驱逐舰93

艘，小型战斗舰 159 艘，扫雷艇 255 艘，各类登陆艇 1000 多艘，运输船多艘。海军舰艇共计有 6000 多艘。参与登陆的盟军陆海空三军官兵总数达 287 万多人。

也就在盟军持续积攒战略物资和人员的同时，对登陆战的作战区域诺曼底地区的侦察工作也正在多条战线上展开。盟军高层的意思是，务必用多种途径使用一切方法，将诺曼底的山河湖海、环境植被、道路桥梁、城市村镇、甚至德军的海岸防御情况摸得清清楚楚，为盟军顺利登陆打下坚实的情报基础。这次，该盟军的情报部门出马了。

第二节
知己知彼，百战不殆

孙子兵法中说"知己知彼，百战不殆"，盟军既然要进入诺曼底地区作战，那么就必然要全面掌握诺曼底地区的各种相关信息。

这些必然要掌握的信息包括：

1. 诺曼底各个海滩在涨潮和退潮时的宽度。这些信息有利于陆军了解他们将要冲多远的距离才能够得着守军的防御阵地。

2. 海滩上的防御设施有哪些。可以想象，德军绝不会放着光溜溜的海滩让盟军轻松地抢滩上岸，他们必然会在沙滩上布下陷阱，等着盟军自投罗网。这就需要盟军专门想办法来破解德军的防御设施。

3. 海滩上的沙质如何。海滩上的沙质对坦克有极大的影响，沙质不好，坦克开上去就陷在沙子里动弹不得，那坦克就会成为德军大炮的活靶子。所以研究清楚海滩的沙质后，盟军就可以根据情况采取相应的措施。

4. 海滩四周的坡地和山地上的防御部署是怎样的。德军必然会在这些坡地和山地上布设机枪和炮兵阵地，必须把它们的位置找出来，登陆日当天便可以派遣突击队发起突袭，拿下那些阵地。

5. 海滩后面的地形、村镇，以及植被情况是怎样的。盟军掌握滩头阵地后必然会向内陆进攻，有了上述信息，盟军就可以照着地图朝重要的村镇冲过去，扩大登陆场。至于掌握植被信息的目的，那要看当地的植被情况是否会影响坦克作战。

6. 如果有可能，最好将德军的布防图给搞到手。若是德军的布防图被盟军搞到手里，盟军就可以用常规方法侦察德军防务信息，这有利于盟军的突击。

为了掌握上述信息，盟军动用所有手段开展了侦察行动。

从1943年6月开始，盟军海空军频繁出动，不断进行侦察工作。由于当时德国的海空军力量尚存，盟军的海空军并不敢过多侦察。到1944年后，德国海军只能在英吉利海峡转悠，德国空军飞机的数目跟盟军比起来简直微不足道，这个时候盟军的海军和空军各自使出看家本领，对北起荷兰、南至西班牙的法国海岸进行大范围的侦察。

盟军的海空军并不单独针对诺曼底进行侦察，因为若盟军的海空军对该地区侦察次数过多，那就是告诉德军横渡海峡的地点就是这里。为分散德军的注意力，盟军的海空军在侦察时特意把范围撒得很开，法国西北部几乎所有能登陆的地点都有盟军飞机和潜艇运送的侦察人员光顾。

经过多次侦察后，盟军的空军获得了从荷兰至西班牙边境的欧洲海岸的航空照片。为了得到最客观写实的照片，一些盟军的侦察机甚至冒着被击落的风险低空飞行进行多角度拍照。

在飞行员们的努力下，盟军掌握了法国海岸上的如下信息：海滩在涨潮和落潮时的宽度、海滩上的防御工事、海岸附近德军比较明显的防御工事配置情况、桥梁、机场、水淹地域，以及德军的临时仓库和兵营。

盟军的情报人员将堆有3层楼那么高的照片清洗出来，一张张对比拼接，渐渐将德军海岸防御工事的平面图给做了出来。

德军比较明显的海岸防御工事配置情况，是多亏空军才搞到手的，因为法国地下抵抗组织根本就不能接近盟军的登陆地域。

空军侦察机虽然可以将地形地貌和比较明显的防御工事用照片记录下来，但有些事情照片上可是显示不出来的，比如沙滩的沙质、诺曼底地区的植被、水文、气象、地形，以及德军具体的兵力部署和较为隐蔽的防御工事的配置等情况。

这个时候，海军侦察兵们就该出马了。英国潜艇，还有英国和美国的鱼雷艇所运送的突击队员们也对法国海岸进行了相当多的侦察活动。

英国和美国海军经常派出一些经过特殊训练的突击队员，乘坐英国制造的微型潜艇摸黑行进到诺曼底海岸附近进行侦察工作。

专门供海军侦察海滩使用的微型潜艇相当别致，仅能容纳几个人，其排水量很小，可以开到离海滩很近的浅水区，是海军侦察海滩的良好工具。

海军侦察突击队队员们一旦接到侦察任务，他们就会乘坐微型潜艇每两人一组到达诺曼底海岸附近。舰艇工作人员通过潜望镜观察，找到了德军碉堡的观察死角后，潜艇就会被开到德军观察不到的地带上浮，接着侦察突击队的两名队员就会穿好潜水服，带上必要的工具，从潜艇里出去，潜水接近海滩。

两名突击队员接近海滩时，首先会碰到海边浅滩的障碍物，小心翼翼绕过后，他们就会悄悄上岸。

凌晨，除了少数不住打呵欠的哨兵，德军大多数进入了梦乡，海岸的防御并不很严密。

就在德军岗哨的眼皮底下，受过特殊训练、心理素质极好的两名突击队员一前一后，动作麻利地向前运动着。前面的人用利剑轻插海滩上的沙土，探测是否有地雷；后面的人则从他们上岸的地点将系有软绳的大铁针插进沙里，然后跟着前面的人一边走一边放下软绳，他们每隔30米就将一根大铁钉插进沙里将软绳拉直。

突击队员们这么做的目的是做个路标，免得完成了任务找不着回去的路，随便乱闯而触雷。就这样，前面的队员沿着与海岸线平行的方向一边走一边探雷，后面的队员一边插铁针，一边提取海滩上沙土放进专门编了号的袋子里。

等海滩上各个区域的沙土被提取差不多后，突击队员们就沿原路返回。带着搜集到的沙土材料，他们安全地回到了潜艇上，此次侦察任务顺利结束。在突击队员进行侦察时，粗心的德军哨兵根本就没有注意到有盟军的侦察兵来访他们防守的沙滩。

盟军海军对诺曼底海滩的侦察工作除了搜集沙土这一项之外，还有仔细测量海岸的坡度、观察从浅水海滩到岸上的反登陆障碍物的种类和结

转折之战 诺曼底登陆

构、高低潮水位的淹没情况等几项。

海军侦察员们带来的海滩防御信息相当有用，盟军的技术人员在分析了诺曼底海滩沙质和德军在海滩障碍物的部署情况后，对妨碍盟军登陆的难题一一提出了解决方法。

在分析了从诺曼底各个登陆海滩带回来的沙土之后，盟军技术人员发现有的海滩沙质不错，坦克可以通行，而有的登陆海滩上的沙质不佳，坦克压在上面容易陷进沙子里。

让坦克顺利通过沙质不佳的海滩，这个难题被霍巴特制造的特种铺路坦克——"卷筒"坦克给解决了。霍巴特的"卷筒"坦克可以在行进时在沙地上铺下一层金属板，跟在它后面走的坦克就不用担心会陷进沙子里了。

一些轻型障碍物可以用巨型推土机来推掉，而那些固定的大型障碍物则可以用炸药炸掉。至于沙滩上的地雷，完全可以交给霍巴特的另一个杰作——专门用来扫雷的"巨蟹"坦克来处理。只要"巨蟹"坦克前面很像狼牙棒的石碾状物体在沙地里一滚，地雷就会被引爆。由于该坦克本身装甲极厚不会受损，步兵们只需跟在扫雷坦克后面，就可以安然穿过雷区向前挺进。

除了有扫雷这个功效之外，"巨蟹"坦克还可以用它巨大的"钳子"将德军设置的铁丝网搅得粉碎，这更加有利于登陆部队的进攻。

盟军海军的这种侦察工作并不仅仅在诺曼底海滩展开，在法国西北部的所有海岸同时展开。参与海滩侦察的突击队员被命令侦察的范围很广，侦察并不集中在某个海滩，或者某个地区的海滩，突击队员也不知道确切的登陆地点。盟军如此安排的目的是一旦侦察行动失败，有侦察员被俘，德军也不能从被俘人员嘴里套出一星半点儿关于登陆地点的信息。

在盟军的空军和海军继续对诺曼底展开侦察的同时，法国抵抗组织的人也没有闲着，该组织的成员们用他们自己的办法从德军那里搞到了不少情报。

在诺曼底的康城，一位名叫裘雪的法国油漆匠就干了一件很了不起的事情，他居然搞到了德军在诺曼底地段的布防图。

表面上裘雪这个人粗枝大叶、老实、木呆呆的，天生一副大嘴巴，一点秘密也藏不住，几乎是公认的傻子。德军看重了他的手艺，又觉得他看起来傻傻的，不像是间谍，于是让他参加了修建"大西洋壁垒"的工程队。

在粉刷德军将领的办公室时，他瞥见了一份写有"绝密"字样的"诺曼底沿岸布防图"。这张布防图是一张五万分之一的大比例尺地图，它长3米，宽1米，图上标示着从塞尔布尔至奥芬尔之间大西洋壁垒的设防情况，主要的要塞、火焰喷射器，以及炮兵阵地等都被显示了出来。另外，这张图上还详细记载了海岸炮兵阵地上各型火炮的射程和射角、弹药补给供应点、通信系统、各指挥所的位置、主要防御设施等详细信息。

通过自己的努力，裘雪拓印了一张一模一样的布防图，历经波折从德军那里带了出来。1943年6月21日，这份布防图被送到伦敦，供盟军情报部门使用。

经过盟军的空军、海军和无数法国抵抗组织成员们细心的侦察，大量信息被送到盟军的情报部门，这些信息被汇总、拼接之后，一副诺曼底德军布防图的全貌就逐渐显现出来。

经过无数次对比和修正后，盟军情报人员甚至将诺曼底地区各个登陆海滩的立体模型都制作了出来，并将它们交付给各部队作为制订作战计划和训练时的参考资料。

在盟军各个情报部门的努力下，希特勒吹嘘说固若金汤的大西洋壁垒防线其诺曼底部分的布防情况，盟军已经掌握了绝大多数，这为盟军顺利登陆打下了坚实的基础。

掌握了登陆海滩大部分的防御信息后，盟军开始酝酿在英国找几个与诺曼底海滩相似的地方，照着情报中的消息将德军的布防配置原样再现，让登陆部队先演练几次。等官兵们熟悉了演习，到了登陆那一天，也许实战就跟演习没两样了。

打定了主意后，盟军就开始积极部署陆海空三军全部出动的一场联合演习。

第三节
高仿真模拟登陆演练

任何一个重大的军事行动都必须经过充足演练才能成功，诺曼底登陆行动也不例外。按作战任务，将要参与"霸王"行动的陆海空三军将士们先展开着相应的训练。

陆军官兵们主要还是从3个方面进行演练：

1. 习惯于船上作业；

2. 提高上船、下船、爬绳梯换乘的速度；

3. 最重要的一环是练习如何突击上陆。

不少陆军"旱鸭子"刚进行适应性训练时，根本就吃不消。陆军士兵先是被运输舰装载着在海上转了几圈，海上的风浪一大，运输船就随着波浪时上时下，船上的陆军士兵顿时面如土色，极为不适。

到了换乘区，全副装备绑在身上的陆军士兵们慢吞吞地顺着绳梯从运输船转移到登陆艇上，预定换乘时间到了后，仅有少部分登陆艇完成了换乘工作，来到了会合区。

登陆艇好容易到齐了，便在出发线上排好队等着冲锋。只听指挥官们一声令下，登陆艇开足马力奔海滩方向去了。

在登陆艇往海滩上冲的时候，由于小艇吃水浅、重量轻，被风浪抛上抛下的幅度就更大了，不少陆军士兵都晕船了。

终于上了海滩，陆军士兵们无不是头发涨、眼发晕，统统成了软脚虾，连拿枪都困难，就更不要说冲锋抢滩了。

见士兵们表现这么差劲，为了让他们打仗的时候少流血，陆军将领们训练的时候只好让他们多流汗了。

在陆军将领们严格要求下，士兵们刻苦锻炼，把船当成自己的家，天天坐船在海里转。训练很久后，大多数陆军士兵不敢说水性精熟，起码上了船，哪怕海里的风浪大点儿，船颠簸一点儿，也不会因为发晕而丧失战斗力。

陆军士兵适应了船上作业后，接着就是让他们加快上船下船，换乘的速度。经过长时间的演练之后，陆军士兵们速度加快，渐渐达到了要求。

习惯了船上作业后，一套高保真模拟训练大餐就摆在了陆军将士的眼前，这道训练大餐是按诺曼底海滩防御部署原样配置的海滩演习场进行的。

1943年9月，美国陆军中校保尔·汤普森在德文郡北部建立了一个训练基地，对美国若干个将要突击登陆的团进行了一系列模拟训练。英国陆军则在英格兰北部也建立了类似的训练场。

按照侦察到的德军海岸防御部署情况，美国和英国陆军仿造了碉堡、石壁、带刺铁丝网、地雷区、水下和岸上障碍物、反坦克壕沟等一系列设施，以便对登陆部队进行近似于实战的演练。

1944年4月29日，斯莱普顿沙滩，美军登陆演习中数百人死亡

美军的训练是在斯莱普顿沙滩和附近的托特湾进行的,这两个地方的条件跟未来要登陆的"奥马哈"和"犹他"两个海滩几乎一模一样。

汤普森在对美军进行训练时,将自己的角色设定为德国守军,他的工作是想尽一切办法来阻挡美军登陆。美军反复冲锋,他就反复防守,当从登陆部队的进攻中看出了问题,他就手把手教美国士兵克服问题,保全自己,消灭敌人。

后来很多参加了登陆战的美军回忆说,他们之所以能够活下来,应该归功于汤普森,归功于他设计出来的各种复杂情况。

与美军的训练相类似,英军训练场地模拟的是"金"海滩、"剑"海滩和"朱诺"滩的布防情况。英国陆军就在仿真训练场中进行抢滩演练,不过略有区别的是,英国陆军在演练时有特种坦克协同配合,而美军演练时却没有。

出现这种情况倒不是英国人不把特种坦克给美国人使用,而是美国人看不上英国的新发明。

1944年初,英国人霍巴特发明的特种坦克已经有近千辆,他自己指挥的第79装甲师就装备着这些坦克。这一千辆特种坦克包括以下一些品种:"谢尔曼"式水陆两栖坦克一个旅,"谢尔曼"式扫雷坦克一个旅,带有爆破弹的"丘吉尔"式工兵突击车一个旅,喷火坦克一个团,探照灯坦克一个团。

当蒙哥马利见识了特种坦克的威力后,立即意识到这些新式武器在登陆战中的重要作用。他称赞霍巴特的这些成果,并让霍巴特把特种坦克的作用表演给美国人看看。

蒙哥马利请来了美国军队的众多高官,大家来到试验场地观摩特种坦克的表演。艾森豪威尔现场看后,特别喜欢水陆两栖坦克,他当场拍板美军要水陆两用坦克一个旅,其余的坦克他让布莱德利去挑选。

布莱德利似乎瞧不上英国人的发明,他十分冷淡地表示不需要。蒙哥马利见布莱德利似乎没有认识到特种坦克的重要性,他就反复劝说美国朋友务必装备一些特种坦克,哪怕每种类型的坦克只装备几辆都可以。

布莱德利似乎是吃了秤砣铁了心，任蒙哥马利说得口干舌燥、嗓子冒烟，他就是不要。蒙哥马利见布莱德利一个字也不听，就只好不说什么了。

后来的事实证明蒙哥马利的观点是对的，在同样坚固的德军防御工事面前，美军死伤无数，而英军却借着特种坦克的帮助，毫不费力地上了岸。登陆战结束后，布莱德利因为这次拒绝使用特种坦克而遭到了极大的非议。

陆军大部分部队在进行抢滩训练时，一部分登陆袭击队的队员们则在苏格兰崎岖不平的山地里进行攀爬悬崖的训练，这些突击队员登陆后的任务是解决掉诺曼底悬崖上的德军岸炮阵地。

盟军陆军紧锣密鼓地训练着，海军自然也没有闲着。海军主要在两个方面进行训练：一是训练登陆艇的驾驶员；二是训练为登陆部队提供舰炮支援。

北非登陆战和西西里登陆战中，由于美军的登陆艇驾驶员缺乏经验，有的登陆艇开着开着就迷航了，跑到了远离登陆场的区域；有的登陆艇驾驶员没有在黑暗条件下驾驶的经验，经常撞上海岸边的岩礁，把登陆艇给撞坏了；有的驾驶员驾驶技术不过关，被海浪一拍，就把登陆艇横着开上了海滩，结果登陆艇无法从海滩上及时退出。

有了这些前车之鉴，盟军对登陆艇驾驶员的培训才格外重视。登陆艇驾驶员们被要求在黑夜、大雾、大风、大浪等条件下进行驾驶训练，驾驶员必须学会识别各种信号——比如登陆艇到达会合区后，同建制部队之间的识别信号、标示出发线和海滩方位的灯光信号，以便将部队顺利送上正确的海滩。之后，驾驶员被要求将登陆艇完好无损地开上岸，再迅速从海滩上退出，以便为后续登陆艇让出地方。

经过长时间训练，登陆艇驾驶员已经能将登陆艇开得运转自如，完全达到了要求。

海军对登陆部队的火力演练也在如火如荼中进行。海军派出火力控制组的观察员来到岸上，将岸上的信息反馈给军舰，军舰根据观察员标定的信息发炮轰击岸上目标。

转折之战 诺曼底登陆

盟军空军的飞机没有什么需要特别演练的内容,为地面部队提供火力支援这件事飞行员们一直在干,早已轻车熟路。飞行员们的训练过程也就是实战过程,他们直接将飞机开到德国占领的欧洲上空,将德国人的飞机打下来,把德国人的军事设施炸平。

为了更好地为"霸王"行动铺路,艾森豪威尔还以辞职相要挟,从美英联合参谋长委员会手里借来了由哈里斯指挥的英国战略轰炸机部队和由杜利特尔指挥的战略轰炸机部队——第8航空队,并将它们交付给利·马洛里使用。

空军司令利·马洛里得到了两个轰炸机部队,乐得合不拢嘴,他急忙制定了"直射"训练作战项目。

所谓"直射"作战,是指以削弱德国军事经济和国民经济、进行心理作战,以摧毁德国空军为目的,对德国占领区大规模轰炸。

这样只要天气情况允许,盟军飞机就会飞临德国占领区上空,对工厂、兵营、飞机场等进行饱和轰炸。由于德国空军飞机太少,根本忙不过来,盟军的轰炸效果极佳,德国损失惨重。

空军强烈反应可供轰炸的目标太少,要求增加训练项目。为了登陆前孤立诺曼底战场,1944年1月空军司令利·马洛里就增加了一个代号为"运输"的训练项目。

"运输"作战的目的是使敌人的运输系统瘫痪,阻止德军增援部队向诺曼底调动。这项训练作战任务规定,盟军的轰炸机将对德国境内的39个目标以及比利时和法国的33个目标进行为期90天的轰炸,从而使德军对其西线部队提供给养的铁路系统崩溃。

1944年2月9日至6月6日该训练项目实施期间,取得了惊人的效果。到登陆发起前,塞纳河上从鲁昂到芒特—加西固尔一段的桥梁均被破坏。截至5月26日,巴黎以北塞纳河上所有的铁路运输都被封锁,封锁一直持续到6月份。

为期4个月的大轰炸结束后,德军在法国境内可供使用的火车头中,多半数被炸毁,铁路运输几乎停顿。为了给驻扎在法国的德军提供足够给养，以及一些修筑防御设施必需的关键物品，德军不得不改用汽车运送物资。可德军的汽车不够，并且公路桥几乎都被盟军给炸了，这就导致对德军极为重要的物资无法运到法国。

"运输"训练作战带来的好处，便是德军修建岸防工事所需要的钢筋和水泥因为短缺受到极大影响。另外为了修复被盟军炸得千疮百孔的铁路线，德军不得不将修筑海岸防御工事的近三万名来自死亡营的劳工从工地调去抢修法国的铁路。

空军的训练作战，为成功登陆诺曼底增大了筹码。

当空军的飞行员在西欧上空持续打击德军时，空军的突击利剑空降兵部队也在进行精心设计的训练。

情报人员首先制做出空降区域的详细模型，就连树木的高低、房屋的大小都是按与实物相同的比例制作的。飞机飞过这些模型，坐在飞机上的摄影师就将下方的状况拍成电影。空降兵们先把这部电影看了几遍，接着再看加上蓝色滤光片后拍摄的片子，这样的目的是让伞兵们体验月光照射下降落地点的情况。

到满月那天，伞兵们到诺曼底上空空降时，飞行人员更容易发现降落目标，同时伞兵们也能更熟悉空降地域的情况。

登陆战绝对不是仅依靠作战部队就能完成的，后勤保障人员的工作同样重要，物资保管员、补给品分配员、内务管理人员，以及炊事员等都接受了严格的训练。

在进行了一段时间的分练之后，盟军的各军种被集中起来，进行一系列的陆海空三军联合演习。

第一次联合预演，于1944年4月26日早上7点30分在英格兰南部举行，预演由穆思指挥的"U"编队首先开始，各个编队航行之后，来到会合区集中。

26日夜间到27日凌晨，会合后的演习编队像真正驶往登陆地域一样，在担任扫雷任务的扫雷艇护航下，通过莱姆湾。随后，护航舰队保护着各个编队前往登陆海滩。海军舰炮完成"火力准备"后，4月27日早晨，首批登陆部队突击上陆，接着第二梯队跟进上陆，后勤保障部队卸载物资。

当盟军部队进行演习时，德军也来凑了下热闹。9艘来自瑟堡的德军潜艇使这次预演转变成了实战，德军潜艇发射的鱼雷攻击了第二梯队的运输舰船，盟军2艘坦克登陆舰被击沉，1艘被重创，有197名水兵和441名陆军士兵阵亡。

这些损失带来后果是"海王"作战丧失了备用的坦克登陆舰，后来盟军的金海军上将不得不从地中海调来3艘坦克登陆舰补充给了负责"海王"行动的拉姆齐。

1944年5月3日至8日，盟军进行了最后一次联合演习，代号为"费边"演习。这次演习，除了没有横渡英吉利海峡这一项外，其他方面都尽可能地逼近真实的"霸王"作战。

演习结束后，登陆部队回到上船的港口和集结区域等待着登陆日的真正到来。在等待的日子里，军官们在严格保密的情况下向士兵们介绍情况。

首先，军官简略地告知士兵所在部队的任务，抢滩登陆的位置，并把从低空各个角度拍摄的登陆海滩的照片拿给他们看。对着照片，军官们向士兵们讲解海滩上碉堡、炮连、地雷区域的位置，以及他们将要遇到什么样的障碍物。

接着，对着被放大的模型、地图和要点图，向士兵进一步讲解登岸后首先占领什么位置，地雷由什么样的特种坦克排除，哪个炮连由海军舰炮解决，哪个由空军解决，哪个由突击队解决。

军官讲完了，士兵的心里也就有底了，发现实战与平时的训练没什么区别。这样，士兵便充满了信心，做好迎接登陆战的准备。

· 第六章 ·

世纪大忽悠

第一节
"齐柏林"计划和"北方坚韧"计划

盟军数百万军队云集英伦三岛,那是无论如何也瞒不住德国人的,希特勒料定盟军必然会在欧洲大规模登陆,问题只在何时何地登陆。

虽然1944年的德军早已不如二战刚爆发时那般凶猛,空军威风不再,海军的潜艇也只能在英吉利海峡转转,但是其陆军的实力仍然不可小觑。1944年1月,德国陆军还有302个作战师,其中179个在苏联,26个在巴尔干,22个在意大利,16个在挪威和丹麦,59个在法国。德国陆军的总大脑——德国参谋本部被称为有史以来效率最高、作战经验极丰富的军事机构。德国军人吃苦耐劳、意志顽强、极守纪律、身体强健,是欧洲最好的战士,其装甲部队一直令盟军极为头痛。

德军装甲部队的特点是:装备精良、训练有素、经验丰富、反应迅速、机动能力极强。盟军的装甲部队与之相比,德军坦克的性能更好一些,盟军现役的所有坦克跟德国的"虎"式坦克单挑时,基本上都是死路一条。

另外,二战开战以来德国本土虽然不断遭到盟国空军的轰炸,但是其军火产量不仅没有下降,反而还有所上升。1940年,德国生产了86.5万吨军火,1943年上升到了225万吨。德国的新式武器也正在投入生产,这些新式武器包括:德国新型锭程通气管潜艇、Me—262型喷气式飞机、V—1和V—2导弹。

德国还有整个欧洲的工业和农业做后盾,实力绝对不可小视。

尽管理论上,盟军掌握着海空军方面的优势,可以在欧洲德占区任何一个地点登陆,但是受后勤和战斗机保护半径等因素限制,盟军最有可能的登陆地点还是法国海岸。而适合横渡英吉利海峡的季节、天气、海滩也就那么几个,这个盟军和德军都清楚。

德国派驻法国、荷兰、比利时的59个师就是专门来应对盟军登陆的。虽然看起来德军的兵力分散在欧洲各地,但是一旦盟军登陆,德军又及时判明了登陆地点,那么希特勒就可以迅速将分散驻扎在欧洲各地的驻军,通过西欧便利的交通网运到登陆地域来阻击盟军的登陆部队。

尽管盟军可以通过轰炸来迟滞德军的增援速度,但是一旦天气不允许飞机出动,德军就可以快速向登陆地域机动,要是盟军的登陆部队被德军困在沙滩上动弹不得,那么敦刻尔克或者加里波利的悲剧就可能要重演。

为了确保诺曼底登陆战的胜利,当摩根领导的"考萨克"在拼命地谋划"霸王"计划时,盟军的一些特殊部门则在酝酿一个欺骗计划,一个使希特勒误判盟军登陆地点的欺骗计划。

这次行动将由两个部门完成,一个是英国历史悠久的专业骗人部门——伦敦监督处,另一个是盟军最高司令部专门负责骗人的"特殊手段委员会"。

具体负责"忽悠"希特勒的行动的是伦敦监督处处长比万和"特殊手段委员会"主任怀尔德,其中比万是"忽悠"计划的总设计师。

早在西西里登陆战时,盟军的专业骗人部门就小试牛刀,用"肉馅计划"将希特勒"忽悠"了一把,从而分散了德军的注意力,顺利夺到了西西里岛,进而将意大利逐出了战争。

这次为"霸王"行动而量身定做的欺骗计划跟"肉馅"行动相比,后者不过是小儿科罢了。此次行动,无论从实施范围、构思的巧妙程度、行动的复杂程度、实施过程中的难度,都比后者高出一大截儿。

比万设计的欺骗希特勒计划的总代号是"卫士",该计划的目标有两个:

1.通过多种计谋,诱使希特勒将法国的驻军调往别处,把在诺曼底地区的德军减少到无法挫败盟军登陆的程度;

2.通过干扰、迷惑等手段,让希特勒认为诺曼底登陆只不过是盟军的小规模佯攻，从而不会及时派兵去增援诺曼底。

比万和他的同僚们策划制作一些虚假的作战计划，并通过一些不经意的手段让德国人获得一点消息，其目的是让德国人相信盟军的作战目标可以是任何地方，但就是不会是诺曼底。

经过精心策划的假的作战计划会显示出盟军4个方面的战略考虑：

1.盟军相信自己的轰炸行动已经严重削弱了德军的战争潜力，如果加强对德国的轰炸，那么单凭航空炸弹就可以让德国屈服。为此，盟军会优先考虑调派轰炸机前往英国和地中海战区，这种做法会大大影响1944年春季地面部队在英国的集结。换句话说，在1944年7月以前，横渡英吉利海峡至少是不可能的。

2.1944年春季盟军尽管不会横渡英吉利海峡，但是将会把巴尔干半岛作为主攻方向，发动一次大规模的巴尔干战役。

这个所谓的巴尔干战役，包括以下要点：美英联合进攻里亚斯特海岸，英苏联合进攻罗马尼亚黑海海岸，威胁德国石油的主要供应地——普洛耶什蒂油田。盟国会将土耳其拉入反法西斯同盟国的阵营对德作战，土耳其参战后，盟军将利用土耳其提供的基地进攻希腊，向中欧挺进。美英还会继续在意大利方向发动攻势，并在其西北部登陆，打通卢布尔雅那山口，然后直接进攻维也纳。

3.盟军计划在1944年春还发动一场策应巴尔干战役的进攻，此次攻势将由英美苏联合发起，目的是进攻挪威，并迫使中立国瑞典加入反法西斯同盟国对德作战。一旦瑞典参战，盟军就可以利用瑞典的港口和机场，在丹麦登陆，从北面进攻德国。

4.苏联红军在6月底以前不进行夏季攻势，这样希特勒就没办法判断苏军的主攻方向，他就没办法从东线调出兵力去增援巴尔干、挪威，以及意大利。

如果比万的计策成功，希特勒相信了盟军会在巴尔干、挪威和意大利展开攻势，那么希特勒不仅不会将上述地区的兵力调到法国，说不定反而会从法国调兵去增援上述地区。

1943年底，艾森豪威尔就任盟国欧洲远征军总司令之后，比万专程把自己的欺骗计划介绍给了总司令。听了比万的计划，艾森豪威尔很满意，他当即批准比万实施欺骗计划。

得到总司令的首肯后，比万首先在巴尔干动起了手脚，这次他要利用匈牙利和罗马尼亚来实施他的欺骗计划，行动代号为"齐柏林"。

二战之初，德国兵锋极盛，国势如日中天。匈牙利和罗马尼亚不想和其他国家一样被德国占领，便干脆做了德国的仆从国，事事听希特勒的调遣。

随着二战的逐步进行，德国在多个战场失利，最终失败已不可避免。到1944年年初时，苏联红军已经逼近苏联与罗马尼亚边界，这使罗马尼亚和匈牙利政府极为惊恐，这两个国家的领导人不想再跟着德国一起完蛋，他们想学意大利，投靠英美共同对德作战。

有了这样的想法，匈牙利人和罗马尼亚人都采取了相应的措施来向美英方面表达自己的诚意。

匈牙利政府派出密使，在伊斯坦布尔与英方秘密接触，商量着投降的条件。匈牙利密使向英方密使转述了该国首相卡利提出的投降条件：盟军派伞兵空降到布达佩斯，匈牙利宣布投降，并派兵进攻维也纳，然后打通卢布尔雅那山口，接应盟军进入奥地利，打开德国的南大门。

英国人接受了匈牙利人的投降条件，他们派遣了一个秘密使团空降到布达佩斯郊外，该使团负责跟匈牙利人接洽投降事宜。

匈牙利人的动作快，罗马尼亚人的动作也不慢。罗马尼亚人也通过一些渠道跟英方取得了秘密联系。英方告知罗马尼亚人不必忧虑，盟军将很快在罗马尼亚登陆。听到这个好消息，罗马尼亚政府急忙暗中部署，做积极迎接盟军的准备。

正当匈牙利和罗马尼亚政府满怀喜悦地等着盟军到来时，一些令他们极度不安的消息传了出来。两国政府发现英国广播公司正有意无意地散布一些有关匈牙利和罗马尼亚在跟英国接触的消息。

在英国人故意散布消息的情况下，希特勒发现了匈牙利和罗马尼亚的企图，怒不可遏。于是，决定发兵占领匈牙利，好好吓唬一下罗马尼亚，让罗马尼亚人老实点。

当希特勒想调兵占领匈牙利时，他猛然发现几乎无兵可调，因为德军的主力部队都在前线跟苏军和美英军队血战，而德国国内也没有装甲部队，只有一些团级的战斗队而已。

要占领匈牙利，必须要使用装甲部队才行。无奈之下，希特勒不得不从暂时没有战事的法国调出3个精锐装甲师和1个步兵师，再从西线4个精锐步兵师中抽出大量炮兵，组成了一支部队开赴匈牙利。

1944年3月19日，德军占领了匈牙利全境，先前秘密跟英国接触的首相卡利被抓起来扔进了集中营。匈牙利的悲惨遭遇把罗马尼亚人吓了一跳，他们再也不敢跟英方接触。

比万略施手段，将匈牙利和罗马尼亚"卖"了，终于成功地使希特勒将法国的驻军调到了匈牙利。这样，德军在法国的精锐兵力减少了，盟军登陆后遇到的阻力也大大减小。

1944年8月13日，当德军在法国全盘崩溃时，希特勒对这4个师关键时刻不在诺曼底真是追悔莫及。

1944年1月，利用匈牙利和罗马尼亚牢牢地套住德军4个精锐师后，比万和他的手下当即着手实施在北欧挪威的又一个欺骗计划，该计划名为"北方坚韧"。

为了更好地实施"北方坚韧"计划，比万和他的美国助理鲍默上校到苏联去待了一个月，他们跟苏联方面好好交涉了一下——他们希望到1944年6月之前，苏联不要发动大规模进攻，而是摆出一副要跟美英合作一同进攻挪威和瑞典的样子。

以极大的毅力在苏联软磨硬泡，比万终于打动了苏联人，并签订了一个秘密协定，接着他向苏联人讲明了他们和美英方面该如何配合。苏联方面表示他们一定好好配合盟友，算计德国人。

苏联之行结束后，英国人在苏格兰的爱丁堡建立了一个根本就不存在的"第4集团军"，而苏联人也建立了一个相对应的"某方面军"。

这两个虚假的军事集团之间常常电报不断，讨论着如何为进攻挪威和瑞典做准备。一时间苏格兰上空明码、暗码、通话的电波频传，内容五花八门，"团"、"旅"、"师"、"军"、"集团军"、"方面军"等番号不断出现，各种命令不断被传达，一会儿要求部队补充滑雪板，要求部队务必要多进行滑雪训练；一会儿要求装甲部队和汽车驾驶员，务必认真阅读极地地区发动机保养手册等。

如此多的电报集中出现，自然引起德国人的注意，德国的情报人员借助高超的无线电侦听技术，截获了盟军的"情报"。通过分析，德国的情报人员认为盟军即将在北欧展开一次大规模的军事行动，其攻击目标将是挪威和瑞典。

为了进一步迷惑希特勒，英国广播公司通过广播奉劝瑞典人修筑防空掩体，多储备食品、木柴、药品、蜡烛，这是在暗示盟军会取道瑞典攻击挪威。

与此同时，苏德战场上暂时归于沉寂，苏军并无任何发动大规模进攻的迹象，这印证了德国情报部门的分析，即苏联将会与美英合作进攻北欧。

根据情报部门提供的资料，以及美英和苏联方面的表现，希特勒逐渐确信盟军要在北欧下手，其目标正是挪威和瑞典。希特勒要求德国情报部门通过无线电定位技术锁定"第4集团军"司令部的位置，又专门派遣空军去轰炸了那个不存在的司令部。

面对美英和苏联唱的双簧计，希特勒终于上当了，直到他在柏林开枪自尽，他都始终在挪威保留着包括1个装甲师在内的13个师。

利用"齐柏林"计划和"北方坚韧"计划，比万及其手下骗希特勒将他的部队放在了远离法国的挪威和匈牙利，这无疑减轻了盟军在诺曼底登陆时的压力。接下来，比万他们又开始谋划另外一个欺骗行动，这个欺骗行动的难度更大。

登陆日那天，一旦盟军10个师（包括3个空降师）在诺曼底上陆，德国人必将知道诺曼底才是盟军登陆的唯一地点，希特勒必然会迅速将驻防在加莱和其他地区的部队调到诺曼底去阻击盟军。

转折之战 诺曼底登陆

比万的任务是使用一切办法：让希特勒认为，加莱是盟军的主攻方向，诺曼底的登陆行动只是一次佯攻。通过这样，使他暂时不把驻扎在加莱的部队调往诺曼底。

只要希特勒在第一时间没能做出正确的判断，那么盟军就能迅速地在海滩上站稳脚跟并积蓄力量，接着就冲出诺曼底，席卷法国，最终杀进德国。

为了完成这一艰巨的任务，比万和盟国的多个部门密切配合，又上演了一出惊天大骗局。

第二节
"南方坚韧"计划

比万以及他的手下们为了使希特勒相信盟军横渡海峡的主攻方向是加莱,特地导演了一出欺骗大戏,为了加强这出戏的逼真度,他们请来了一名战功卓著的美国战将来担当主角,这个主角就是鼎鼎有名的巴顿将军。

巴顿,全名乔治·史密斯·巴顿,1885 年 11 月 11 日出生于美国加利福尼亚州一个军人世家,他 18 岁时进入私立弗吉尼亚军事学院学习,一年后获得进入西点军校的保送资格。

1909 年 6 月,巴顿军校毕业,随即以少尉军职被分配到美国第一集团军骑兵部队服役。

1912 年瑞典斯德哥尔摩奥运会上,经顾拜旦大力推荐,由射击、游泳、击剑、马术和越野跑 5 个项目组成的现代五项被引入了此届奥运会。现代五项当时是一个军事训练项目,能培养军人勇敢顽强的品质,所以参与该项赛事的多为军人。

听说奥运会中有现代五项后,当时还是上尉的巴顿毅然报名了,一直将自己视为现代武士的巴顿认为这种比赛是挑战体能极限和锻炼毅力的大好机会。

包括巴顿及其他两名美国军官在内的 43 名勇士,参加了这项新引入奥运会的赛事。巴顿游完 300 米后,是被人用船钩从游泳池里捞起来的,那时他就已经没有力气了,不过他咬着牙硬是完成了接下来的赛事。

当他最终跑完了 4000 米越野赛全程后,他因精疲力竭而晕倒在终点线的皇家观礼台下,最终他获得了该项赛事的第 5 名。那次比赛中,谁是

转折之战 诺曼底登陆

冠军人们似乎没有太注意，反而顽强拼搏、极为坚韧的巴顿给人留下了深刻的印象。

正是由于巴顿在奥运赛场上表现出来的顽强斗志，打动了一位美国将军潘兴，将军认为一个标准的军官首先应该是一个标准的斗士，而参加过奥运会军事全能5项的巴顿正是一个斗士。从此，被潘兴相中的巴顿参加了入侵墨西哥的部队，并担任了军官，他的军旅之路一片坦途。

巴顿的作战风格与他的性格相映成趣，他脾气暴躁、争强好胜、极为勇猛，他向来崇尚进攻，而不知防守为何物！巴顿尤其善于发挥装甲兵的优势，以实施快速机动和远距离奔袭。所谓兵熊熊一个，将熊熊一窝，他带出来的部队战斗意志极为顽强，敢于打硬仗。因为这个缘故，巴顿的部队在二战时才常常被作为尖刀使用，对德作战。

1939年9月，第二次世界大战爆发，美国参战实属必然，美军上下都在积极准备着。在军中已经小有名气的巴顿得到了陆军参谋长马歇尔的赏识，参谋长认为巴顿是那种能在战场上战胜德军装甲兵团的绝对将才。1940年7月，马歇尔批准建立装甲师，巴顿受命组建其中一个装甲旅，晋升为准将。同年，巴顿又被任命为第二装甲师的师长，晋升为少将。

美国巴顿将军

1941年12月珍珠港事件之后，美国对法西斯轴心国宣战。1942年1月，巴顿升任第1装甲军军长。11月，巴顿率领麾下部队在法属摩洛哥登陆，经过74小时的战斗，迫使法国守军投降。

1943年3月上旬，进攻突尼斯的美国第二军被隆美尔打得一败涂地。巴顿立刻作为救火队长被调往第二军并任军长，从他到达的那天起，着力整肃军纪，给美军士兵们灌输狭路相逢勇者胜的精神。经过一番开导，美军的小伙子们逐渐恢复了斗志，都嚷嚷着要好好教训一下德国人。

见士气可用，3月17日，巴顿率领第二军向德军发起进攻，结果这次轮到美军一路进攻，德军一路逃跑。美军与英军将德军合围在突尼斯北部，并最终消灭了他们。

突尼斯战役结束不久，巴顿晋升为中将，并担任美国第7集团军司令。1943年7月9日，盟军发起西西里岛登陆战。巴顿率领美国第7集团军攻取巴勒莫，并抢在蒙哥马利之前进入了墨西拿。

突尼斯战役和西西里岛登陆战中，由于巴顿所部作战极为勇猛，连德军赖以成名的装甲军团都在他手里吃了不小的亏，德军对他极为忌惮。再加上巴顿总是在盟军的重大军事行动中担任美军总司令，德国人就形成了一个思维定式：只要巴顿出现在哪里，哪里就极有可能是盟军大规模进攻的方向。

原本诺曼底登陆战美国军队总指挥官的人选，艾森豪威尔更中意的是巴顿，但是由于他的暴脾气，布莱德利才得以接替巴顿出任"霸王行动"中美国军队的总指挥官。

所谓巴顿的大麻烦，即一次"打耳光"事件。西西里岛登陆战时，美军进攻墨西拿遇阻，伤亡较为惨重。巴顿就到随军医院去探望伤员，在这个过程中，当他听到一个士兵说出畏惧战争、想要回家的言论时，他当即责骂该士兵是个可耻的懦夫，随后他给了该士兵两巴掌。

在战场上，打不长进的小兵两巴掌，巴顿以为这不过是小事，他管教他的兵，不关别人的事。事实证明巴顿错了，因为他手下的小兵除了是美军士兵外，还是美国公民，而且是为了国家而负伤的美国公民。美国的众多媒体抓住这件事大肆攻击巴顿是个野蛮人，竟毫无理由地攻击一个为国负伤的士兵。

媒体铺天盖地的报道为巴顿带来了极大的负面影响，就连美国本土都出现了抗议巴顿殴打士兵行为的游行。见国内舆情汹涌，艾森豪威尔严令巴顿向公众道歉。

巴顿认为为了这点小事，艾森豪威尔就对自己这么一个战功卓著的猛将横加指责，他心里很不爽。如此，心怀不满的巴顿十分勉强地写了一份词不达意的检讨对外界做了公布。见他态度不好、没有诚意，外界就再次集中火力攻击。无奈之下，艾森豪威尔只好暂时解除了巴顿的军职来平息众怒。

后来，巴顿还是被艾森豪威尔启用参加了"霸王"行动，不过他并不担任首轮美军登陆部队的总司令，他担任的是第二阶段进攻诺曼底的美国第3集团军司令。

当别的将领们忙着为登陆做准备时，猛将巴顿却闲得没事干。正当闲得发慌时，比万找到了巴顿，希望他担当"南方坚韧"计划的主角。巴顿十分愉快地接受了比万的邀请。

1943年的整个秋季，巴顿在西西里、马耳他、意大利、科西嘉四处转悠，基本上只要他在哪里出现，哪里的德军就高度紧张、惴惴不安，生怕盟军在他出现的地域发起进攻。

德国情报部门撒出间谍，在地中海地区死死盯着巴顿，可他突然就像人间蒸发一样，这让德国人很是摸不着头脑。

于是出现了本书前面介绍过的那个骗局。在巴顿失踪的这段时间里，英国的情报部门虚构了一个并不存在的盟军军官，他们找来一具阵亡军官的尸体冒充该军官，并在该尸体上放置了一些关于盟军作战计划的资料，将其抛入西班牙附近的海域。

不久，尸体被冲上西班牙海岸。西班牙人在搜查时，从口袋里找到了一份盟军即将发动横渡海峡的登陆作战计划——该计划十分隐晦地表明，盟军将要攻打加莱海峡地区，因为这是一条从英国多佛尔进攻欧洲大陆的捷径。通过西班牙人掌握了这个消息后，德国人极为重视，他们心中留下了盟军会在加莱登陆的印象。

一段时间后，德国情报部门收到其派驻英国间谍的报告，该报告宣称巴顿在英格兰东南部再度出现。巴顿于1944年1月26日到达英国，起初他十分低调，不久他就又特别高调地出现在英格兰东南部、也就是加莱对面的地区。

在加莱对面的地区，巴顿视察军队、参观德国战俘营、拜访社会名流、会见他的老搭档和老冤家蒙哥马利、参加当地的宗教活动，这一切的确有几分集团军群总司令的派头。他如此高调，好像唯恐别人不知道他在英国似的，这自然引起德国情报部门的注意。

1944年3月20日，德国西线情报分析科在通报中指出：现已查明，曾在北非服役、以其效率闻名的巴顿将军，现就在英格兰。

同一天，艾森豪威尔的司令部含含糊糊地宣布，巴顿将军已不再是美国第7集团军的司令，他另有人事安排。但具体是什么安排，司令部一个字也不说，这就给了局外人不小的想象空间。

继"打耳光"事件之后，巴顿再度成为报纸新闻的头版人物。在英国活动的德国间谍，将盟军司令部对巴顿职务的变更告知了德国情报部门，他们宣称巴顿似乎被任命指挥又一个秘密的军事行动。

接到间谍的报告，德国情报部门立即加大了对巴顿所在地区无线电侦听的力度，通过不懈努力，德国人终于借着一些蛛丝马迹，发现在英格兰东南部有一个"美国第1集团军群"。

德国人将巴顿新的人事安排和美国"第1集团军群"联系在一起，便立即推断出巴顿的新职务就是美国"第1集团军群"总司令。

通过不断侦听无线电并破译其中的信息，德国人发现巴顿指挥的美国第1集团军群真是个庞然大物！该集团军群下辖美国第3集团军和加拿大第1集团军，一共有50个师的作战部队，共计100万人。

收集到这些信息后，德国人还是将信将疑，他们便派出空军侦察机飞临英国东部和东南部的港口进行侦察，他们要看看盟军是否真有大量的作战兵力和兵器集中在加莱对面。侦察员发现港口和河湾中有大量的舰艇和部队集结，舰艇的烟囱冒着烟，水面上有油迹，有水手在船上活动，缆绳上晾着衣服。不少部队在进行着演练，营房、大炮、坦克、军车、弹药堆积所、医院等，随处可见。

在德国侦察员细致观察下，发现地面上还有坦克驶过留下的履带痕迹。另外，德国人还发现盟军在多佛尔日夜赶工，修建巨大的输油码头，工地上一片繁忙，烟尘滚滚。

德国情报部门综合以上所有的信息后，终于确定巴顿指挥的盟军"第一集团军群"的确存在，且实力强大，必然会发起横渡海峡进攻加莱的军事行动。

德国人完全被骗了，被比万设计的"水银"计划欺骗了。

"水银"计划是"南方坚韧"计划的一个组成部分，该计划中巴顿只是一个演员，他并非总司令，"第一集团军群"也根本就不存在，至于德国空军侦察员所看到的一切，都是电影制片厂的道具师和建筑师们的杰作。

"登陆舰艇"都是用木头、管子和帆布搭的架子，放在油桶上，使它们浮于水面。坦克和卡车是用充气橡胶做的，"水手"都是由一些老弱残兵扮演的。多佛尔的输油码头上出现的输油管、储油罐、发电站、消防队、停车场等，都是用脚手架、纤维板和旧的下水管道建成的，至于工地上的尘土则是用鼓风机吹起来的。

为了进一步使德军相信盟军将会在加莱登陆，盟军的飞机在轰炸法国时，每向诺曼底地区投一吨炸弹，就会在加莱投两吨。在向法国北部和比利时的抵抗组织空投物资时，投放在加莱的远多于投放在诺曼底的。

"南方坚韧"计划的另一部分，就是利用德国派驻英国的间谍进一步迷惑德国人。众所周知，英国是一个岛国，大海是外国间谍渗入英国的天然屏障。英国的国民性格十分怪异、特别多疑、很排外，而英国的货币、度量衡的用法也十分奇特，外国间谍很难在英国站住脚。

二战爆发开始，英国的国家安全部门就逮捕了所有与德国关系密切的、有同情纳粹嫌疑的英国人，接着又将德国侨民全部隔离监视。仅此一招，英国人就将德国派驻英国的间谍组织掌握在自己的手里了。

德国情报部门后来不断派人朝英国渗透，德国间谍们刚上岸没多久就被英国民众识破了，接着他们就全部都被英国安全部门给抓进监狱了。

关押德国间谍的监狱不是普通的监狱，而是隶属于英国谍报和反谍报部门的特别监狱。德国间谍们被抓起来后，英国人都会对其提审——对死忠于纳粹的人，英国人会奉送几颗子弹，让他们去见上帝；至于热爱生命的人，英国人就会许给相应的好处，让他们跟英国合作。

这些与英国合作的德国间谍就是所谓的双面间谍。为了更好地控制和利用双面间谍，英国的情报部门、反间谍部门、欺骗部门合作建立了"双十字委员会"。

英国人会适当地给双面间谍一些真实情报，让他们传回德国，借此赢得德国情报部门的信任，使双面间谍在德国情报部门的地位得到提高，从而为英国利用双面间谍欺骗德国创造条件。

经过英国人的精心培养，一共有4名双面间谍深受德国人的信任，他们提供的情报，德国人几乎确信无疑。这4个双面间谍的代号分别是："加宝"、"珍宝"、"三轮车"和"布鲁斯特"。这4个间谍中，最受希特勒信任、最能影响德国人的是"加宝"。

"加宝"是个西班牙人，他痛恨纳粹帮助弗朗哥在西班牙建立了独裁政权，所以他特别想加入英国的谍报部门当一名英国间谍，从而刺探德国的情报。1941年1月，"加宝"满怀热情地去找英国人表达自己的愿望，结果被拒之门外。

为了让英国人接纳自己，"加宝"想到了一个妙招：他决定投靠德国人，先假意当德国间谍，通过搜集一些情报给德国来提高自己在德国谍报部门中的威信，等他当上了德国的王牌间谍之后，他再去投靠英国。到那个时候，"加宝"认为自己已经有了重要价值，英国人必然会拉他入伙。

1941年7月，德国情报部门命令"加宝"潜入英国刺探情报，他当即只身前往葡萄牙，按照德国人的计划，他应当借道葡萄牙进入英国。

结果，"加宝"根本就没有潜入英国，他就在里斯本住了下来，接着他就向德国人报告说他已经到了英国。"加宝"买了《英国旅行手册》《英国地图》，以及英国火车时刻表等资料，利用这些资料他开始编造在英国搜集的"情报"。

"加宝"的确有一套，虽然他人不在英国，但是通过观察一些细微的消息，就可以编造出正确的情报。比如，他看到火车时刻表上某些线路比较繁忙时,他就报告说这些线路所对应的相关地区架设了很多新的电线杆,并修建了很多碉堡。

德国的侦察机飞到相关地区去一看,发现"加宝"所言不虚,英国人的确是这么干的。就这样,"加宝"凭借胡编乱造的情报逐渐取得了德国人的信任,并逐渐成为德国人心目中的王牌间谍。

1941年12月,自认为已经很有价值的"加宝"再次向英国人提出为英国服务的请求,结果还是被拒绝。可能是英国人觉得,"加宝"的价值还不能打动他们。

直到1942年2月,一件事情的发生才改变了英国人的想法,让他们重新认识了"加宝"的价值。这件事情的过程是这样的:英国人通过破译德国人的通讯密码,发现德国人正在调动海空军,准备截击一支从利物浦开往马耳他的大型护航船队,而英国方面却根本就没有这个船队。英国人不明白德国人为何要大张旗鼓,浪费力气去攻击一支不存在的船队。

英国人想不明白,他们就查了起来,结果查着查着就查到了"加宝"的头上,他们这才意识到这个德国间谍的重要价值,终于接纳了"加宝",并把他悄悄地接到了英国。

到了英国后,"加宝"在英国情报部门的帮助下更加如鱼得水,他输送了更多的情报给德国情报部门,他的地位也随之水涨船高。到1944年时,他向德国情报部门报告说他已经在英国组织了一个有14名成员的间谍网,其中的一个成员还是英国新闻部的人,能听到很多机密。几年来卓越的成绩,"加宝"终于成为德国派驻英国的王牌间谍,深得希特勒的信任。

等"加宝"在德国情报部门中的地位足够高之后,比万找到了这位传奇双面间谍,让他向德国方面提供美国"第1集团军群"就在加莱对面的情报。"加宝"欣然领命,将相关的情报输送到了德国。

就这样,在巴顿、"加宝"的联合作用下,希特勒完全相信有一个美国"第一集团军群"就在加莱对面的说法,而该集团军群也被标注在德军各级指挥部的作战地图上。

盟军于1944年6月6日发起登陆战时,"加宝"又再度发报说:盟军在英国还有75个师,第一集团军仍然纹丝未动。德国人接到情报后,以为诺曼底登陆不过是佯攻而已,真正的登陆地点是加来。因为这个缘故,在诺曼底登陆战发动的最初那几天,盟军实力并不很强时,德国在加莱的19个师中一个也没有被调往诺曼底。

盟军使尽一切手段欺骗德国人,为了判断他们是否上当,英国人特地通过破译德国人的电报进行核实,结果发现德国人已经完全上当,他们已经深信巴顿将率领美国第一集团军在加莱登陆。

通过盟军的欺骗和情报部门工作人员使尽浑身解数,终于又把德国人给骗了,这无疑为诺曼底登陆战又平添了一分胜算。

到此为止,盟军官兵已是兵强马壮、物资充足、训练充分、磨刀霍霍,只待艾森豪威尔一声令下就将横渡海峡杀向法国。当盟军准备进攻法国时,法国的德国驻军也没有闲着,他们也在做着各项准备来迎接盟军的挑战,他们依仗的就是著名的"大西洋壁垒"防线。

·第七章·

纸糊的德军防线

第一节
"大西洋壁垒"防线

在盟国的战略欺骗之下，希特勒虽然没有判断出盟军的登陆地点是诺曼底而不是加莱，但是他仍然要加强西线的防御，因为西线对于德国来说实在太重要了。

德军目前正在东线与苏军血战，还好西线尚无战事，德国可以将大部分力量都用在东面。但是，一旦盟军在西线成功登陆，顷刻间德国将处于两线作战的不利境地。

西线完全不同于东线，法国和比利时都紧挨着德国，一旦盟军在西线站稳脚跟，则德国的"心脏"——其西部鲁尔工业区就会处在盟军的直接打击之下。现代化战争打的就是后勤补给，要是德国的工厂落入盟军手里，没有枪支弹药补充的德军就只有投降一条路可以走。

既然西线如此重要，希特勒当然会派出重兵严加防守。为了抵抗盟军有可能的登陆行动，早在1942年3月希特勒就任命陆军元帅伦德施泰特为西线军队总司令、全权指挥西线战场，并下令从挪威到西班牙的海岸修筑一道坚固的海岸防御体系。

这道防御体系将由成千上万个互相支援的雷达站、指挥所、岸炮连和坚固的海岸支撑点构成，并被希特勒起了一个响亮的名字，叫作"大西洋壁垒"。

接到希特勒的命令后，伦德施泰特当即动身前往法国。到法国后，他就在巴黎一家豪华饭店住了下来，在那里设立了指挥部，然后开始主持"大西洋壁垒"防线的修建工作。

大西洋壁垒

1942年8月19日,蒙巴顿指挥的英国和加拿大军队联合在迪耶普发起了一次登陆战。虽然最后英国和加拿大军队伤亡惨重,被俘多人,其军事行动以失败而告终,但是希特勒仍然被吓出了一身冷汗。

希特勒当即电令伦德施泰特,要求他务必以最快的速度修建"大西洋壁垒",使那些防轰炸和防舰炮的混凝土堡垒组成一条连绵不断的防御地带,以便控制各主要港口和海滩。

8月29日在柏林召开的又一次军事会议上,希特勒再次向负责西线防御的将领们提出了他对"大西洋壁垒"的新要求。他强调该防线要配备30万德国哨兵,修筑15000个钢筋水泥堡垒,要像齐格菲防线吓住法国军队那样镇住企图登陆的盟军。

另外他还要求在重要港口和潜艇基地周围每隔约46米就浇筑一个钢筋水泥堡垒,使之构成串联的环节,海岸的其他地方每隔约91米就修筑一个。修建在海军岸炮基地和潜艇基地周围的混凝土堡垒还有特殊的要求,墙壁和顶部必须用4米厚的钢筋水泥浇筑。防线中的重机枪、坦克、反坦克炮都要进行伪装防护,以便对付盟军的舰炮和轰炸。每个钢筋水泥掩体的设计必须把一切都考虑进去,要能防毒气,随时有氧气供应。考虑到盟军会使用凝固汽油弹，掩体必须有台阶和突出物，以便阻止燃烧的汽油流入掩体。每一个大的掩体，要配备火焰喷射器。

在设计防御体系时，希特勒考虑得极为细致、周密、面面俱到，他可能希望单凭这条防线就能让盟军望而却步，不敢打西欧的主意。

在军事会议结束时，希特勒特别向与会的将领们下了一道命令：必须于1943年5月1日前完成上述任务，并配齐兵力。

听了这个命令后，将领们都面面相觑，普遍觉得元首给出的时间太短，无法完成如此艰巨的任务。在这些将领中，伦德施泰特尤其抱有如此想法，他觉得希特勒不仅在这件事情上异想天开，在过往的很多事情上都是如此。

一直以来，伦德施泰特都很鄙视希特勒，他从不认为希特勒有什么军事天才，他经常在私下里称呼其为"波西米亚下士"，他说希特勒根本就不懂高级指挥。伦德施泰特会有这种想法当然是有原因的，与平民出身的希特勒不同，他是一个标准的贵族。

伦德施泰特，1875年出生于一个军人世家。据说，其家族的军人生涯已经延续了850年，他的父亲也是贵族出身，青年时当过骑兵少尉，后来升到了少将。

1892年，时年17岁的伦德施泰特从格罗斯利希费尔德的高级军校毕业，被派遣到驻卡塞尔的第38步兵团担任见习军官，一年后晋升为少尉，就此开始了其职业军官生涯。

在第一次世界大战之前以及大战期间，由于他没有特别出色的表现，他的晋升较为缓慢，一战结束时，他获得少校军衔。

1918年年底，德意志第二帝国灭亡，新的魏玛共和国成立。1920年，他以中校军衔加入魏玛德国的陆军，任第3骑兵师参谋长。

1923年他晋升上校，1926年任第二集团军参谋长，1927年晋升为准将，1928年任骑兵第二师的师长，一年后升为中将，1932年任第2师师长及柏林第3军区司令，半年后又改任下辖6个师的柏林第1集团军的司令，此时他已经是上将，而那个时候希特勒只是纳粹党的首领而已，还不是德国总理。

德国浓厚的辩证思维环境，造就了伦德施泰特的双重性格，他简直就是一个矛盾综合体，他谦虚而又高傲，自信而又多疑，有时沉默寡言，有时妙语连珠。

他虽然是一个旧派的普鲁士军官，但是他却毫不保守，比如他曾被推崇为装甲兵专家。作战时，他精于计划，有魄力、有胆识，但是他从不深入下层部队去视察部队、检查装备、鼓舞士气，因为他觉得这不是一个有修养的贵族该做的事。

1933年，希特勒成为德国元首之后，在军队建设问题上常常同伦德施泰特所在的陆军总部产生冲突。1938年，由于不满希特勒总是挑起战争危机，伦德施泰特提出辞职。

1939年8月下旬，德军入侵波兰前夕，伦德施泰特被重新征召入伍，希特勒任命他为南方集团军群总司令，率领着他的军队仅用30天时间就穿过波兰平原直抵华沙。波兰战役结束之后，用他自己的话说，从此军事词典上面增添了一个新词条："闪电战"。

1940年5月10日，德军在西线对法国、比利时、荷兰以及卢森堡发动了大规模进攻，此次行动代号"黄色方案"，是按照曼施坦因提出的"镰割"计划进行的。

伦德施泰特指挥的A集团军群作为攻击主力，越过阿登山脉，直趋英吉利海峡，切断了法国北部的法军和比利时境内英法军队的联系，随后他麾下的A集团军群与博克指挥的B集团军群一起将英法联军主力包围在敦刻尔克地区。此战之后，比利时、荷兰、卢森堡等国相继投降德国，法国也于6月22日宣布战败投降。

由于伦德施泰特在此战中的卓越功勋，他于1940年7月19日被希特勒提升为陆军元帅。

1941年3月，希特勒在布雷斯劳召集高级将领开会，就入侵苏联一事展开部署。伦德施泰特又被调到东线，出任南方集团军群总司令，他指挥的部队主攻乌克兰。

转折之战·诺曼底登陆

1941年6月22日，"巴巴罗萨计划"全面发动，德军在3个方向对苏联发起闪击战。伦德施泰特指挥的南方集团军群一路猛冲，围歼了苏联布琼尼元帅所部的主力，并于8月24日进至第聂伯河河口地带，突入苏联国土纵深达500千米。8月至9月，德国南方集团军群与中央集团军群合作，攻占了基辅，俘虏苏军60余万人。

寒冬来临时，伦德施泰特意识到后勤补给线过长，德军又缺乏冬季装备，恐怕难以坚守已经获得的土地，他建议全军后撤100千米。希特勒担心全军后撤会引发军队崩溃，就没有采纳他的意见。

见希特勒不听劝阻，伦德施泰特就以辞职相要挟，想逼其就范。谁知希特勒根本不吃这一套，反而真批准了他的辞职申请。无奈之下，伦德施泰特只好交出指挥权，返回德国。

后来，东线的事态与伦德施泰特所料不差。在严冬的袭击下，德军终于不敌苏军的反攻而遭遇失败。

听说东线德军兵败后，伦德施泰特极为愤慨，他认为希特勒终究只不过是个小兵，完全不懂军事，就知道瞎指挥，对希特勒的极度鄙视即发端于此。

1942年3月15日，希特勒再次起用伦德施泰特，任命其为西线军总司令，负责修筑"大西洋壁垒"防线。他到任之后，极为消极，对修筑防线一事毫不上心。

伦德施泰特如此表现，源出于他的作战理论。这位普鲁士老军人始终认为，对付盟军的登陆行动，地雷、抗登陆障碍物和碉堡都不会起太大作用。他认为主要应当依靠大量的步兵和装甲快速预备队，将其部署在远离海岸线一带的后方，以便在入侵之敌还没有巩固登陆场前便进行机动反击，将敌人赶到海里去喂鱼，他的这套防御理论叫作纵深机动防御理论。

正是由于伦德施泰特本身瞧不起希特勒，认为他不懂军事，再加上他觉得什么防线之类根本不起作用，所以在主持修建"大西洋壁垒"的时候漫不经心，动作极为迟缓。据说伦德施泰特很少在上午10点钟以前办公，他把相当多的时间花在了阅读推理小说，或者逗弄一只大猎狗上。

总司令都是这么个消极的态度，下面的人自然有样学样，纷纷磨洋工，不作为。结果希特勒心中一条理想的防线，修来修去都没修出个模样来。

1943年10月，69岁的伦德施泰特司令仔细视察了西线海岸的防御情况。视察完之后，他就向元首希特勒拍发了一份电报，他先说岸防工事不足，部队太分散，接着他给出了一个令希特勒极为不满的结论：他的部队只能在"条件允许的情况下才能做好战斗准备"。

希特勒对伦德施泰特在巴黎的所作所为早有耳闻，他恨不能马上就撤换掉这位自视甚高且不听话的元帅，不过他终究还是忌惮老元帅在军中的地位，没有做出如此举动。在不能撤换伦德施泰特的前提下，为了切实加强西线的防御，希特勒决定再专门派遣一位称职的统帅去负责构筑"大西洋壁垒"防线。

1943年11月6日，隆美尔元帅被希特勒任命为西线"特种任务集团军群"司令，归西线总司令伦德施泰特指挥。其任务是研究西线海岸的防御配系，负责改进从丹麦到西班牙边境数千千米的岸防工事，并草拟出迎击入侵之敌的作战计划。

隆美尔自1943年3月泪别德意非洲军团的部下，灰头土脸地回到欧洲之后，还没有同美英军队再交过手，他心里一直想着再跟老对手们过过招，报北非的一箭之仇。这次，隆美尔的机会来了。

1944年1月，隆美尔到达西线，他上任之后可不像伦德施泰特那样住豪华宾馆，天天享受生活。他刚一到任就把他的司令部搬出了巴黎，设置在塞纳河下游一个宁静的小村庄拉罗什吉荣。隆美尔的生活都很简单，每天上午8点，他都会坐着他的"奔驰"牌大型指挥车，亲临海滩巡视，以便了解情况。

隆美尔将搜集回来的信息作了集中整理，接着就和参谋们一起苦思如何设置海岸防御工事，这一刻，他将自己的角色转换成一个工兵专家，并决定亲自设计防御工事，好好为昔日的对手们准备一些专门抗登陆的"礼物"。

隆美尔调集了50万苦工组成的劳动大军，亲自指挥这些劳工在海水底下和地雷密布的海滩上设下了大量的钢筋混凝土障碍物，在海岸上构筑很多隐藏的极为巧妙、不易被发现的炮台，以控制所有可能强行登陆的地点。

除此之外，他在盟军可能登陆的地点还设置了反坦克陷阱、带刺铁丝网、坚固的步兵掩体，以及厚壁碉堡。另外，他在海岸后面还设置了雷区。

为了粉碎盟军的空降行动，他在广袤的平原上修建了数目极多的哨所，还在瑟堡港南面的科唐坦半岛低洼地区，引入大量的海水，形成了水淹地区。

海峡对面，隆美尔在北非时曾与之交过手的英国陆军上将蒙哥马利听说了"沙漠之狐"的精彩表演之后，他感慨道："隆美尔将使尽浑身解数迫使我们重演敦刻尔克那一幕。"

隆美尔在西线尽心尽力地修筑防御工事，希特勒对其非常满意。1944年1月15日，希特勒进一步任命隆美尔为德军B集团军群司令，该集团军群下辖驻加莱的第15集团军和驻诺曼底的第7集团军。B集团军群司令隆美尔仍然受西线总司令伦德施泰特的节制，不过防御盟军登陆的事情希特勒还是交给隆美尔来全权负责。

经过隆美尔的不懈努力，"大西洋壁垒"防线总算是初具规模。不过，防御行动绝不是靠一条防线就能完成的，它涉及方方面面的问题，比如海陆空三军的协同配合问题。

德国配属在西线的海军和空军都由其各自的司令自行指挥，并不归隆美尔或者伦德施泰特节制，而德军的反击利器装甲师部队也没有划给隆美尔指挥。德军在西线一共有10个装甲师，除了希特勒亲自指挥的2个装甲师作为总预备队之外，其他的8个装甲师部队全部由西线装甲集群的司令盖尔·施韦彭堡将军指挥。

为了使自己负责的西线海岸防御工事更加稳固，隆美尔着重在获得战术空军和装甲部队的指挥权上下起了功夫。

第二节
指挥权之争

隆美尔作为德军中具备现代化战争思维的将领，深知现代化战争中空军力量的作用，作为防御盟军登陆的总负责人，他要求得到战术空军的指挥权。

对于这样的要求，希特勒给出的回应是他和统帅部会竭尽全力调拨出1000架战斗机给隆美尔使用。听到这么个鼓舞人心的好消息，隆美尔麾下第15集团军的司令官萨尔穆特不禁欢呼道："有1000架战斗机我们就能击退任何进攻。"

一段时间之后，隆美尔专门去拜访了德国空军驻法国司令官雨果·斯比埃尔，他想问问看，希特勒答应调拨给他的飞机是否已经到达法国的各个机场。

斯比埃尔的回答令隆美尔极为失望，他告知隆美尔，盟军登陆的那一天，德国空军其实完全插不上手，那1000架飞机分散在其他战线，至今还没有一架调来西线。他说空军的地勤人员早就为飞机入驻做好了准备，可是那些飞机要在盟军入侵几天之后才能到来。

听完了空军司令的陈述，隆美尔的心里就有底了，所谓调拨给西线的1000架战斗机，只不过是画饼充饥而已。鉴于此，他就问了一个现实一点儿的问题，他问斯比埃尔此时法国还有多少空军力量可用。

斯比埃尔回答说，目前驻扎在法国的德国空军拥有二三十万地面部队。但是，可供使用的飞机数量太少，不得不放弃靠近沿海地区的机场，迁往法国内地的机场。

当隆美尔询问空军具体还有多少架飞机时，斯比埃尔回答说不到1100架，其中能参战的不到600架。听到这个令人沮丧的数字，隆美尔心里凉了半截儿，因为他知道盟军可是足有上万架高性能飞机可供使用的，德国空军就这么点儿飞机肯定不是盟军飞机的对手，登陆那天西欧的天空必然是属于盟军的。

德军在西线就这么点儿可怜巴巴的飞机，本来就不够用，德国空军总司令戈林居然还自不量力，恢复了对英国的空袭。

1944年1月，西线德国空军成立了"对英袭击司令部"，该司令部下辖1005架飞机，其中能参战的仅有562架，其中包括100架战斗机，462架轰炸机（90%左右都是老式双发动机轰炸机）。该司令部从1944年1月21日至5月29日，共对英国进行了29次空袭，单是对伦敦就空袭14次，平均每次出动200架。

当时英国本土盟军的空军和防空力量已经极为强大，这些德国飞机的出击基本上就是找死去的。空袭进行到最后的时候，那500多架飞机中，轰炸机只剩下了181架，其中还能作战的也就107架，战斗机倒是没有太大损失，还是有100架可供使用。德军的飞机本来就少，现在又送上门去找揍，其损失极大，战果极小，所以美国人将德国空军的空袭戏称为"婴儿闪击战"。

见空军的飞机指望不上，隆美尔就把主意打到空军的地面部队上去了。德国驻法国空军的部队中，有专门用于地面作战的空军野战师和伞兵师，这两个师的战斗力很强。

空军野战师是在1942年由空军多余的地勤人员组成的部队，本来准备用于东线作战，作为损失惨重的东线部队的补充兵员。这个师的大多数人是空军出身，官兵素质极高，且装备精良。但由于该部队长期跟飞机打交道，缺乏陆军作战的训练和经验，在东线作战时，损失很大，被调回西线做休整；伞兵师跟党卫军的情况相类似，都是选择德军中的佼佼者参加的，属于精锐部队。他们训练有素，作战顽强，并配备精良的地面作战武器。

隆美尔打算将这两个师作为新的力量归入陆军部队，这样不仅可以使陆军的兵力增加，还能提高陆军的整体战斗力，当他将这个想法跟德国空军总司令戈林提起时，空军司令坚决不同意交给陆军。

戈林是希特勒的头号心腹，他不点头，隆美尔也无可奈何。就这样，堂堂负责西线海岸防御的司令隆美尔，手下只有几百架飞机可用，而且还不归其直接指挥。

空军司令戈林一毛不拔，隆美尔却也没有去打海军的主意，因为相比于空军，海军更加可怜。

截至1944年6月6日，德国海军驻扎在法国的兵力极为稀少，其总兵力为驻扎在比斯开湾的3艘驱逐舰、在海峡各港口和布勒斯特的5艘鱼雷艇（每艘排水量1000吨）、30艘E级艇、潜艇36艘（其中8艘装有通气管）。

德国西线舰队的总司令是克朗克海军上将，管辖的主要海军指挥机构一共有三个：

一个是海军西线防御部队指挥部，设在瑟堡，司令为勃鲁宁海军少将。勃鲁宁的手里只有一些巡逻艇可供使用，他的部队的任务是负责从索姆河河口到海峡群岛之间法国海岸的夜间巡逻；

另一个是E级艇指挥部，该指挥部下辖一些E级艇，其任务是沿英国南海岸做侦察性巡逻。由于盟军的海空军力量强大，这样的巡逻只能在漆黑的、多云的，或者风浪不大的夜间进行；

还有一个是潜艇指挥部，该指挥部下辖的36艘潜艇分驻在比斯开湾，负责攻击入侵的兵力。

西线德国海军的职能仅仅是警戒和巡逻，最多偷袭一下盟军的运输船队，隆美尔并不认为海军能在防御盟军登陆方面发挥重大作用，所以他并未要求获得海军部队的指挥权。

海空军的力量薄弱，都指望不上，隆美尔只能依靠陆军来防御海岸，当他在整合陆军的防御力量时，陆军内部又遇到了麻烦。

隆美尔遇到的麻烦来自3个方面：

1. 盟军登陆地点的判断问题上，隆美尔与其他将领之间存在着分歧；

2. 防御思想上隆美尔与西线的主要将领之间存在着分歧；

3. 装甲部队的指挥权问题。

1944年3月20日，希特勒召集西线的将领们召开了一次会议，会议的核心议题是讨论分析盟军的登陆地点究竟会是哪里？

受比万"南方坚韧"计划的影响，希特勒认为盟军的登陆地点是加来，其他的将领们也认同他的意见，唯有隆美尔持有不同的观点，只不过他当时并不完全确定。

作为西线海岸防御的总指挥，隆美尔自然会思考一下盟军会在哪里登陆的问题。对于德军将领中为数不多地跟美英军队交过几年手的人，隆美尔对盟军的登陆地点有自己的见解。

隆美尔认为他的老对手、英国陆军上将蒙哥马利善于声东击西，避实击虚，应当不会进攻德军重兵设防的加莱，也绝对不会离开战斗机的保护。他拿起圆规，以英国南部盟军的主要空军基地为圆心，以盟军主要战斗机的有效作战距离为半径，画了好几个圆弧，他发现诺曼底正好在圆弧之内。

隆美尔心想，他若是艾森豪威尔，就绝不会在防守严密的加莱登陆，而会在防守不严密的地带，比如诺曼底登陆，这样可以一举将德军的第7集团军和第15集团军分隔开，并可以直接威胁巴黎。为了证明这一点，隆美尔查阅了情报部门收集的情报，并与西线情报处处长罗恩纳做了认真的讨论。

在认真分析了情报之后，隆美尔愈发觉得盟军的登陆地点极有可能是诺曼底。得出了盟军的登陆地点极有可能是诺曼底这个推论后，隆美尔跟伦德施泰特做了汇报，他希望总司令能支持他的观点，适当地调拨一些守军到诺曼底去加强那里的防御。

伦德施泰特显然不认同比他小15岁的隆美尔的观点，他认为盟军的登陆地点极有可能是距离英国最近的加莱地区。他说虽然这一带的海岸防御比任何地方都强，但是同盟国军队为了在法国北部平原展开，并向鲁尔区挺进，是肯冒这个险的。伦德施泰特甚至还给出了盟军一定要进攻加莱海滨的一个重要原因，即加莱部署有 V-1 导弹和 V-2 导弹发射场，而这可是希特勒专门向英国发射的最先进的武器。

老元帅给出了自己的观点之后，表示他绝对不会调兵去加强诺曼底的防御，因为那里是无足轻重的地区。见老元帅不认同自己的观点，隆美尔知道多说也无用，接着他就提出了自己的防御理念，希望老元帅能够支持他。

隆美尔的防御思想是这样的，他坚信"大西洋壁垒"的作用，针对盟军的登陆设下了 4 道防御线：一开始是水雷区，然后是抗登陆障碍，再后面是机枪掩体、筑垒炮和机动炮构成的大西洋铁壁，最后是准备参加抗登陆作战的步兵师和装甲师，它们应当被部署在离海滩 6-8 千米的机动位置。

隆美尔强调说抗击盟军登陆的主要战线，应位于登陆点的海水高潮线。这条主要战线由延伸到内陆 5-6 千米的各坚固支撑点支援。高潮线与各支撑点之间的地面不是被水淹没（比如"犹他"海滩后面的地区），就是布满成千上万个地雷的阻止区，连一兵一卒也无法通过。

凭多年与盟军打交道的经验，隆美尔认为盟军会首先以大规模的空袭开路，在海上军舰和空中战斗轰炸机的火力支援下，用数以万计的突击艇和坦克登陆舰在广阔的战线上冲上海滩。在登陆发起之前或者登陆进行时，盟军将派遣空降兵降落到离海岸不远的内陆，从后面攻击"大西洋壁垒"。如此两面夹攻，盟军首轮登陆部队就可以拿下海岸，建立桥头堡，并迎接大部队上岸。

挫败盟军登陆行动的关键，隆美尔说入侵的最初 24 个小时是决定性的 24 个小时，他认为必须在 24 个小时内迅速集结兵力，赶在盟军增援部队到达前，攻击立足未稳的盟军首轮登陆部队，将他们全部消灭在海滩。

为了做到快速反击这一点，隆美尔要求将防御部队，尤其是装甲部队前置。为了更加节约时间，避免在沟通协调问题上浪费时间，他建议伦德施泰特将西线的所有装甲部队都交给他指挥。

隆美尔的意见老元帅完全不赞同，因为他的这一套海滩防御理论很显然与伦德施泰特的纵深防御理论相左，老元帅主张的是纵深防御，他从来也不相信阵地防御，因为他指挥的坦克装甲旅就曾轻松地绕过法军精心修建的马其诺防线。伦德施泰特认为地雷和抗登陆障碍物都是些"无聊的小玩意儿"，起不了多大作用，"大西洋壁垒"跟马其诺防线一样最多只起精神作用而已。

伦德施泰特的观点是依靠大量步兵和装甲预备队，在首批登陆敌人突破海岸防御工事的外层之后，在后续部队到达登陆场之前进行反击，他要求将步兵和装甲兵都配置在远离海岸线的后方，他坚决反对将装甲兵前移。

其实伦德施泰特不愿意将装甲部队前移配置的观点主要来自于他的手下，西线装甲集群的司令盖尔·施韦彭堡。施韦彭堡从西西里岛赫尔曼·戈林装甲师的惨痛经历中吸取了教训，他认为将装甲部队置于盟军海军舰炮的射程之内，等于自寻死路。

伦德施泰特和施韦彭堡害怕盟军海军的舰炮，不肯将装甲部队放置在海滩附近；而隆美尔则害怕盟军的空军轰炸机，他担心德军的装甲部队在由集结地开往海岸的过程中会遭到盟军的轰炸，他很清楚盟军空中力量的威力。

两人在防御思想上意见不一致，谁也无法说服谁，自然这个官司就打到了最高统帅部和希特勒那里。

希特勒当时拿不定主意，就派遣装甲部队的元老级人物古德里安前往西线视察。作为一个崇尚进攻的坦克战专家，古德里安对隆美尔的防御战略并不十分赞同，对其想将装甲部队部署在海滩附近的想法更是感到吃惊，他认为装甲部队必须远离敌人的舰炮射程之外。

视察完之后，古德里安向希特勒汇报道："我们必须设下一条明确的停留线，装甲师不得超过这条线开往前线。"

在随后讨论西线海岸防御问题的专项会议上，古德里安再次发言说隆美尔的做法错误，他再三请求希特勒否定隆美尔的部署。

施韦彭堡也多次跑到希特勒那里去告状，他把西西里岛赫尔曼·戈林装甲师被盟军的海军舰炮一顿猛锤，几乎全军覆没的例子又搬了出来，不停地劝说希特勒不要把装甲师交给隆美尔指挥，而且最好把装甲师放到远离海岸的内陆,比如巴黎附近。

古德里安和施韦彭堡一唱一和,在希特勒耳边嘀咕,这让希特勒委实难以决断;而隆美尔也通过向最高统帅部的约德尔推销自己的防御理念来促使其影响希特勒。

在努力通过约德尔说服希特勒的同时,隆美尔还试图说服古德里安和施韦彭堡。在面对面的争论中,隆美尔强调盟军空军对坦克的威胁,而古德里安和施韦彭堡则强调海军舰炮的威胁,双方争论许久也没有结果。

希特勒最终干脆来了个折中方案,他将西线8个装甲师中的4个交给隆美尔,另外4个则作为预备队留在内陆作为最高统帅部的预备队。除了希特勒,谁也不能调动作为预备队的4个装甲师。

经过一番抗争,隆美尔总算是获得了4个装甲师的指挥权,它们分别是精锐的党卫军第12装甲师、第21装甲师、第116装甲师和装甲教导师。不过这4个装甲师中只有第21装甲师隆美尔可以直接指挥,其余的3个装甲师必须经过希特勒的批准才能使用。另外希特勒也认同了隆美尔的海滩防御理论,他要求"沙漠之狐"继续努力,将"大西洋壁垒"修筑得更加完善。

虽然没有获得西线所有装甲部队的指挥权,但隆美尔手里终究还是已经捏了4个精锐的装甲师。接下来,他就把全副精力投放到了完善海滩防御设施上。

根据常识推断,德国统帅部预计最迟1944年夏末,盟军就可能发起登陆战。隆美尔必须赶在盟军的登陆日前,尽量把海岸防御工事设置得更为细致,更有杀伤力。

在登陆日那天,盟军将品尝隆美尔精心准备的4道"大餐":

第一道:盟军的登陆艇靠近海滩之前,等待他们的将是设置在高潮线和低潮线之间密密麻麻的各色水雷、尖桩和障碍物,然后是海滩上的地雷区、障碍物、铁丝网和海堤;

第二道:大西洋壁垒,无数钢筋水泥构筑的坚固碉堡将奉送机枪子弹和大炮炮弹给盟军的登陆部队;

第三道：海滩后面遍布地雷的死亡地带，这些地雷带既能防止盟军登陆部队扩大登陆场，也能防止伞兵们从后面突袭海岸防御工事；

第四道：在离海滩6到8千米处配置的机械化步兵和炮兵，再加上隐蔽的坦克，这些部队将会趁盟军立足未稳的时候，对盟军发起冲击。

鉴于时间紧迫，隆美尔不断地视察海岸，他根据自己的观察，临时增加了很多为应付特殊情况而专门设置的武器，布设了更多的地雷和水下障碍物。"物美价廉"的地雷是他最喜欢的防御武器，他要求后勤部门每月送1000万个地雷给他来加强防御，不过这显然是强人所难。

隆美尔对地雷的布设要求是，在盟军登陆之前，海滩上必须埋下1亿个地雷，他的意思是在盟军所有可能登陆的地段，地雷密度要达到每平方千米5.3万个。如果这个设想真的实现，盟军尤其是没有配备扫雷坦克的美军登陆部队就将面临极大的困难。

与地雷相映成趣的，是海滩上五花八门的障碍物。德国陆军费尽心思，设计出了不少品种，其中比较有名的反坦克障碍物有"捷克式拒马"、"带角拒马"（由三根铁棍交叉成直角构成）和"比利时牛棚门"（大约2米高的门形障碍物）。

为了阻止盟军可能的空降行动，隆美尔放水淹了海岸后边的大片低洼地，他制造的水淹区域，其范围涵盖迪耶普以西，包括伊济尼附近的卡朗坦地区在内的全部较低的河谷，以及"犹他"海滩后面的地区。

截至1944年6月6日，专门用于阻击盟军登陆的西线德国部队已经有了58个师，除去老弱及非德国人组成的33个相当于凑数的海防师之外，还有25个较为精锐的师，这些精锐的师的官兵大多经过训练，且多数部队经历过东线的战事。

1944年4月6日，希特勒突然对约德尔将军说他觉得盟军在极力掩盖一些事情，他认为盟军的登陆地点是诺曼底，因为该地区紧邻着瑟堡，他想把全部的部队都放到那里去。

对于希特勒的猜想，统帅部的将领们并不认同，他们坚持认为盟军的登陆地点是加来。希特勒见将领们意见统一，且他自己也拿不定主意，也就放弃了将防御重心转移到诺曼底的想法，不过他还是命令隆美尔将精锐的 352 师从圣洛调到了诺曼底海岸去加强防御。

尽管希特勒最终也没有完全确定诺曼底才是盟军登陆的地点，但是经过隆美尔的大力整顿，德军的西线海岸防御总算是有了很大起色，不过与海峡对面负责"霸王"行动的艾森豪威尔相比，他这个主持德军防御的司令简直像乞丐。

负责"霸王"行动的总司令艾森豪威尔统一指挥陆海空三军为登陆行动服务，其麾下有飞机 1.3 万架，水面舰艇共 6000 艘，用于作战的部队，光精兵就有 33 个师。

而反观海峡对面德军防御部队的总负责人隆美尔则是缺兵少将，手下可用的力量着实少得可怜，其麾下可用的飞机不到 300 架，且他还没有直接指挥权；舰艇可以忽略不计，反正也只能做做侦察而已；作战兵力倒是有 58 个师，却有 33 个师是凑数的海防师；对阻击盟军登陆至关重要的装甲师，他也只搞到了 4 个而已。

单纯从力量上的对比来看，德军完全处于下风，再加上德国统帅部和伦德施泰特坚持认为盟军的登陆地点是加来，诺曼底登陆战胜利的天平其实早已向盟军一侧倾斜。

山雨欲来风满楼，德军这边的诺曼底防线有如纸糊的一般，海峡对面的盟军则等待着登陆日的到来，大战即将开始了。

·第八章·

万事俱备，只欠东风

第一节
千万要保密

"霸王"计划最终敲定之后,数百万盟军枕戈待旦,训练许久,就是为了横渡海峡去击败德国人,解民倒悬。这时保密工作就显得至关重要,要是登陆日还没到,盟军要登陆诺曼底的消息被德国人刺探到了,那么盟军精心准备的反攻欧洲的行动将不得不就此取消,盟军也就白忙活了一场。

盟军的保密行动将主要从两个方面着手:内防和外防。

所谓内防,就是防止盟军内部泄密,其泄密途径和反制措施包括以下几个方面:

第一,"霸王"计划制订出来后,随着时间的推移,该计划已经被下发到相关机构。在下发的过程中,写有"霸王"计划的文件会经过一些通信兵之手,传递到相关机构主管官员的手中,泄密极有可能在这个流程的某一环节发生。

对此,盟军采取的措施是这样的,盟军统帅部要求各级指挥官严格保管文件,对印有登陆时间和地点的文件,都按最高保密等级处理,如有违反严惩不贷。

第二,有很多记者神通广大,其探索消息、捕捉细节的能力堪比王派间谍,要是记者们写新闻的时候,不经意间透露了哪怕一星半点儿与登陆相关的消息,都有可能成为德军判断盟军重大军事行动的线索。

对于如何管束记者,艾森豪威尔的办法是给记者做了分类,受盟军信任的记者享有优惠待遇,比如可以采访一下盟军官兵之类的活动,而其余的记者则不能享受此等优惠。

不过，不管盟军信任的记者还是不信任的记者，他们写的所有稿件、电报和电传，都要经过严格检查才能发表或者发送出去。

第三，英国南部集结了数目庞大的兵力、物资和兵器，如果一些德国间谍混杂在游客中去英国南方旅游，他们又看见了这些，那么任何欺骗计划都不起作用了，希特勒和德国最高统帅部一定会知道盟军的登陆地点是诺曼底无疑。

对此，盟军的措施是将英国南部完全封锁起来，让其与外界隔绝。

英国政府于1944年3月10日发出规定：自即日起，英格兰南部地区和其他地区的非军事运输全部停止。除了医生、有特殊工作的人员和少数特许的工作人员之外，其他人员只能步行或者骑自行车。这条规定出台预示着去英格兰南部的客车将全部停开，普通人也不能开车去英格兰南部，这样游客自然就没有办法到达。

1944年4月1日，英国政府进一步规定从英格兰东部的沃什湾到西康沃尔半岛的顶端，从苏格兰东部的阿布罗斯到福恩湾口的邓巴之间，纵深16千米的沿岸地区统统被列为军事禁区。外地来访者一律不准进入，当地居民则不许出去。

就这样，间谍混入游客中刺探情报的路径，就被英国政府的两条禁令给封死了。

第四，开辟第二战场是苏联人一直以来的要求，现在盟军终于要在西欧登陆，苏联方面很想知道登陆的具体日期和地点，以便他们在东线采取相应的策应行动。盟军方面不想把这么具体细节告诉苏联人，因为他们担心苏联人

集结待命，反攻在即。诺曼底行动代号——"霸王"

把秘密泄露出去。不过盟军也不能不告诉苏联人，毕竟还是盟友，他们可以在登陆行动发起时采取同步行动。

为了妥善应付苏联，美英方面想出了这么一个办法：他们告知苏联方面登陆日决定在6月1日左右两三天的范围内，具体的登陆日期要视天气情况而定，至于登陆地点则半个字也不提。当苏联方面提出想要作战地图时，英国政府也以伦敦与莫斯科相距遥远为由而拒绝。

盟军高层这么做的意思很明确，由于"霸王"行动还没有打响，为了保密盟军官兵、英国民众和苏联盟友都是被提防的对象。

做好了内防，接下来就是外防了。所谓外防，自然就是防德国以及同为轴心国日本的间谍刺探机密，其刺探秘密的途径及反制措施主要包括以下几个方面：

第一，最常见的途径当然是派出间谍刺探盟军的情报。反制方法也没什么新意，也就是盟军方面让自己的情报部门高度戒备，密切监视，防止德国间谍渗透；

第二，有很多中立国的外交官被派驻伦敦，他们的主要任务就是负责本国与所驻国的国事沟通事宜，但同时也肩负着搜集其所驻国的情报，然后报告给本国政府。外交官搜集情报是众所周知的事实，这是个公开的秘密。

德国当然不可能派遣外交官驻扎在英国，不过德国人完全可以派遣特工渗入到中立国家进行活动，德国特工完全有可能通过中立国的外交官搞到关于盟军的情报。

为了掐断德国人通过外交官获取盟军情报的途径，在艾森豪威尔的强烈建议下，英国政府于1944年4月17日颁布了空前严厉的一项措施：暂时取消外交优待特权，用密语通讯不予受理、投递，外国驻伦敦外交人员及其家属六月底以前不得离开英国，对各国大使馆实行戒严，防止外国间谍躲进使馆区。

这个措施实施后，引发了各国外交使团的集体抗议，他们纷纷指责英国政府践踏外交礼节，有失体面。对此，丘吉尔的答复是：除了美国和苏联的外交官之外，其他国家的外交官必须遵守英国政府的禁令。

第三，英国的邻居爱尔兰在二战时保持中立，所以德国和日本的大使馆都可以在其首都都柏林立足，这无疑为德国和日本派遣间谍到爱尔兰监视英国，并刺探情报提供了便利条件。

德国和日本派驻在都柏林大使馆的工作人员中只有少数是正宗的外交官，其他大部分都是军事和情报人员。轴心国的大使馆其实就是一个情报站，规模庞大，且设施完善。大使馆中的情报人员常常以外交官的身份为掩护，刺探英国的情报。由于爱尔兰距离英国很近，德国对都柏林传来的情报极为重视。

轴心国的特务竟敢在英国眼皮子底下搞小动作，这当然会引起英国情报部门的注意。英国情报部门将德国人在爱尔兰进行的情报活动，和他们以此为基地派人向英国渗透的情况报告给了英国政府，希望政府能采取相应的措施遏制德国人的行动。

1944年2月9日，英国政府宣布自即日起停止英国与爱尔兰之间的一切民间旅行活动。英国政府的本意是向爱尔兰政府敲个警钟，让其管制一下德国人的间谍活动，但是这似乎没有什么效果。

德国人继续朝爱尔兰派遣间谍。不久，又有两个带着无线电发报机的德国间谍空降到爱尔兰，他们在前往德国大使馆的过程中被逮捕。

此事发生后，盟国跟爱尔兰就不再客气了。1944年2月21日，美英两国政府联合向爱尔兰总统德·瓦莱拉发出措辞极为严厉的照会，要求爱尔兰政府立即关闭德国和日本驻爱尔兰大使馆，没收其无线电设备，并断绝同德国和日本的一切联系。

在接到了美英政府提出的照会之后，爱尔兰政府没有积极地采取相应的行动，英国又进一步采取了措施。1944年3月17日，丘吉尔宣布：自即日起，英国将阻止爱尔兰的所有舰艇和飞机离开爱尔兰前往外国，切断英国和爱尔兰之间的电话、电报线路；中断与爱尔兰的海空航线，封锁爱尔兰各港口，实施经济制裁。

见实力强大的英国首相说了狠话，爱尔兰人终于不敢再不听话，该国政府当即关闭了德国和日本驻都柏林的大使馆，并没收了大使馆中的无线电设备，还不许德、日的外交人员出大使馆半步。

这个措施实施之后，德国人通过大使馆获得情报的路子被完全掐断，盟军的保密工作又得到了加强。

尽管盟军采取了如此多的保密措施，但是有些事情说起来容易做起来难，毕竟从制订计划到实施计划有很长时间，其间必然会发生一些不可预料的泄密事件，这些事件着实让盟军的军政首脑们惊出了冷汗。

这些泄密事件中，有一些是人为的，还有一些则完全是偶然因素引起的。

1944年3月中旬，美国陆军芝加哥邮件分拣处有一件从英国寄来的邮包被打开，在场的4个人看到了邮包中邮件上的内容。这4个人发现邮件上的内容涉及一个重大的军事行动，他们当即决定把邮件送到相关部门手中。在呈送过程中，又有10个人接触了邮件，并看到了邮件上的内容。

这14个人不知道的是，他们看到的邮件可是德国人梦寐以求的"霸王"计划，这个邮件上详细地写着"霸王"行动的时间和地点。

知道这件事以后，美国保卫部门高度重视，随即进行了调查。查来查去，事情慢慢就被弄清楚了，这个邮件是伦敦盟军统帅部一个上士寄的，他是个德裔美国人。

由于他在工作时过于紧张，非常害怕自己出错，引来别人的怀疑，他就想写封信给姐姐好好倾诉一下，结果不知是怎么回事，他竟在本该发往进攻部队的邮件上面写上了他姐姐的地址，误送到了美国。

美国保卫部门当即对该上士及其姐姐一家展开了深度调查，调查结果显示该上士及其姐姐虽是德裔，但却与纳粹无丝毫瓜葛，该上士确然是无心之失而已，之后该上士本人没有受到任何处分。

不过，审查邮件的那些人可算倒了大霉，那14个看过邮件的人都被控制起来，接受了审查。他们发现自己被跟踪，一举一动都被人监视，电话也被窃听。最后，美国保卫部门干脆把他们关在了住所里，直到诺曼底登陆结束之后，这些人才重新获得自由。

与这个犯了错没被处分的上士相比，大嘴巴的亨利·米勒少将显然就没他那么好的运气。

1944年4月18日，身为美国第9航空队主要指挥官的亨利·米勒少将在伦敦克拉里奇饭店出席宴会时，估计是喝醉了，再加上他本身的表现欲可能也比较强，他连续3次大声地说出了"霸王"行动的具体时间，他的声音是如此之大，以致在场的人都听得清清楚楚。

这次宴会开完之后，同样出席此宴会的美国情报官员埃文特将米勒犯规的事情上报给了艾森豪威尔。总司令闻听此事之后，立即将米勒的军衔由少将降为了中校，并把他打发回美国去了。

米勒是艾森豪威尔在西点军校时的同班同学，他觉得老同学处罚过重，因为只不过随口说出了"霸王"行动的时间而已，他并没有说出具体的登陆地点，他写信给艾森豪威尔，要求从轻发落。

对于米勒的要求，艾森豪威尔的答复是，他对米勒往日的功勋表示钦佩，并对其触犯军法的行为深表遗憾，他强调说正是看在米勒是他的老同学且其立有战功的份儿上，才对他宽大处理，不然处分绝对不会这么轻。

收到了艾森豪威尔答复后，米勒当即闭嘴，再也不敢说什么了。

还有一件事是丢失了至关重要的公文包，所幸的是该公文包被及时寻回，这件事发生在伦敦。

盟军最高统帅部通讯署长官的副手在乘火车回家的路上，把装有"霸王"作战计划所有通讯方案的文件包给遗失了。该副手心知自己闯了弥天大祸，他急忙将这件事上报给了上级，上报时，他却说不清楚他是在何时、何地遗失该公文包。

通讯署署长认为他必然是喝醉了酒，才会记不清楚把文件包遗失在何处。为此，署长大怒，当即撤了他副手的职。署长很清楚丢失的文件包有多重要，文件包里的文件中记载了登陆时盟军使用的全部通讯网和通信密码，要是这些文件落到德国人的手里，盟军的行动就完全透明了，德军可以通过通讯情况掌握盟军的一切行动，那么"霸王"行动将不得不被取消。

也就在通讯署署长急得像热锅上的蚂蚁一样时，伦敦警察局失物招领

转折之战 诺曼底登陆 zhuanzhezhizhan nuomandidenglu

处打来的一个电话救了署长一命,警察告知署长他们这里有一个印有"绝密"印章、地址标着通讯署的文件包,叫他马上派人领回去。

听到这个消息,署长当即浑身一轻,急忙派人去把文件包给领了回来。通讯署的人去了警察局才知道,粗心的署长副手在坐出租车时把文件包掉在了车上,出租车司机看见这个文件包之后,就将其交到了失物招领处,让警察来处理这个文件包。

上述几个泄密事件都是人的因素造成的,下面这些泄密事件则完全可以称得上意外,其中的一个甚至还透着一股子诡异。

1944年5月的一天,一阵大风吹开了盟军司令部办公室的窗户,接着放在桌子上的12张写着"霸王"计划的纸被风吹出了窗户,四散飞扬在大街上空。见如此重要的文件被吹到了大街上,司令部的所有军官急忙放下手头的所有工作,跑到大街上去追逐那些纸片。

在军官们的努力下,12张纸中,有11张被找了回来,还有一张下落不明,遍寻不着。

两个小时之后,有一位戴着深度近视眼镜的市民来到司令部,对司令部门口的卫兵说他捡到了一张纸,上面密密麻麻的写了不少内容,但极不容易看懂。说完这番话,他就把纸张交给了卫兵,他本人就走了。当卫兵把纸张交给司令部的军官之后,军官发现这就是那张不见了的第12张纸。

当军官询问这张纸是从何处得来时,卫兵和盘

负责诺曼底作战的美军第十二集团军群司令布莱德利,人称大兵将军,鼻子不知怎么挂的彩。

托出。听完卫兵的陈述，军官的心里升腾起了一连串的问号。

这张纸上并没有写地址，那位市民为何知道这是司令部丢的东西？

那个市民说他没看懂这张纸的内容，那他为何将这张纸直接送到了司令部，而没有送到警察局的失物招领处？

那个市民说这张纸极不容易看懂，那意思就是他极有可能看懂了，那他有没有跟别人，尤其是德国间谍说起过这件事呢？

这一连串的问题让司令部的人感到困扰，但是能够给他们答案的市民早已不知所终，这件十分诡异的事就此成了未解之谜，直到今天也没有答案。

另一个意外发生在登陆日之前的大规模演习期间。

1944年4月26日，莱姆湾上演了一出精彩的大规模登陆演习，艾森豪威尔和布莱德利都亲临现场观摩。

从未上过战场的美军第4师全体官兵也参加这次演习，该师的全体官兵将在高度模仿诺曼底海滩的演习场地里模拟登陆。

演习于上午7点30分开始，美国第4师从其驻地登上了坦克登陆舰，接着舰队起锚，向斯拉普顿驶去，演习的模拟登陆海滩就设在那里。

在舰队航行十几个小时快到达莱姆湾时，德国的快速鱼雷艇部队趁乱混进了运输船队，并向这些毫无防御设施的船只发射了鱼雷。结果，两艘坦克登陆舰被击沉，一艘受到重创。被击沉的两艘坦克登陆舰上面有官兵1000多人，其中503人淹死。

盟军司令部接到消息后，立即派出舰队去迎击德国舰艇。等德国人的舰艇被赶走后，司令部要求第4师迅速清查自身损失，另外看看是否有军官被德国人俘虏。

经过调查，结果很快就被呈送到了司令部，写有检查结果的报告称：有503人失踪，其中有10个失踪的军官知道"霸王"计划。这些失踪的人有两个可能的下落：第一种溺水而亡；第二种做了德国人的俘虏。

司令部最关心的是那10个军官的下落，这些军官中若是有人做了德军的俘虏，那么"霸王"计划就有泄密的可能，横渡海峡的行动将不得不被取消。

鉴于事态严重，盟军统帅部决定派遣贝兹将军负责打捞尸体，务必要确认那10个军官的下落。打捞工作进行了3天，10个军官的尸体全部找到，盟军司令部长长舒了一口气，总算没有泄密。

在诺曼底登陆战发起前的几星期，所有人都极为紧张，生怕再出现什么情况，导致计划泄露。不过，事实证明，在盟军上下一致地严防死守之下，德国人并未刺探到"霸王"计划的秘密。

第二节
最后的准备

1944年5月15日上午,负责"霸王"行动的所有将领、英国国王乔治六世、英国首相丘吉尔、英国战时内阁全体成员聚集在伦敦圣保罗学校一所哥特式建筑物中,最后复审"霸王"计划。

当时参会的英国海军大臣坎宁安看了此次参会者的强大阵容后,突然冒出了一个奇怪的想法,他想道:万一德国人白天来一次大规模空袭,从房顶落下几颗炸弹,后果真是不堪设想。

这次会议的目的:一是介绍"霸王"作战计划,二是让参与此战的所有司令官理解最高统帅部的意图,并让每一个司令官知道他们所率领的登陆部队会得到怎样的后勤补充和增援,使他们安心打仗。

会议由艾森豪威尔率先发言,他说会议的议题是讨论如何进攻法国,他要求陆海空三军同舟共济,放下军种之间的成见,共同完成登陆行动。

总司令发完言之后,蒙哥马利作为地面部队的总指挥官接着发言。他介绍了海峡对岸德军的兵力配属情况,并告知众人——德军在西线共有60个师的兵力,其中10个师是装甲师。

他接着说他的老对手,德国的隆美尔元帅目前负责西线海岸的防御工作,其目的是阻止盟军的任何突破,将"霸王"行动彻底击败在海滩上。

蒙哥马利强调说为了达到挫败盟军登陆的目的,隆美尔已经加强了海滩的防御设施,增加了兵力,并对后备的装甲师重新作了部署,这一次任务较为艰巨。

对于德军有可能的反击行动,蒙哥马利提出了相应的反制措施。他说

转折之战 诺曼底登陆

击破德军的方法就是借助突然袭击的优势，利用海空军的强大火力支援，在德军还没有来得及调遣足够的后备力量之前，就建立稳固的滩头阵地。装甲部队上岸后必须迅速向纵深穿插，搅乱德军的防御。

蒙哥马利发完言后，海军司令拉姆齐上将和空军司令利·马洛里上将都做了发言，他们分别介绍了经过修改的"霸王"作战计划中海军和空军的实施计划。

接着，会议还给出一个半小时的时间集中讨论了美军的登陆行动。柯克介绍了西部特混舰队的计划，布莱德利则介绍了第1集团军的计划，奎萨达介绍了第9航空队的计划。英国的将领们则介绍了英军的登陆行动。负责后勤保障的负责人和民政部门的人员也做了发言。

听完了将领们的介绍，英国国王乔治六世说了些预祝盟国大军旗开得胜之类的话，而英国首相丘吉尔则稍稍多说了几句。

一战时期，时任英国海军大臣的丘吉尔着力推荐协约国发起了一次的黎波里登陆战，结果协约国军队死伤无数，他本人也被轰下了台，英国朝野也随之闻登陆战而色变。

现在，当他听说"霸王"行动筹划如此细密，准备工作又是如此充分时，他已然对横渡海峡去进攻强大的德军充满了信心。

英国首相的演讲不长，其所说的最后一句话，分外鼓舞人心，他说道："先生们，我坚定不移地支持这个军事行动！"

这次会议结束后，所有高级指挥官都分头去视察他们能够到达的各部队和各单位。

登陆的日子临近的时候，每一个基层作战指挥官都得到了一份很大的比例地图，万分之一比例的

英国首相丘吉尔和艾森豪威尔将军在一起

海岸线草图一直下发到每一艘登陆艇上。该草图上配有一张从海上眺望海滩的全景照片，详细地显示了建筑物和其他陆地坐标，另外还有日光和月光的资料、海滩坡度曲线图、近海水流资料和潮汐曲线图，图上还特别标明了各登陆地段和界限。

如此这般，盟军的整个登陆部队，上至将领，下至士兵，都对自己的任务清清楚楚、明明白白，他们都对这次准备已久的登陆行动充满了必胜的信心。

在登陆行动发起前夕，盟军最高统帅部的作战部门和第21集团军群的司令部转移到了英国南岸的海港城市朴次茅斯。海军也在那里建立了联络机构。为了对付德军可能的轰炸，艾森豪威尔的参谋部设在了朴次茅斯郊区的一片森林里，他的帐篷和指挥车都做了极为巧妙的伪装。

1944年5月下旬，盟军的海军和空军开始了最后的准备工作。

只要天气条件允许，盟军的空军就必然出动战斗机和轰炸机去寻德国人的晦气。盟军的轰炸机来回轰炸德军的交通线，使德军的后勤补给出现困难。

而海军则派出扫雷艇和设标船开始扫除德军布下的水雷、设置浮标（标明出发线和海滩方位）。

另外，盟军的飞机、布雷舰艇和摩托艇开始在德军的港口布雷，从法国西南部的布雷斯特到荷兰之间所有海域，盟军设置的各式水雷，用以阻止德军快艇出航袭击到盟军的登陆编队。

到此为止，盟军所有的准备工作都已经就绪，现在只需要等待1944年6月5日到来，杀向海峡对岸好好教训德国人。

此时，影响盟军登陆的唯一因素就只剩下了天气，只要6月5日至7日天公作美，不刮狂风、不卷巨浪，且最好来个满月的天气，登陆战就可以按时发动。

预测天气情况的工作是由盟国气象委员会来负责，该机构的负责人是盟国气象委员会主任兼艾森豪威尔首席气象顾问英国气象学教授J·M·斯塔格空军上校。

艾森豪威尔极为重视斯塔格教授的工作，每周同气象专家举行两次会议。随着登陆日的临近，艾森豪威尔以及三军将领们每天两次听取最近的天气预报。

1944年5月29日，星期一，艾森豪威尔听到了一个令他极度不安的消息，斯塔格教授说："本周气象条件适于作战，但是到周末会暂时有波动，6月5日和6日很可能有暴风雨。"

听完这个消息，所有盟军将领的心里都咯噔一下，他们惴惴不安生怕天气不好，作战行动会被取消。

自6月1日开始，英格兰的天气一直很糟糕。往年这个季节，英国只下些蒙蒙细雨，但是这一年狂风夹着暴雨，席卷了整个英伦三岛。

6月2日，艾森豪威尔问斯塔格教授6月6日和7日的天气情况会如何？他得到的回答是风力不会很大，但是云量会很大。

听了天气情况的预告，众将领开始考虑如果天气不好，空降兵不能出动，就干脆取消"犹他"海滩的登陆行动！

众将领们做出如此安排是因为狡猾的隆美尔放水淹没了"犹他"海滩后面的大片低洼地，该海滩只有4条堤道通往内陆，要是没有空降兵们预先抢占这4条通路的路口，德军只需守住4条堤道，就能把登陆部队困在海滩上。

艾森豪威尔不想放弃"犹他"海滩，因为必须通过这片海滩来进攻瑟堡港。只有获得一个港口才能确保盟军的登陆行动成功，所以他决定再等等，看天气能否好转。

6月3日是最关键的一天，此时自北爱尔兰起航的U编队已行至怀特岛以南的会合区，是否将原定于6月5日的登陆日推迟，这需要艾森豪威尔速速做出决断。晚上9点30分，斯塔格教授还是没有带来好消息，他说6月4日至7日，风力很强，云层低厚。

艾森豪威尔仍不死心，他请斯塔格教授再研究一下，他将根据教授的气象预告来决定是否推迟登陆日。次日凌晨4点，几乎一夜未合眼的教授告知总司令他的结论不变。

究竟是按原计划进行，还是推迟登陆日，艾森豪威尔有些拿不定主意，他干脆聚集众将来商议。蒙哥马利当先发言，他要求按照原计划进行，但空军司令则主张推迟，因为在这样的天气条件下出动飞机或者空降都是极不现实的，海军司令拉姆齐也主张先等等看。

众将领中，还是要求谨慎的居多，艾森豪威尔也就最终拍板，他决定将登陆日延后24个小时，改为6月6日，并召回已经到了会合区的编队。

6月4日上午10点20分，晴朗的天气果然变得乌云低垂，狂风劲吹，海上恶浪翻滚。在这样的天气条件下再去进行登陆作战，只怕是自寻死路。如此天气空中支援就无法出动，海军军舰在海里会随着海浪乱动，海军的舰炮无法准确命中目标，要是小小的登陆艇在这样的海面上航行，只怕还没有看到海滩的影子，整艘小艇就会被海浪拍翻并沉进海底。

这一天，原本精神饱满的士兵们此时挤在狭窄的运输船里，伴随着海浪上下颠簸，他们此时十分难受，而岸上的指挥官们也极为忧虑。

几天前，驻扎在英国各地的登陆部队都已到港口集结，并登上了各自的舰船，就在海上等着进攻的消息。用作"醋栗树"废船也开始向南移动。另外，3个师的伞兵们也在20个机场内集结完毕，等着登上滑翔机及运输机飞向诺曼底，到时候从天而降，在后面给德国人的防线狠狠地来一刀。要是突然之间宣布行动取消，天知道会给部队的士气带来多大的影响。

艾森豪威尔只有祈求上帝，希望他能让天气好转，让盟军的行动顺利进行。

6月5日凌晨，刮起了更大规模的飓风，把艾森豪威尔营地的帐篷都吹得左摇右晃，等风刮完了，随之而来的就是瓢泼大雨。

凌晨3点30分，气象汇报会召开了，与会的众将领个个心神不宁，显然是为这糟糕透顶的天气而忧心。

斯塔格教授天气预告方面的准确度已经得到了验证，众人心服口服，且看他是否能带来好消息。

这一次，斯塔格教授没有让他们失望，他带来了一个极好的消息，他说："从6月5日午夜开始至6月6日中午，英格兰南部、诺曼底、巴黎及北欧的天气将转晴，并可持续12小时左右，期间能见度良好，风力约三级，浪高0.6米。但是从下午开始，云量略有增加，7日至9日的天气又将变化莫测。"

听了斯塔格教授的天气预报，艾森豪威尔面临着抉择：究竟是冒险在6月6日行动，还是将进攻再延期至少两周？

在6月6日登陆，首批部队上岸后，如果天气变差，后续部队和物资不能上岸，则岸上的部队有被消灭的危险；再延期两周，拖到6月19日，则会遇到更多的变数，毕竟大多数士兵都知道了登陆地点是诺曼底，保密性基本上已经不复存在。

艾森豪威尔思虑良久，这次行动准备极为充分，他相信盟军官兵们的能力，他觉得完全可以去冒一次险。拿定了主意后，艾森豪威尔又征询了下海陆空三军司令的意见。蒙哥马利十分急切地表示他要进攻，拉姆齐也同意，利·马洛里也无异议。

见大家都同意了，艾森豪威尔也亮出了底牌——完全同意在6月6日吹响反击欧洲的号角。之后，他做出了最终决定："OK,Let' Go！"（好吧，我们出发吧！）

海军司令拉姆齐见总司令决心已下，知道登陆行动再无拖延，他就向各登陆编队发出了命令，最后确定了第一波次登陆艇的登陆时间（也就是常说的H时）：

"剑"海滩和"金"海滩的时间是7点25分；

"朱诺"左区和"朱诺"右区分别是7点35分和7点45分；

"奥马哈"海滩和"犹他"海滩是6点30分。

随着艾森豪威尔一声令下，登陆行动正式开始，所有的人都跑出屋子忙自己的事情去了，开会的房间里只剩下了艾森豪威尔一人。作为三军统帅，他做出了决定，他要思考的除了竭尽全力打赢这一仗之外，还有一旦失败，责任归属的问题。

艾森豪威尔并不想诿过于人，他提起笔，刷刷地写下了如下文字：

"我们在瑟堡－勒阿弗尔地区的登陆失利，没能占领一个令人满意的立足点，我们把部队撤了下来。我决定在此时此地发起进攻，是根据所得到的最好的情报做出的。陆军、海军和空军都能恪尽职守，表现出极为勇敢的献身精神。如果谴责此次行动或者追究责任的话，应由我一人承担。"写完这些话，他郑重地签上了自己的名字。

从艾森豪威尔的表现来看，他心里没底，他觉得这是在冒险，他做了一个极为困难的决定，同时也是一个了不起的决定。

从 1942 年开始筹划，苏联的渴望、马歇尔的构想、盟军数年的准备，到了 1944 年 6 月 6 日这一天，登陆欧洲的战役终于打响了！

第九章

登陆前奏曲

转折之战 诺曼底登陆

第一节
将欺骗进行到底

1944年6月5日,英吉利海峡风雨交加,恶浪滚滚。德军负责西线防御的指挥官们普遍认为在如此恶劣的气象条件下,盟军是绝对不会发起登陆行动的。

受天气情况的影响,德军西线的主要指挥官们极为放松,没有丝毫警惕。B集团军群的司令官隆美尔元帅乘车离开了他的司令部,他要回到赫尔林根的家中去给妻子庆祝生日。

与德军指挥官们的想法相反,艾森豪威尔下达了执行"霸王"计划的命令。成百上千艘装载了数十万盟军官兵的舰船从拥挤的英格兰南部港口出发,先驶向怀特岛南面代号为"皮卡迪利广场"的海域。按事先计划,在那里将庞大的舰队分成了5个登陆突击编队。

每个登陆突击编队都有特定的航道,所有的舰船都沿着各自的航道向诺曼底半岛前进。它们排着整齐的队形在大海中行驶,横排起来居然达到32千米。

与可怜巴巴、只有不到100艘小船的德国海军相比,盟国海军的阵容简直可以用豪华来形容。为盟军庞大船队开道的是扫雷艇,它的任务是清除德军布设的水雷,为舰队清理出航道。

当盟军的船队向诺曼底前进时,盟军最后的欺骗行动也随之展开,欺骗行动的目的仍然是利用种类多样的干扰行动把希特勒和德国统帅部的将领们搞晕,让他们无法准确判断盟军的登陆地点到底是哪里,迟滞他们做出正确判断的时间,为诺曼底的登陆部队赢得巩固滩头阵地,扩大登陆场的时间。

盟军最后的欺骗行动是从一种新式设备——雷达开始的。雷达是二战初期才出现的新玩意儿。在大不列颠空战中，英国空军利用这种新式设备挫败了德国空军的进攻，赢得了胜利。

自那以后，德国人也研制出了雷达，并根据希特勒的要求将数目极多的雷达配置在了"大西洋壁垒"防线上。

从斯堪的纳维亚半岛直至西班牙的海岸线上，德军建立了一套密集的雷达网。在预计盟军会登陆的重点地段，也就是法国的西北部地区，雷达站极为密集，几乎每隔十几千米就有一个大型的海岸雷达站。这些海岸雷达站与内陆的雷达站互相联网，共同发挥作用。雷达站属于德国空军，主要职责是探测盟军飞机的活动情况。

为了专门对付盟军舰艇和海上登陆，德国海军还在法国西北部专门修建了很多探测距离为 50 千米左右的对海雷达站。有了它们，德国海军完全可以做到对英吉利海峡盟军舰船的活动情况了如指掌。

德国人自信满满地认为雷达可以让他们获得盟军行动的情报，他们的想法倒也不算错，可惜的是他们能掌握的只不过是盟军散布的假情报而已。

盟军对德国人雷达站的位置一清二楚，他们计划利用这些新式设备好好迷惑一下德国人。

在诺曼底登陆前一周，盟军出动轰炸机将德军的绝大部分雷达站给炸毁了，剩下少数几个漏网之鱼则另有妙用。

6 与 5 日深夜，除了塞纳河以北、靠近加莱的几个雷达站仍然让其正常工作之外，盟军对其余的雷达站进行了高强度的干扰。在盟军强烈的电磁干扰下，德军设置在诺曼底地区残存的雷达站一直没有发现盟军的登陆编队在逼近海岸。

留下加莱地区几个雷达站不去干扰的目的，是让它们探测到由盟军 12 艘带有防空气球的摩托艇扮演的假登陆舰队。这 12 艘摩托艇中，有 8 艘活动在加莱对面离海岸 14 海里的海面上，其余的 4 艘则在巴夫勒尔角以东 6 海里的海面上游动。

转折之战 诺曼底登陆

为了配合摩托艇的造假活动，盟军还出动了100多架飞机帮忙。这些飞机在海峡上空不停地转圈飞行，每转一圈就投下一批名叫"窗子"的金属铂制造的干扰包，飞机投下金属包的位置每次都朝加莱海岸的方向移动一点儿，这就使德军雷达上显示出盟军船队一步步逼近加莱的假象。

德军被自己的雷达给骗了，他们以为盟军的登陆舰队正朝着加莱方向前进。当盟军真正的登陆舰队在6月6日那天1点到4点向海滩方向接近时，海上没有出现一架德国飞机；当盟军的空降兵部队于6月6日凌晨越过海峡进入预定空降地点时，德军也并未出动一架飞机拦截。

个中原因是，德军还能出动的作战飞机全部都被吸引到加莱方向去了。

用雷达欺骗德军的方法获得了成功，盟军空军的另一项欺敌行动也十分奏效。

空军精心设置的欺骗行动将由8名伞兵和200个假人（橡胶制成，与真人大小相同）完成。在3个空降师降落在诺曼底地区之前，8名真伞兵和200个假人将降落在德国B集团军群的防线上，去干扰德国人的判断。

6月6日零点11分，8名真伞兵分为两组，每组4人，先后降落，随后那200名假伞兵也分为多组，相继降落。

假伞兵的身上都绑有烟花爆竹，由特定的装置控制着。只要他们落地触发机关，身上的鞭炮就会噼里啪啦响起来，听起来就像是枪支射击。

在假伞兵们搞出动静后，两组真伞兵就打开随身携带的音响设备，播放事先录制好的枪声、炮声、部队运动的脚步声，士兵的咒骂声和指挥官下达命令的声音。等声势造得差不多了，他们就转移阵地，换个地方接着放。

1944年，执行诺曼底登陆任务的伞兵部队临行前接受盟国欧洲远征军最高司令艾森豪威尔将军的指示。

由于此次空投的范围极广，B集团军的防区内到处都出现了这样的伞兵。一时间，德国西线B集团军群司令部的电话差点儿被打爆，几乎每一个电话都是发现敌军空降兵之类的报告。

在这个紧急时候，偏偏隆美尔司令又不在指挥部，当时拿主意的是隆美尔的参谋长斯派达尔。斯派达尔与他的幕僚们盯着作战地图，将发现盟军伞兵的地点全部标注了出来，再结合雷达站送来的盟军大批"舰队"开往加莱的消息，苦苦思考着到底盟军的这一手是个什么意思。

随着时间的推移，斯派达尔收到了盟军所谓的空降兵几乎全部是些假人的消息。这时斯派达尔不得不思考如下几个问题：

1. 盟军的行动是佯攻还是大规模登陆的前奏？

2. 盟军的登陆地点到底是加莱，还是隆美尔元帅和希特勒所怀疑的诺曼底地区？

斯派达尔和他的参谋们就这两个问题讨论了许久后，他们被盟军的欺骗行动给搞混乱了。最终，当西线总司令部的助理情报组组长戴尔丁巴哈少校向B集团军群询问前方的情况时，他所得到的回答是："参谋长认为局势平静，前面报告的空降兵只是轰炸机上的跳伞人员。"

就在德军高层被种种假象所迷惑时，真正的伞兵空降行动开始了，诺曼底登陆战的序幕就此拉开。

第二节
伞兵的敌后突击

为了提前占领交通要道，为盟军登陆部队上岸后向内陆挺进扫清障碍，并抵挡德军的第一波反扑，减轻登陆部队的压力，盟军高层决定使用空降兵部队。

诺曼底登陆战中将要担负空降作战任务的有3个空降师，它们分别是泰勒将军指挥的美国第101空降师、李奇微将军指挥的第82空降师、盖尔将军指挥的英国第6空降师。

英国第6空降师将要在距离"剑"海滩不远的区域着陆，着陆后伞兵们的任务有攻克俯视"剑"海滩的梅维尔炮台、占领奥恩河，以及卡昂运河上的桥梁、炸毁奥恩河以东迪沃河上的桥梁、阻止离"剑"海滩最近的德国第21装甲师的反击。

美国第101空降师和第82空降师的着陆区域是"犹他"海滩后面的内陆，其中美国第82空降师将在梅尔德雷河两岸着陆，该师伞兵们的任务是夺取梅尔德雷河上的桥梁、阻止德军从西北方向发起的反击、协助从"犹他"海滩登陆的部队穿过科唐坦半岛。

美国第101空降师的着陆地点在82师以南，该师伞兵们的任务是夺取堤道的出口，摧毁德军设在那里的炮兵阵地，扼守卡朗坦运河，并与从"奥马哈"海滩登陆的美军会合。

1944年6月5日，满载着空降兵的C-47运输机从英格兰西部地区的25个机场起飞，在20架早已出发的导航机的指引下飞往诺曼底。两个小时后，几十架装载着反坦克炮的滑翔机也在运输机的牵引下起飞，在淡蓝色的月光下组成编队，向南飞行而去。盟军的 1200 架飞机遮天蔽月，极有声势，人类历史上最大规模的一次空降作战就要开始了。

盟军的飞机飞临诺曼底上空时，前几天还十分肆虐的狂风已经停歇，不过风力依然不小。伞兵们刚一离开飞机就被吹了七零八落，四散开来，在离预定地点很远的地方着陆。

英国第 6 空降师的运气还是很不错的，尽管英国的伞兵们被风吹散了，但是他们快速集结形成了战斗力，把德军从奥恩河和运河桥梁附近的郎维尔村给赶了出去，并为装载有反坦克炮的滑翔机拿下了着陆区。

滑翔机着陆时，由于距离太短，几乎撞在了桥上。伞兵们原计划要拿下的桥梁中，只有一座尚未被摧毁。他们未能摧毁的桥梁恰恰是较为重要的一座，那座桥位于特罗阿尔恩附近。

为了最终摧毁这座重要的桥梁，皇家工程部队的一名少校带着 7 名士兵，端着自动武器，在战友的掩护下，奋不顾身地冲过德军的火力封锁线和特罗阿尔恩镇，最终顺利将该桥炸毁。

在占领和摧毁桥梁战斗激烈进行时，150 名伞兵对梅维尔附近那座控制着"剑"海滩的岸防炮台发起了猛攻。在跟防御工事内的 180 名德军肉搏之后，虽然付出了一半人伤亡的代价，但总算是完成了任务。

6 月 6 日凌晨 4 点 45 分，英国第 6 空降师基本上完成了预定任务，一名负责通讯的英国军官从怀里掏出一只信鸽，把胜利的消息传回英国，同时他也将这一消息传递给了正在向海滩开来的舰队。

第 6 师的第一批后续梯队 493 人及装备，乘 98 架滑翔机在 6 月 6 日拂晓机降，由于机降时地面正刮大风，有 20 架滑翔机的拖索被风刮断，无法着陆；第二批 256 架滑翔机中，有 246 架在预定地区着陆，为第 6 师运来了援军和补给；第三批 50 架滑翔机于午夜时分进行空投补给，空投时遭到德军高炮射击，使得飞机一边躲避炮火一边空投，地面上的伞兵只得到 20% 的补给，大部分都丢失了。后来又进行过四次小规模空投补给，倒很成功。第 6 师共空降 4800 人，伤亡约 550 人，失踪约 350 人，集合约 1800 人，完成了师的预定任务，并于 6 日黄昏与英军第 2 集团军先头部队会合。

与幸运的英国第6空降师相比，美国空降师的运气就比较差，不仅空降前遭遇了不小的损失，而且也没有完成全部预定任务。

运载美国空降兵的800架运输机在飞行时遇上了强风和大雾，在科唐坦半岛上空又吃了德军高射炮好几顿猛烈射击，原先排好的阵型被完全打散，很多飞机直接就飞过了着陆场。另外，由于地面高射炮火过猛，飞行员只能在高空盘旋，伞兵们没办法在预定地点着陆。

结果，第101空降师的501、502、506三个团共计6600名官兵在长33千米、宽24千米的区域内跳伞了。伞兵们有的落在果树园里，有的降落在小块的田地上和高高的树篱上，有的很不幸直接落进了湖里，被自身沉重的装备带进了深深的水中溺亡。

幸运的是，德军在这一带并未设下重兵。伞兵们有时间相互寻找，刚开始往往是单人行动，接着逐渐形成了班和排，逐渐到达会合地点。6日黎明时，该师的会合地已经聚集了1000人，算是一股不小的力量。伞兵们找到所在的班排连后，就在各自长官的带领下向预定目标发起了进攻。

501团团长率领着200名官兵，去执行占领或者摧毁卡朗坦西北杜弗河上两座桥梁的任务。在执行任务的时候，该团官兵受到德军的阻挠，于是该团团长就干脆呼唤海军用口径达203毫米的重炮猛轰德军的阵地。空降兵找海军要炮火支援，这在战场上还是头一遭呢！不过由于距离太远，海军的炮火够不着这两座桥梁，再加上进攻的兵力太少，最终这两座桥梁并未夺取。

502团的任务是攻占3号和4号两条堤道，待攻占了这两条堤道后，迅速构筑环形防御工事与82空降师会合。502团的伞兵们彼此间相隔很远，营长们接到任务后，一边朝目标前进，一边收拢手下。很快，一个15人的小组就攻占了梅西埃雷村并俘虏了150名德军，第3营营长率领75名士兵向海滩通路前进，于7点30分顺利控制了3号和4号通路。

第506团由罗伯特·辛克上校指挥，计划夺取1号和2号通路，炸毁勒波特附近的两座桥梁。由于该团着陆情况非常糟糕，在81架运输机中只有10架将人员空投在预定地区，其余都偏离目标很远，最远的距离达32千米。

第1营营长只集合了50人，赶到1号通路时发现已被501团3营占领，便返回团部待命。

第2营错降在第502团地区，营长斯特雷耶中校集合了200人，因电台丢失，无法与团部联络，按照预定计划于下午赶到霍登维尔，夺取了2号通路。

第3营的任务是夺取或炸毁勒波特附近的两座桥梁，由于预定空降地区地形平坦，德军料到盟军必定会在此空降，进行了反空降部署，落在空降场的伞兵一着陆就遭到德军猛烈射击，包括正、副营长在内几乎全部阵亡。万幸的是大部分飞机因迷航而偏离航线，所空投的伞兵都落在空降场外，侥幸逃过这一劫，但失去指挥没能集合起来，只有营的作战参谋谢特尔上尉集合了54人，越过沼泽一举攻占了两座桥梁，并按规定做好了炸桥准备，一旦发现德军增援就立即炸桥。

6月6日1点20分，101师后续梯队152人及反坦克炮等重装备分乘52架滑翔机起飞，于4点在预定地区着陆。当天下午第二批后续梯队157人及补给分乘32架滑翔机前来增援，由于降落地区有德军设置的反机降木桩，使滑翔机受到很大损失。到6月6日黄昏，第101师夺取了海滩后面的4条通路和勒波特附近的两座桥梁，完成了该师的大部分任务，并在6日下午与美第7军的先头部队会合。

第82空降师的505团、507团、508团降落在梅尔德雷河的两岸，其中第505团运气极好，降落在圣梅尔-埃格利斯镇附近，而另两个团则分散降落在德军第91师的集结区内。

505团的一个营成功占领了位于公路干线交叉路口的圣梅尔-埃格利斯镇，并成功击退了德军的反击，该团的另外两个营由于缺乏反坦克炮等重型装备，无法夺得梅尔德雷河上的两座桥梁。

507团和508团的官兵们落在碉堡林立的第91师防区内，立即与德军交上火，他们自身难保，实在是没工夫去进攻德军控制的桥梁。就这样，

82师505团的官兵们牢牢地控制着瑟堡-卡朗坦公路干线上的枢纽圣梅尔-埃格利斯镇,而另外两个团则与德军第91师缠战,将该师拖在原地,让他们不能越过梅尔德雷河去攻击登陆部队。

6月6日凌晨2时,第82师后续梯队220人及部分重装备分乘52架滑翔机飞来增援,由于云层太厚以及德军高射炮火的射击,只有一半人在预定地区着陆。下午又有1174人和部分重装备分乘176架滑翔机增援,但着陆场被德军火力所控制,被迫改在其他地区着陆,未能与师突击梯队会合。至6月6日黄昏,82师占领了交通枢纽圣梅尔-埃格利斯镇,未完成该师的全部任务。6月7日17时与从海上登陆的部队会合。

虽然没有完成全部任务,但美国空降部队拖住了德军。在最危险的时候,他们保证了在"犹他"海滩、"奥马哈"海滩上岸的美军,没有遭到德军预备队的反击,伤亡也远远小于预计。可以说,伞兵们的战斗十分有力地支援了海滩上的登陆行动。

盟军的军事行动向来是以强大的火力准备开始的,诺曼底登陆战的火力准备先由空军发起,各种型号的轰炸机成群结队地扑向德军把守的海滩。

6日凌晨5点时分,英国空军上千架重型轰炸机对德军10个重要岸炮连以及登陆场附近的通信设施倾注了5000多吨炸弹。德军的阵地也就巴掌大的一点儿地方,盟军的炸弹集中丢在上面,里面的德军霎时间感到地动山摇,德军不少工事中弹起火。

丢完了炸弹,英国空军的飞机返航回国。美军第8和第9航空队的1630架"解放者"式、"堡垒式"等轰炸机,对德军防御工事又实施了猛烈的空中打击。这些飞机向海滩设施投下了4200吨炸弹。

一直到登陆部队抢滩前10分钟,空军轰炸才结束。

凌晨4点40分,海军的火力支援舰就进入到了指定的航道抛锚。火力支援舰的任务是用猛烈的炮火向岸上轰击,为登陆部队提供近距离的火力支援。

在盟军飞机的猛烈轰炸下,希特勒反复吹嘘的"大西洋壁垒"顿时就被打成一片废墟。

在空军进行火力准备的同时，盟军的扫雷艇开始了繁忙的扫雷作业，以便为登陆部队带来安全的换乘区，为进行火力掩护的舰只提供安全的活动海域，为登陆艇清扫出通道。

"霸王"行动的抢滩部分，盟军最高统帅艾森豪威尔委托给了蒙哥马利全权指挥，诺曼底登陆战的抢滩部分终于要正式打响了。

第十章

抢滩登陆

诺曼底登陆

第一节
"犹他"海滩

"犹他"海滩位于科唐坦半岛东岸,是从奎内维尔以南到卡朗坦运河入海口以北的一段14.5千米长的海滩。为方便登陆,美军将这一长长的海滩分为8段,每段又分为了红、绿两滩。原先的计划是每一段海滩都由一个特定的部队负责,但实际上第一梯队登陆部队只用了最南面的两个海滩而已。

这段海滩是坡度不大的黄沙坡,被几道障碍物分隔开,障碍物纵深在低潮时约为270米-370米。

障碍物的后面是一段干沙滩,然后是90米-180米宽的低沙丘地带。在沙丘朝着海的一面,德军修筑了一些低矮的混凝土堡垒。海滩的后面是被隆美尔放水淹了的低洼地带,也就是水泛区,其宽度有1.5千米-3千米,有几条堤道穿过这片水泛区。提前空降的82空降师和101空降的任务就是夺取这些堤道中的其中4条,为登陆部队进攻内陆扫清障碍。

离该段海岸大约4千米的圣马科夫群岛,该群岛附近有两个浅滩,一个是圣马科夫浅滩,另一个是卡登内特浅滩。U编队的换乘区就位于这两个浅滩朝海一面6海里处。

负责在"犹他"海滩登陆的是美国第7军第4师,由美国前总统西奥多·罗斯福的儿子小罗斯福任师长,运送该师的是U编队,由穆恩海军少将负责指挥。

穆恩必须把登陆部队第4师在6点30分全部送上海滩,换乘工作是从凌晨4点05分开始的。运输舰将装载在其上的登陆艇先放到海里,士兵们沿着绳梯由运输舰转移到登陆艇上。当时海上风急浪大，登陆艇异常颠簸，踩到光滑的甲板士兵们很不容易，之后再转移到登陆艇里面去。

好在平时美军的官兵们演练了无数次，就是闭上眼睛也能完成换乘工作。

空中的滑翔机群正在向犹他海滩上进行激战的美陆军部队运来补给

等美军官兵们上了登陆艇后，这些登陆艇被分成了26个艇波次，它们将分别驶向"犹他"海滩。本次登陆行动将有32辆新式的水陆两用坦克参加，这些水陆坦克将会和第一登陆艇波的部队一起上岸，它们在为登陆部队提供火力支援的同时，也可以鼓舞美军的士气，吓吓德国人，让他们感到恐惧。

4点30分，第一登陆艇波在控制艇的引导下朝着海岸行驶而去。5点整，由于海上风浪太大而迟到了30分钟的8艘坦克登陆艇（每艘艇中装载着4辆坦克）也来到了换乘区，8艘坦克登陆艇中一艘的指挥官为了让坦克尽快上岸，与第一艇波的登陆部队共同作战，就决定在距离海岸1海里的地方让坦克上岸，而规定是让水陆坦克在距离海岸2.5海里的地方上岸。

凌晨5点05分，天已经大亮，德军的海岸炮连发现了东面海上的盟军舰队，于是德军立即发炮轰击美军的驱逐舰"费奇"号和"科里"号。20分钟后，德军岸炮又把目标锁定到正在排除水雷的扫雷艇上，英国的轻巡洋舰"黑王子"号立即发炮还击，盟军的其他舰只也纷纷开火与岸炮对射。

不等空军的轰炸结束，盟军海军比原计划（5点50分）提前将近30分钟开始了火力准备。

转折之战 诺曼底登陆

舰炮的火力准备开始之后，美国第9航空队的将近300架B—26"掠夺者"式中型轰炸机，向德军的岸炮阵地投掷了4400颗炸弹。随后，英国空军和海军航空兵的飞机从英格兰沿岸基地出发，在德军岸炮阵地上方盘旋，将其坐标提供给海军，为海军舰炮做指引。

与此同时，一些飞机开始在海岸和军舰之间施放烟幕，以便遮挡德军的视线，保护登陆艇和军舰。一旦烟幕施放完毕，德军炮手就会看不见海上的情况，不能发炮，而盟军飞机却可以继续指引海军舰炮轰击德军炮台，这是摆明了欺负德国人。

美中不足的是，有一架飞机在施放烟幕时不幸被德军的高射炮给打了下来，结果在烟幕墙中就留下了一片空白区。驱逐舰"科里"号正好就在这片空白区里，顿时便招致了德军所有岸炮的射击。

见势不妙，"科里"号急忙朝烟幕里躲。可是明枪能躲，暗箭难防。"科里"号一下子碰上了水雷，其龙骨被炸断，很快就不停漏水开始下沉。舰员们见状，纷纷弃船而走。

在海军舰炮和岸上的岸炮对射时，由于炮弹持续在海滩上爆炸，炮弹爆炸带来的浓烟和随即掀起的沙尘让整个海滩笼罩在一片烟幕中，这让登陆艇的驾驶员犯了难，因为他们根本看不清楚海岸的情况，也没任何标志物让他们判断到底第一艇波登陆部队预定登陆的海滩在何方。

这个情况，登陆艇驾驶员只好借助罗经来辨别方向了。等登陆艇靠近海岸时，装备在登陆艇上的火箭弹发射器又向岸上发射了5000枚火箭弹，霎时间海滩上又是漫天烟尘。这时恰好有一股洋流将所有的登陆艇向南推移了近两千米，这使登陆部队偏离了预定的登陆地点，不过也给登陆部队带来了意想不到的好运。

6点30分，即预定的登岸时间，美军第4步兵师的官兵们涉水90米后终于登上了海滩，不过让他们感到意外的是，这个海滩似乎不是他们按计划要进攻的海滩。另外，令美国第4步兵师的官兵们感到意外的是，这个海滩静悄悄的，德军并没有向他们进行机枪射击或者炮火轰击。

登陆部队试探着朝海滩深处前进，在此过程中，他们只遇到几次零星的炮火袭击，这时他们才发现海滩的防御极为薄弱，这无疑令登陆部队极为惊喜。

美军登陆的海滩会出现这样的情况，其原因如下：德军一直认为这个海滩后面是水泛区，盟军应当不会在此登陆，所以部署在这片海滩上的是海防师709师的一个团，这个团的官兵不是预备役就是外国人，其战斗力可想而知。当盟军的空军和海军对这片海滩的防御工事展开轰炸和炮击时，不少人居然吓傻了，一直抱着头躲在防御工事里瑟瑟发抖。

第一艇波登陆部队上岸海滩防御薄弱的情况，立即就被上报给了小罗斯福，他当即命令其余艇波的登陆部队，全部在第一艇波登陆部队上岸的海滩登陆。

各种涂了颜色的巨大标志牌很快被树立了起来，指引着其他艇波的登陆部队在该处海滩上岸。工兵迅速清理了地雷和障碍物，为后续部队上岸扫清了道路。

后续部队上岸后，除了少部分部队进攻海滩上其他地段防御工事中的德军外，绝大多数部队并未在海滩上作过多停留，他们按照指挥官的要求，迅速向内陆挺进。

几小时后，在伞兵的配合下，登陆部队已经到达卡朗坦与圣梅尔－埃格利斯之间的主要公路上，占领了正面和纵深各为9.6千米登陆场。

"犹他"海滩登陆战的全过程中，美军第4师197人阵亡。按照盟军的预计，阵亡情况可能是这个数字的20倍，甚至更多，由此可见这次登陆行动极为顺利。

U编队司令在战场报告中这样写道："除了基本按照计划执行外，对于登陆突击没什么可写的。"

第二节
"奥马哈"海滩

"奥马哈"海滩位于科唐坦半岛东南维尔河口到贝辛港之间,是长6.4千米凹进去的一段月牙形海滩,也就是海滩中部距离较宽,而两端则较窄。从海到内陆的方向上,沙滩依次由如下几部分组成:先是一段很长的坚硬沙质岸坡,接着是布满鹅卵石的边岸,其后要么是防波堤、要么是柔软的沙丘。

海滩两端是30多米高的悬崖,悬崖之间的海岸逐渐上升,形成了一片高地,在向内陆延伸的过程中,高地的高度逐渐上升。延伸至0.8千米时,这片高地达到了45米高。

在这片高地上有4条被溪水冲蚀的深谷,其中各有一条狭窄的小路,那是仅有的出口通道,车辆必须从这里驶向内陆。唯一的一条大路是从兰摩林开始,沿海岸到维尔维尔再转向内陆的公路。

这段海滩的潮间带(海水低潮与高潮之间的海滩)的宽度大约为270米,为了防止盟军登陆,德军在这片海滩上设下了层层防线。

如果盟军登陆,首先迎接登陆部队的将是三道水下障碍物:第一道是"比利时牛棚门",这是设置在水中的一种2×3米的钢质构件,这些障碍物上面几乎挂满了饼状水雷;第二道是长达2.4米至3米的木质或者混凝土水中拒马,其中有三分之一挂着水雷;第三道是带着角的钢质拒马,也全部挂着水雷。

随后,迎接盟军的将是蛇腹形铁丝网、海量的地雷和反坦克壕,最后则是修筑在海滩坡地以及其两侧悬崖上的大量火力点。

德军在海滩的三面高地上一共修筑了16个坚固的支撑点，它们由轻型火炮、反坦克炮、机枪掩体和永备发射点组成。另外，德军还修筑了一些暗堡炮连（火炮口径在88毫米以下）。这些工事修建得十分巧妙，不易被发现。

除了上述防御工事外，德军还在离此海滩不远的霍克角设置了一个大口径岸炮阵地，该阵地拥有6门155毫米的法国造大炮，射程达到了12海里。这些大炮的炮弹只要砸在盟军的军舰上，盟军的军舰就是不沉没也会重伤。

如此情况，要是盟军的登陆部队登上了海滩，他们将面临来自3个方向上的火力打击，而他们的背后则是大海。从军事的角度看，这片海滩是标准的易守难攻，但是盟军依然选择从这里上岸，各种原因有如下几点：

第一，从维尔河口到阿罗门奇这段长32千米的海岸，只有这里有海滩，其他地段全部都是些陡峭的崖壁，那些地方搞搞突击可以，抢滩登陆还是算了吧！

第二，"奥马哈"海滩是"犹他"海滩与英军滩头的连接点。

第三，根据掌握的情报，盟军了解到该处海滩防御薄弱。驻守"奥马哈"海滩的德军仅为716师的一个团，兵力不多。而该师又是海防师，既无装甲部队，也无机动车辆，未满员且战斗力也不强。

以上三点原因中，前两点是地理因素。要命的是，盟军没有搞清楚1944年3月，隆美尔觉得诺曼底海滩的兵力薄弱，特地将战斗力极强的352师从圣洛调到了诺曼底地区负责海滩的防务，该师的一个团被调派到"奥马哈"海滩来增强该处的防务，716师的那个团也划归352师指挥。

登陆日那天，美军将要面对的不是战斗力薄弱的一个团，而是两个团，这无疑让当天登陆的美军倒了血霉。

在"奥马哈"海滩登陆的首批部队是美国第5军第29师的一个团和第1师的一个团，他们由霍尔海军少将指挥的O编队负责运送。沿着扫雷艇清扫过的航道，O编队于6日凌晨3点到达离海岸11海里的换乘区。

转折之战 诺曼底登陆

到达换乘区后，火力支援舰排好了阵位，等着向海岸发射炮弹，掩护登陆部队抢滩，而换乘工作也快速进行着。

由于害怕霍克角上面大炮的威胁，这次换乘区距离海岸的距离很远，登陆艇必须在海上行驶 11 海里才能到达海滩。

这次攻击"奥马哈"海滩的计划是这样的：

盟军将"奥马哈"海滩分为了东西两个区，西区从维耶维尔至圣洛朗，由美国第 29 师第 116 团负责进攻，有 32 辆水陆两用坦克为该团提供火力支援；东区从圣洛朗至科利维尔，由美国第 1 师第 16 团负责进攻，也有 32 辆水陆两用坦克为该团提供火力支援。

水陆两栖坦克提前 5 分钟上岸，随后第一艇波的步兵上陆，步兵将在坦克的掩护下向敌人的海岸阵地发起进攻。在第一波登陆部队进攻敌人的海岸防御工事时，战斗工程兵跟着上陆，清除障碍物，扫除地雷，清理出几条通向海岸的道路，并用特别的标志物将其标示出来。最后，后续部队和补给物资源源不绝地上陆，并迅速向内陆挺进。

这次登陆行动从换乘工作开始就十分不顺利，当时海面上正刮着 5 级西北风，换乘区内浪高达到了 0.9 米至 1.2 米，海面上更是恶浪翻滚。

有 10 艘登陆艇下水没多久就被海浪拍翻而沉没，艇上运载的 300 余名官兵全部飘在海面上浮浮沉沉。没有被海浪拍翻的登陆艇上的官兵们不得不用自己的钢盔不停地往外舀水，以免登陆艇因为进水太多而沉进海里。登陆艇在行进过程中被海浪抛上抛下，这造成了剧烈的颠簸，使大部分士兵又晕船了。

按照原计划要给在东区上陆步兵提供火力支援的 32 辆坦克，被 8 艘坦克登陆艇带到了离海岸 3 海里的地方，

1944 年 6 月 6 日，诺曼底登陆日，美国步兵在登陆舰上凝视奥马哈海滩

接着29辆水陆两用坦克从坦克登陆艇中开进了海里。这29辆坦克中有27辆在海浪的拍击下进水沉没，仅有2辆坦克靠着驾驶员高超的技术躲过一劫，最终开到了岸上。另外3辆坦克能够幸免于难，完全归功于它们所在的坦克登陆艇的艇长，在看见第一辆水陆两栖坦克沉没之后，该艇长决定将剩下的3辆坦克直接送到岸上去。

见在东区上岸的水陆坦克下场不好，西区的坦克登陆艇艇长们纷纷拍电报给上级，要求上级批准他们直接把水陆坦克送上岸。他们的要求得到了批准，不过等他们将坦克登陆艇开到海岸边时，他们才发现，为水陆坦克扫除障碍的特种坦克（装了巨型铲子的坦克）还没到，水陆坦克无法上陆。无奈之下，他们只好开着自己的坦克登陆艇在海上转圈圈。一直等到特种坦克清理了障碍物，水陆两用坦克才跟在特种坦克的后面一起上了岸。

距离H时（登陆时间）还有40分钟，也就是5点50分时，由2艘战列舰、4艘巡洋舰和12艘驱逐舰组成的火力支援大队开始了火力准备。由于担心受到霍克角上大口径火炮的威胁，这些军舰距离"奥马哈"海滩太远了，以致海军的舰炮完全失了准头，大部分炮弹根本就没有落到德军防御阵地的头上。

海军火力准备开始10分钟后，空军也开始了火力准备，由于担心误炸己方登陆部队，轰炸机飞临海滩上空后延时30秒钟才丢下炸弹。这样做的确没有误炸任何友军，不过也没有炸到德军，反而是一些德军阵地后方小村子里的牲畜被炸死了。

在H时之前1分钟的时候，原计划在东区上陆的32辆水陆两用坦克，仅有5辆抵达了海滩，另外运送特种坦克的登陆艇中也有两艘被德军的炮火给击穿了，几辆特种坦克也因被击中起火燃烧起来。

在水陆两用坦克和特种坦克上陆之后，装载着登陆步兵和战斗工程兵的登陆艇也正在靠近海滩。在这些登陆艇距离海岸没多远时，它们就遭到了德军的炮火袭击。从炮火的准确度和炮弹发射速度来判断，登陆部队的指挥官们认为德国守军战斗力很强。

不过箭在弦上，管不了那么多了，一些担负火力支援的登陆艇向岸上发射了火箭弹，这些火箭弹落地后炸起了漫天烟幕，极大地影响了登陆艇艇长们的视线，他们无法看清岸上的情况，只好根据罗经来辨别方向。结果，在一股向东潮流的作用下，很多登陆艇偏离了航向，将登陆部队送上了与预定计划不相符合的海滩，这造成了首批登陆的8个连中只有2个步兵连被送上了指定的海滩。

受到海底障碍物的阻挡，登陆艇不能再深入，于是登陆艇艇长放下前门，示意步兵和工程兵们登岸。这样，步兵和工程兵们不得不在1米多深的海水中跋涉45米至90米的距离，再避开障碍物，冒着德军的枪炮，冲过长达180米至270米宽没有遮蔽物的海滩，才能冲到德军工事下面展开进攻。

在涉水过程中，登陆部队的官兵们携带的大量装备吸水后，极为沉重。拖着沉重的装备涉水几乎耗尽了官兵们的力量，等到了海滩上，他们纷纷瘫坐在沙地上喘气。

登陆部队官兵们还没有把气喘匀时，高地上的德军就将机枪子弹和各种炮弹泼洒到了他们头上，于是不得不将德军部署的障碍物当成掩蔽物。

H时之后半小时，首批登陆的1500多名步兵和工程兵被困在浅水区动弹不得。对于大部分步兵来说，进攻德军的防御工事就免了，先把自己的小命保住再说。不过终究还是有少数勇敢的步兵，冒着德军猛烈炮火，向德军的永备工事发起了进攻。

步兵可以躲在障碍物的后面自保，16名由工程兵和海军潜水员组成的水下爆破小组可不能闲着，他们担负着为后续部队开辟通路的重任。冒着德军猛烈的炮火和密集的机枪子弹，他们不得不爆破水下的障碍物。

工程兵们身上背着不少装备，在美军中极为惹眼，引来德军的机枪子弹无数，有不少工程兵身上的炸药直接被引爆，造成了不小的伤亡。

在德军的特别"照顾"下，水下爆破组伤亡惨重，在付出伤亡一半的代价后，终于在西区和东区开辟出6条通道。不过可惜的是，等他们历经千辛万苦开辟出6条通道后，却又没有来得及将这些通道全部标示出来。涨潮之前，他们仅仅标记出了一条通道。

7点钟，第二波登陆部队到达"奥马哈"海滩。此时，海水已经淹没了所有障碍物，后来的登陆艇并不知道水下爆破组开辟的其他通道在何方，它们只能通过唯一的一条通路将后续人员、车辆，以及补给品送上岸。

在唯一通路的附近，登陆艇在海面上挤作一团，这自然给岸上的德军提供了绝好的打击目标，德军的炮弹时不时地击中登陆艇。

当时在海滩上的海滩勤务主任见海滩上通路狭窄，秩序混乱，他就下令车辆不再上岸，只让人员上岸。与首批登陆部队并无很大不同，后续部队同样被德军猛烈的炮火压制在海滩上。

登陆战进行将近2个小时后，在东区登陆的美军仅仅占据了9米宽的一段海滩，而在西区登陆的部队居然还没冲上海滩，他们只是待在浅水区而已。

位于海面上，美国第1集团军司令布莱德利将军的指挥舰"奥古斯塔"号里，布莱德利将军收到了几份无线电报和观察员的报告，他知道了美军在"奥马哈"海滩遇到的困境。布莱德利认为美军攻占海滩的希望已经极为渺茫，打算将"奥马哈"海滩上的部队全部撤出，让美国第5军的部队在英军的三个滩头或者"犹他"海滩上岸。

就在布莱德利灰心丧气，心里打起退堂鼓的时候，转机出现了。担任舰炮火力支援任务的美国海军指挥官们见海滩上的官兵伤亡惨重，而且岸上的海军火力控制组和海军联络组都没有任何消息，他们意识到海滩上的局势必然极为严峻。

于是，17艘驱逐舰不顾搁浅、触雷和遭到炮击的危险，勇敢地行驶到距离海滩仅仅730米的地方，开始近距离的火力支援。在盟军海军炮火的轰击下，德军的炮火稍稍减弱。

这时，趁着德军炮火减弱的好机会，原定在西区上岸的水陆两用坦克被登陆艇运到了海滩附近，接着坦克纷纷入水，被海浪冲上了岸。坦克上岸后，立即与步兵们一道对德军的工事发起了进攻。

在驱逐舰为登陆部队提供近距离火力支援的同时，150名美国别动队队员爬上了30多米高的峭壁，登上了霍克角。当别动队队员们进攻德军的重炮阵地时，他们发现所谓的 6 门 155 毫米法国造大炮居然只是 6 根电线杆而已。

解除了大口径火炮的威胁后，盟军的驱逐舰再无顾忌，纷纷直抵海滩，发炮猛轰德军阵地，德军的炮火逐渐被压制住了。

滩头上的美军虽然伤亡惨重，但得到海军的炮火支援后士气大振。在军官的带领下，他们向海堤上的德军工事发起了进攻。

中午时分，美军第二梯队 3 个团的生力军提前上了岸，跟在首批登陆部队后面扩大滩头阵地。接着，盟军的"喷火"式飞机飞临"奥马哈"海滩上空，为战列舰和重型巡洋舰提供炮火指引。

在飞机的指引下，"德克萨斯"号战列舰上令人望而生畏的 355 毫米口径巨炮将威力极大的炮弹砸在了德军的炮兵阵地和暗堡上，德军的工事顷刻间土崩瓦解。

6 月 6 日傍晚，美国第 5 军的第 1 师、第 29 师终于在海军舰炮的支援下，杀出了一条血路，最终占领了正面 6.4 千米、纵深 2.4 千米的登陆场。

到夜间，美军更是将正面进一步扩大到了 8 千米，使得登陆人员达到了 3.5 万人。在 6 月 6 日全天，美国第 5 军伤亡惨重，仅阵亡官兵就达 2500 人。

当夜，美国第 5 军军部上岸，设立了指挥部。第 5 军军长杰罗少将及手下幕僚开始谋划下一步的行动。

第二节
"金"海滩、"朱诺"海滩和"剑"海滩

"金"海滩位于贝辛港以东，从拉里维埃到阿罗门奇之间，全长为5.2千米。这片海滩比较低平，基本上都是10米左右的沙质陡坡。

在"金"海滩上，德军一共设置了2500个障碍物，为了防止英军的装甲部队踏上海滩，德军所设置的障碍几乎达到了每0.5米就会有一个的密度。

除了障碍物外，德军还构筑起了很多坚固的支撑点，部署的火力可以纵向覆盖整个"金"海滩。不过，德军的支撑点分布非常不合理，也不够均衡，大部分集中在拉里维埃、勒阿米尔、阿罗门奇这3个地方，其余的地方稀稀拉拉，没几个。

在这个海滩登陆的是英国30军的第50师，由英国彭南特海军准将指挥的G编队负责运送上岸，该段海滩的H时为7点25分，比美军两个登陆地点的H时晚了55分钟。之所以会晚上一些时间，是因为该段海滩靠海一侧不远处的卡尔瓦多斯礁脉在低潮时会露出水面，它会阻挡登陆艇，而高潮时它会被完全淹没，也就不会阻碍登陆了。

顺着扫雷艇清扫出来的航道一路航行，G编队于4点55分到达距离海滩7海里的换乘区。当时海上风浪很大，英国指挥官们决定先不让水陆坦克下水，而让坦克登陆艇直接把它们送上海滩。英国指挥官们的决定极为明智，避免了不必要的损失。

6月6日5点45分，盟军的海军开始舰炮火力准备。由于火力准备时间很长，海军炮击很有效果，除了贝辛港和勒阿米尔之间的那个炮连外，

德军几个主要的炮连基本上都被打哑了。

同样由于障碍物的存在，英军登陆艇靠近海滩时不得不让步兵涉水前往沙滩。由于德军火力支撑点的火炮只能朝海滩纵向射击，不能朝海上射击，所以在步兵涉水前进时，并没有受到德军炮火的袭击。

步兵进入德军的炮火射界后，随同登陆的坦克有效地保护了他们，这段海滩盟军上岸十分顺利。在向海滩纵深进攻时，霍巴特设计的特种坦克发挥了一定的作用。

3辆"巨蟹"坦克当先开路，用它们独特的"钳子"碾碎了障碍物、引爆了地雷、撕破了铁丝网、同时还用自身的炮塔对德军的火力点展开了射击。跟在"巨蟹"坦克的后面，步兵和其他坦克步步逼近德军的海岸防御工事。

开路的过程中，有1辆"巨蟹"坦克被德军炮火击中被毁，其余的2辆坦克继续突击。登陆部队很快就控制了海滩，建立了滩头阵地。经过简单的休整，在"巨蟹"扫雷坦克的引导下，英军向德军纵深方向发起了进攻。

越过一段陡坡，"巨蟹"坦克开进了沼泽地。由于沼泽地土质稀软，有1辆"巨蟹"坦克陷入淤泥中动弹不得，另1辆"巨蟹"坦克只好在工兵和步兵的帮助下小心翼翼穿越沼泽区。

英军登陆之后，最顽强的抵抗发生在勒阿米尔村。该村的德国驻军依托工事向英军发射炮弹，德军的炮火异常猛烈，英军不得不寻找掩体隐蔽，随后伺机攻克该村。

当时能够清除障碍的"巨蟹"坦克仅剩下1辆，如果派遣它去进攻，可能会被击毁，那对随后的进攻就会产生影响，但是普通的坦克又无法突破障碍区。两难之中，时间正在一分一秒流失。

英军指挥官最后下定决心，派遣"巨蟹"坦克进攻勒阿米尔村。也算英军运气好，驻防在勒阿米尔的德军并未装备坦克大杀器——88毫米高射炮，他们装备的大炮对"巨蟹"坦克根本无法产生太大的威胁。

德军的炮弹和机枪子弹打在坦克的装甲上叮当作响，却无法伤及坦克分毫。守军见状，一下子慌了神，他们不知该如何对付这个奇怪的东西。

见德军的炮火奈何不了，"巨蟹"坦克便再无顾忌直接冲进勒阿米尔村。见到德军的机枪和大炮火力点就直接碾过去，或者发炮轰击。很快，德军的火力点就被"巨蟹"坦克全部拔除，英军趁势进攻，一举拿下了该村。

上午11点，第二梯队英国第7装甲师登陆，此时海滩上已经开辟出了7条通路，后续人员和物资源源不断地运上了海滩，在前线作战的英军部队得到了极好的补充。到12点30分，已经有2个旅向内陆集中。当夜21点，英军攻克了阿罗门奇。

美英两军登陆结合部的贝辛港，虽然仅有2条防波堤，但对于登陆前期没有什么港口可用的盟军来说，这个小港也是有用的，所以必须夺取它。

在登陆"金"海滩的同时，英军还派出了海军陆战队第47登陆袭击队去攻占贝辛港。6月6日9点30分，袭击队在贝辛港以东14.5千米处上岸，但因为该部在登陆时遗失了所有的通信设备，从而无法联系主力部队，也没办法得到兵力和火力的支援。

可偏偏驻守贝辛港的德军反抗激烈，只有轻武器的袭击队奈何不得，在海岸附近被困8小时才到达贝辛港附近。此时已是傍晚，袭击队并不了解港内德军的设防情况，不敢贸然进攻，所以只好在港口外潜伏过夜。

6月7日拂晓，袭击队试图与攻击"奥马哈"的美军取得联系，但是没有获得成功。恰好在此时，袭击队缴获了一部德军通信设备，他们急忙利用这套设备与总部取得联系，从而得到海空军的支援。在得到强力支援后，该部当天即占领了贝辛港。

英军第50师D日的目标是占领巴约、贝辛港，以及贝辛港、巴约、卡昂城之间的公路。除了没有占领巴约外，其他目的都已达到。

"朱诺"海滩位于"金"海滩以东7千米的地方，它处于塞尔河河口两侧，海滩的后面是一片沙丘。德军在这一带修建了很多混凝土堡垒和坚

转折之战 诺曼底登陆

固的支撑点,但是德军并没有在海滩上设置过多的障碍物,火炮也仅仅只有4门99毫米的海岸炮。

负责守卫"朱诺"海滩的是德军第716海防师的一个团,士兵大多是俄罗斯人和波兰人,他们由于战败而加入德军,并不愿意为德军卖命,战斗力可想而知。

负责在"朱诺"海滩登陆的是加拿大第1军第3步兵师,加强有英国第79装甲师的1个特种坦克旅,负责运送这支部队的是英国海军的J编队。

6月6日4点30分,加拿大军队准时到达换乘区,但是由于航行中气候恶劣,加上导航出现了错误,使得登陆时间比预定时间推迟了20分钟,这就意味着登陆将错过合适的潮汐,被迫在涨潮的时候进行。

涨潮时,海水将障碍物全部淹没,登陆艇不得不在障碍物中间卸载人员、车辆、物资,好在登陆艇在运送登陆部队上岸时损失不大。不过,在登陆艇返航时,却被布设在障碍物上的水雷给炸沉了不少。

登陆部队抢滩时,加拿大指挥官见天气恶劣,担心水陆两用坦克抵不过风浪的侵袭,于是非常明智地决定让坦克登陆艇将水陆两用坦克直接送到海岸边。到了海岸边,水陆两用坦克纷纷下水,被海水冲上了岸。

由于天气恶劣,盟军的海军舰炮火力准备和空军火力准备大受影响,并未有效地破坏德军的防御工事。因此,当加拿大军队向德军的海岸防御工事发起进攻时,一度遭到德军炮火的压制。

加拿大军队虽然有水陆两用坦克的火力支援,但水陆两用坦克无法突破障碍物,工兵还没到,加拿大军队只好暂时处于防

加拿大皇家海军从朱诺海滩登陆

守状态。

特种坦克加入战场后，战局立刻改观。"巨蟹"坦克首先开路，在障碍物中开辟出几条通路，登陆部队顺着通路对德军工事发起了进攻。见加拿大军队有众多坦克支援，本来士气就差的德军岸防部队立即崩溃，他们纷纷放弃了滩头阵地，躲进了海滩后方的堡垒里，完全放弃了对海滩的火力压制。

到此为止，海滩十分安全，但负责清理障碍的工兵部队却在海上耽搁了。等工兵赶到海滩清理障碍物时，登陆部队早已结束了攻占海滩的行动，正向内陆进攻。

当时工兵开辟出来的通路过少，不少车辆拥挤在狭窄的海滩上。于是，特种坦克再度出马，共为后续部队打开了12条通路。海滩上的交通就此畅通，后勤物资和后续部队顺着通路源源不断地开往内陆。

与此同时，一部分装甲部队掩护着步兵向海滩后面的德军堡垒发起了进攻，堡垒中的德军早已战意全无，只管逃跑，而加拿大军队则跟在德军后面一路猛追。

在进攻"朱诺"海滩的部队中，唯有英国海军陆战队第48袭击队伤亡较为惨重。该部队的任务是消灭海滩东侧的防御工事，并与东侧"剑"海滩的英国登陆部队取得联系。

由于第48突击队搭乘的登陆艇是木质的，撞在障碍物上损坏严重，突击队员们只好在深水区就跳下登陆艇游水上岸，有很多突击队员因携带的装备太重溺水身亡，剩下的队员刚一上岸就遭到守军机枪的扫射，伤亡惨重。

最终借助海空军的火力支援和坦克的掩护，第48突击队才成功地在东侧海滩取得了立足点。

到傍晚时分，加拿大先头部队推进到内陆11千米的地方，而装甲部队已经到达巴约至卡昂的公路。当时装甲部队孤军深入，没有步兵掩护，而且该装甲部队深入敌军纵深太多，几乎与主力部队失去了联系，装甲部队指挥官查看了地形后，下令全军后撤与主力部队会合。

当天晚上，加拿大登陆部队已经推进到了与卡昂相距只有5千米的地方，并且他们开辟的登陆场已经与英军的"金"海滩连成一片，这两个登陆场合二为一，从而组成了一个正面有19千米，纵深达到了10千米的大登陆场。

6月6日结束时，加拿大登陆部队共有2万人登上了"朱诺"海滩，其伤亡人数为2000人。

"剑"海滩是盟军5个登陆滩头中最东边的，位于奥恩河河口和卡昂运河入海口的两侧。由于海底礁石连绵，可供登陆的地区非常狭窄，所以登陆正面仅为4.8千米，只能展开一个旅的兵力。

负责进攻此处海滩的是英国第1军的第3步兵师，由英国塔尔伯特海军少将指挥的S编队负责运送。为了保证登陆编队不出差错，英军还特地派遣一艘X-23袖珍潜艇担负导航任务。

在盟军登陆的5个海滩中，这个海滩是唯一遭到德军各种兵力反击的一个，因为它面临着驻扎在勒阿弗尔港附近的炮连和驻泊在那里的轻型舰艇。

6月6日4点30分，S编队到达换乘区。5点30分，德军从勒阿弗尔港出动了4艘鱼雷艇来进攻S编队。交火中，挪威驱逐舰"斯文内尔"号被击沉。

见德军4艘鱼雷艇竟敢如此嚣张，盟军立即出动飞机和各型军舰对德军的鱼雷艇展开围捕，德军鱼雷艇吃不住盟军凶猛的火力，急忙退回勒阿弗尔。

赶走鱼雷艇后，盟军的火力准备正式开始，飞机和舰炮对着"剑"海滩展开了持续轰炸与炮击。

7点30分，英军的第一梯队一个旅的部队乘坐登陆艇向海滩发起冲锋，与登陆部队一同冲锋的还有40辆水陆两用坦克，最终步兵和32辆水陆两用坦克登上了岸。

上岸后，步兵就在坦克的掩护下向德军的防御工事发起了进攻。当英军向海滩纵深推进时，岸上的德军使用406毫米的巨炮轰击英军，这时水陆两用坦克就担负起了拿掉德军炮台的重任。

406毫米炮虽然威力巨大，但其射速慢、转向困难；而水陆两用坦克射速快，机动性强。基于这点，一些坦克绕到了德军炮台的背后，将其摧毁。其他的轻型炮和机枪堡垒也被水陆两用坦克顺利攻下。在所有火力点被拔除后，德军海滩防线宣告被突破。

10点，第二梯队一个旅的部队在"剑"海滩上陆。13点，第3师的预备队完成登陆。至此，在"剑"海滩登陆的英军部队除了在最初登陆时遭遇了轻微的伤亡外，一切都进行得非常顺利，其顺利程度大大超出了登陆部队本身的预料。

本来打算到海滩上血战一把的英军官兵们轻松上了岸，这使他们心理落差很大，一时不知所措，甚至没有乘胜追击，而是急忙停下来挖战壕准备坚守。

15时50分，S编队司令塔尔博特少将上岸视察时，被海滩上人员和车辆这种无所事事的状态搞得哭笑不得，他马上指令海滩勤务控制组的人到海滩上来整顿秩序。

所有部队中只有第一特种勤务旅继续向前推进，很快占领了考勒维尔，并在13点30分到达了奥恩河。晚上9点，休整完毕的第3师推进到了内陆6.4千米处，夺取了贝诺维尔附近奥恩河上的桥梁，并在那里与英国第6空降师顺利会师。

6月6日日终时，盟军在5个海滩的登陆行动全部取得了成功。5个海滩中，除了"奥马哈"海滩伤亡惨重外，其他海滩损失都比较轻微，盟军总共伤亡超过1万人。海军在登陆当天，因德军的海岸炮和水雷，共损失驱逐舰4艘。

盟军的登陆行动虽然成功了，但是没有完成全部的作战任务。原计划要占领的卡昂还在德军的手里，5个海滩中只有2个相连，美英两军之间还有12千米的空隙。

到目前为止，"霸王"行动只是完成了第一步，也就是抢滩登陆。接下来，盟军还要完成两个主要任务才算彻底完成诺曼底登陆——第一个任

转折之战 诺曼底登陆

务就是迅速占领瑟堡港,为盟军的后续进攻提供人员和物资中转基地;第二个任务则是做好充分的准备,以应对德军钢铁军团的反击。

刚刚完成了登陆行动的盟军官兵们不得不打起精神,迎接德军精锐部队的挑战。

第十一章

德军的反击

第一节
德国陆军的反击

1944年6月4日和5日，英吉利海峡雨大风急，恶浪滚滚，德国的气象专家并未预测到6月5日午夜之后会有短暂的好天气出现，德军西线各个指挥部均认为盟军断然不会在如此恶劣的天气条件下发起登陆战。

6月5日夜间至6日凌晨，德军E级艇没有进行例行巡逻，因为德国西线舰队司令克朗克海军上将认为天气无论对于盟军还是德军都特别不好，那天的海潮不适合登陆。

德国B集团军群司令隆美尔回到了德国赫尔林根的家中，为妻子庆祝生日，司令部由参谋长斯派达尔留守。德军西线司令部中，西线总司令伦德施泰特和西线装甲集群司令施韦彭堡则依然坚守在岗位上。

当盟军的登陆编队向诺曼底海岸地区开进时，盟军空军和海军其他单位相互配合上演了登陆前的又一轮欺骗行动。在少数真人空降兵的配合下，由假人扮演的空降兵降落在法国西北部沿海地区并展开骚扰，而盟军的海军在空军的配合下上演了一出大批舰队正朝加莱地区前进的好戏。

雪片般的情报堆积在德军B集团军群参谋长斯派达尔的面前，盟军的意图何在。在与幕僚做了一番讨论之后，斯派达尔认为盟军的空降兵仅为轰炸机的跳伞人员而已，盟军海军开往加莱地区的行动则不能确定其具体意图，不过登陆的可能性很小，因为这样恶劣的天气条件下进行登陆，盟军必然损失惨重。

斯派达尔向伦德施泰特报告说，6月5日晚间盟军的空降兵系轰炸机跳伞人员，加莱海峡虽然出现了盟军舰队，但是天气不适合登陆，并且海军雷达并未探测到有大型舰队朝诺曼底海岸地区开进,所以局势较为平静。

收到斯派达尔前线局势的分析报告后,伦德施泰特放松了警惕。当盟军的3个空降师开始着陆时,德军西线各指挥部认为那只不过是骚扰部队,未加重视。

直到6月6日早上6点30分,盟军的登陆编队向诺曼底海岸发起进攻时,德军西线的指挥官们才知道大事不妙,盟军正在进行一场大规模的登陆战。

盟军既然已经登陆,那么德军指挥官们的任务也就很明确了,且不管盟军此次登陆是佯攻还是主攻,守土有责,必须展开反击。

德军的反击利器毫无疑问是装甲部队,当时驻扎在诺曼底地区的装甲部队有3个师,它们分别是驻扎在卡昂的第21装甲师、驻扎在塞纳河与奥恩河之间的党卫军第12装甲师、驻扎在勒芒的装甲教导师。这3个装甲师中,仅有第21装甲师隆美尔和伦德施泰特可以直接指挥,而另外两个装甲师则必须得到希特勒的授权才能使用。

6日上午,斯派达尔将盟军登陆的消息通过电话传达给了隆美尔,"沙漠之狐"接到消息后不敢怠慢,他立即命令第21装甲师火速出击,驰援海滩,而他本人则立即由德国赶往法国。

接到了隆美尔的出击命令后,驻扎在卡昂的第21装甲师暂时却无法出动,因为该师的师长不在指挥部,在巴黎。

6月4日和5日,天气极为糟糕,德军第21装甲师师长费希丁格将军认为盟军不会采取军事行动,他就带着作战处处长到巴黎吃喝玩乐去了,司令部由参谋长留守。

师长不在,参谋长无权调动所有部队。D日(6月6日)上午,第21装甲师的参谋长只好利用手头上能够调动的区区24辆坦克向卡昂以东、奥恩河附近的英国伞兵发起了进攻。由于仓促上阵,再加上没有步兵伴随,德军第21装甲师的进攻被英国伞兵轻松击退。

6日上午,伦德施泰特发电报给德国最高统帅部约德尔,他说希望调

转折之战 诺曼底登陆

动党卫军第12装甲师和装甲教导师去驰援盟军正在登陆的海滩。约德尔拒绝了伦德施泰特的要求，并说没有希特勒的命令不能擅自动用这两个装甲师。

伦德施泰特要求约德尔立即向元首汇报他的要求，约德尔告知伦德施泰特——元首有熬夜的习惯，目前正在睡觉，在他睡醒之前没有人敢叫他。所以约德尔让伦德施泰特等元首醒来，再定夺。

6日上午10点钟，希特勒才起床，此时距离盟军空降兵着陆已经过去8小时，距离盟军登陆部队上岸也有将近4个小时，他穿着睡衣听取了约德尔和凯特尔关于西线局势的汇报。

此时，西线德军所有装甲部队都加满了油，备足了弹药，只等希特勒一声令下就杀向诺曼底，给予盟军登陆部队迎头痛击。

听了约德尔等人的汇报，刚刚睡醒的希特勒需要判断的是，盟军的主攻方向到底是诺曼底还是加莱。只有判明了盟军的意图，才能做出相应的部署。为了解决这个问题，他与德国最高统帅部的将领们和德国西线情报处的处长罗恩纳展开了讨论。

1944年6月6日，希特勒正在与部属讨论作战计划。

约德尔等人的意见是，诺曼底的行动只是大规模登陆的前奏而已，盟军使用的是声东击西之计，他们的主攻地点必然是加莱。

罗恩纳也不失时机地说，根据在英国安插的间谍传回的消息，敌军在诺曼底海岸的登陆行动中所投入的兵力只占盟军在英国总兵力的很少一部分。

盯着作战地图上加莱对面巴顿的"第一集团军群"犹豫了许久，希特勒还是坚信加莱才是盟军的主攻方向，遂下令党卫军第12装甲师和装甲教导师原地不动，第15集团军继续驻防加莱，不得向诺曼底地区调动。

D日下午14点，在伦德施泰特反复游说下，希特勒终于同意让党卫军第12装甲师、装甲教导师组成第一装甲军，由驻防地开往诺曼底去驰援盟军正在登陆的海滩。

由于受到盟军强烈的电磁干扰，希特勒的命令直至下午4点才下发到两个装甲师。党卫军第12装甲师接到命令后立即揭开伪装网，向卡昂城开进，当该师避过盟军飞机的持续骚扰，终于开到卡昂以西时，遭到来自"朱诺"海滩加拿大军队的攻击。加拿大军队和党卫军第12装甲师战作一团，使该师无法驰援海滩。

装甲教导师驻扎在勒芒，距离诺曼底海滩太远，一时半会儿也赶不过来。唯有驻卡昂的德国第21装甲师在D日下午对盟军登陆的海滩又发动了一场攻势。

D日下午，第21装甲师师长费希丁格急匆匆地从巴黎赶回了卡昂，他组织起自己的部队对英国和加拿大军队登陆的海滩发起了一次进攻，他的目的是攻占"朱诺"海滩和"剑"海滩之间的卢克。

只要占领了卢克，就可以切断加拿大第3师和英国第3师的联系，便于德军各个击破。当时"朱诺"海滩和"剑"海滩的英国和加拿大军队尚未会合，两军之间还有间隙，倒也的确给了费希丁格可乘之机。

当德国第21装甲师于黄昏时分进至距离卢克仅有3千米的公路时，该师头顶恰巧飞过盟军的500架运输机和滑翔机，这些飞机是运送后续兵员和补给物资给英国第6空降师的。

费希丁格不知道这些飞机的任务，他以为这些飞机运送部队去抄他的后路，想与海滩上的盟军来个前后夹攻，便急忙率队返回了卡昂。

6月6日当天，由于德军的主要指挥官均不在指挥所，再加上希特勒优柔寡断等因素，使得除德国第21装甲师对盟军登陆的海滩发起了一次半途而废的冲击外，德军再无大动作。这一天被艾森豪威尔称作"历史上最漫长的一天"，被隆美尔预言为"决定性的二十四小时"，就这么过去了。

直到D日晚上22点，隆美尔才回到德军B集团军群司令部，他来不及洗去身上的风尘，就听取了斯派达尔的汇报。意识到局势极为严峻，隆美尔向希特勒申请西线部分装甲师的指挥权。希特勒同意了隆美尔的请求，遂将西线5个装甲师的指挥权交到了隆美尔手上。

有5个装甲师在手，隆美尔信心大增，便急忙部署反击盟军的策略，他认为当前德军必须完成3个目标：

首先，阻止盟军将他们的5个登陆场连成一片；其次，阻止盟军占领卡昂，务必确保巴黎的这个门户城市不丢失；再有，消灭"犹他"海滩上的美国登陆部队和"犹他"海滩后方的美国伞兵，务必确保瑟堡港不被美军占领。

6月7日，隆美尔决定集中兵力先解决距离卡昂最近的英国和加拿大部队，他命令德国第21装甲师、装甲教导师和党卫军第12装甲师组成新的第一装甲军，然后向卡昂附近的盟军部队发起进攻。

当德军的装甲部队还没有遭遇到他们陆地上的对手之前，盟军的空军部队就来找他们的麻烦来了。由于当时的德国空军根本不敢与盟军的飞机对抗，法国西北部的天空被盟军空军主宰着，成群结队的盟军轰炸机和战斗机飞行在德军开往诺曼底海滩的必经之路上，等待着德军的装甲部队自投罗网。

盟军飞机一旦发现德军的装甲部队，立即用机关炮、火箭弹和高密度航空炸弹对其进行猛攻。在盟军飞机的猛烈攻击下，德军的不少坦克、油料运输车、装甲车、卡车都被炸成了废钢烂铁。

德军装甲师的师长们发现无法将坦克成建制地开往前线，就只好化整为零，将坦克分散成多个小组，零零星星地开往目的地。这样的情况下，德军的装甲部队就无法形成"铁拳"，其突击威力大减。

当德军的装甲部队躲过盟军飞机的纠缠，好不容易到达海滩附近时，盟军的海军又开始攻击了。个别德军的装甲部队小组距离海滩尚有20千米时，就被盟军"海军火力控制小组"的侦察员发现，随即呼叫盟军战舰对德国坦克展开进攻。

接到火力控制小组发来的情报后，盟军战列舰上的巨炮发出了阵阵怒吼，一排排炮弹向德军的装甲部队呼啸而去，"陆战之王"坦克只消挨上一发战列舰的炮弹，就立刻灰飞烟灭。在盟军海军的打击下，德军的装甲部队损失惨重。

隆美尔6月7日乘车视察作战情况时，发现道路上满是被盟军飞机摧毁的坦克、装甲车和油罐车，不少德军装甲部队的官兵尚未与敌人碰面就死于其空袭下。由于害怕盟军的空袭，德军装甲部队纷纷躲藏进了树林，等天黑后再继续前进。

虽然形势不容乐观，但是隆美尔并未泄气。他命令第一装甲军利用黑夜的机会，迅速赶往卡昂附近的战场。

6月8日，德军第一装甲军的第21装甲师和党卫军第12装甲师，历经千辛万苦终于在卡昂北面会师。隆美尔命令这2个师，从巴约至卡昂一线向英国和加拿大部队的接合部发起进攻。

第21装甲师距离前线最近，遂率先出击。当向海滩推进时，才发现装备了大量反坦克炮的英国伞兵，早已在他们必经之路上严阵以待。

第21装甲师只装备了老式Ⅳ号坦克以及缴获自法军的"索玛"S-35型坦克，这些坦克性能落后、装甲薄弱、防护力差，在与反坦克炮交锋了一阵后，立即败下阵来。最终，第21装甲师只剩下55辆坦克逃出，狼狈地退回到卡昂。

见第21装甲师出师不利，隆美尔当即命令党卫军第12装甲师分出一个半团，与第21装甲师合兵一处进攻巴约，他要求这两支部队务必将巴约从盟军的手里夺回来。

这次进攻开始还不错，德军装甲部队突破了伞兵的阵地，一度冲到了离海岸不远的地方。就在德军的装甲部队一路高歌猛进，即将突入巴约之际，海面上盟军的战列舰又发威了，弹如雨下，不少德军官兵跟坦克被炸成了碎片。吃不住盟军舰炮的轰击，德军只好仓皇撤退。

德军6月8日的进攻再度宣告失败，盟军有惊无险。

6月9日，远在勒芒的装甲教导师终于赶到了卡昂附近。在盟军飞机的"关照"下，该师损失了80辆自行火炮、130辆卡车、5辆坦克和很多其他车辆。

这个师到达战场时已经无力发起进攻，而第21装甲师和党卫军第12装甲师也损失惨重，无法对海岸发起进攻。因此，隆美尔和伦德施泰特只好命令第一装甲军的3个师固守卡昂一线，等待援兵。

盟军虽然击退了德军装甲部队的首轮进攻，但局势仍然不容乐观。盟军登陆部队并未完成所有预定任务，美英两军的滩头尚未连接，卡昂还在德军手里，进攻巴黎的大门依然紧闭。

美军第5军在奥马哈海滩控制的滩头面积不大，仍然立足不稳。没有攻占卡朗坦，美军第7军和第5军尚未会合，美国第7军的侧翼仍然不安全，不能放开手脚去切割科唐坦半岛，进攻瑟堡。

盟军后勤保障时刻受天气影响，天气恶劣，盟军空军及海上运输都可能受影响。利用这个机会，德军就可以迅速集结兵力压向海滩，将登陆部队消灭在海岸附近。

6与9日，当盟军的将领们刚为顶住了德军的一轮进攻而欢欣鼓舞时，来自盟军情报部门的一个消息就在盟军将领的头上泼下一盆冷水。

盟军情报部门截获了一份希特勒拍发给德军的通讯电报，该电报显示希特勒正打算将驻守在波兰的党卫军第9装甲师和第10装甲师调往法国，将驻守在加莱的第15集团军调往诺曼底。除了这些兵力调动消息外，盟军情报部门还发现德军前线部队正在使用一种没有被破译的新密码。

希特勒做出这个决定是受了伦德施泰特的影响。D日傍晚，在"犹他"海滩和"奥马哈"海滩附近，德军发现了两具带有公文包的美军军官尸体。在搜查尸体时，德军从公文包内翻出了两份标有"登船前销毁"字样的文件，文件上写有美国第5军和第7军在登陆第一阶段的全部作战计划。

这两份文件的摘要立即就被送到了希特勒、伦德施泰特、隆美尔、西线情报处处长罗恩纳，以及德国第7集团军司令多尔曼的手中。

经过反复分析，伦德施泰特、隆美尔和多尔曼都认定盟军在诺曼底发动的进攻从规模上来看绝对超过了佯攻的范畴，认定盟军的登陆地点是诺曼底。于是，他们请求希特勒将驻守加莱的第15集团军调到诺曼底。

听取了伦德施泰特等人的意见后,希特勒觉得有道理,便同意了他们的请求。

毫无疑问,希特勒的这个命令让盟军指挥官们大惊失色,冷汗直冒。只要德军的第 15 集团军开到诺曼底,与德国第 7 集团合兵一处对盟军展开进攻,盟军登陆部队必将丢失所有的海岸阵地,并压缩到海滩上,最终被完全消灭。

为了促使希特勒取消这个命令,盟军欺骗部门的领军人物比万出手,并带领他的手下们再度开始欺骗行动。这一次,希特勒是否还会上当呢?比万心里没有底,不过他仍然决定试一试!

第二节
德国海空军和新式武器火箭的反击

比万的"卫士"计划实施以后，收到了良好的效果。德国上至统帅部、下至西线各级司令部的主要将领，几乎全部被骗了，就连人送外号"沙漠之狐"的隆美尔也未能幸免——隆美尔在主持西线防御工作之初，认定盟军的登陆地点是诺曼底；后来，在比万"南方坚韧"计划的影响下，隆美尔逐渐改变了初衷，认同了盟军要在加莱登陆的观点。

直到盟军在诺曼底展开了大规模进攻，伦德施泰特才首先醒悟过来，在与隆美尔和多尔曼商议之后，他确定了盟军的登陆地点不是加莱，而是诺曼底，并说服了希特勒。

正是在伦德施泰特的努力下，才有了6月9日早晨希特勒打算调兵前往诺曼底的命令。这种情况是盟军绝对不愿意看到的，为了让希特勒撤销命令，英国欺骗部门的负责人比万使尽浑身解数，拿出全部功力，调动所有资源展开了又一轮的欺骗行动。

比万命令手下向加莱和比利时的抵抗组织成员发出了一系列命令，要求这些抵抗组织成员掀起"全面的骚扰和游击行动，破坏指定的铁路、公路和通信设施"。

原本十分活跃的巴顿指挥的"美国第1集团军群"电台网突然偃旗息鼓，而加莱对面的英国港口却极为忙碌，昼夜不息，似乎有不少部队正在登船。盟军海军的扫雷艇也开始在多佛尔和加莱之间的海峡扫雷。

表面上为德国服务，实际上为英国服务的德国王牌间谍"加宝"，在6月9日竟违反常规连发120分钟的电报，他详细向德国情报部门汇报了盟军在诺曼底登陆后英格兰的军事部署情况，并说在英格兰东南部的"美国第1集团军群"的50个师已经进入临战状态，盟军的舰艇在此云集，位于苏格兰的"英国第4集团军群"也正在南下。

在发出了这些消息以后，"加宝"还给出了自己的意见，他说道："我在写这份报告时深信，盟军目前的登陆只是声东击西之计，目的是让我们仓促做出全部的作战部署，动用全部的后备力量。我们如果这样做，将会追悔莫及。"

比万的伎俩，"加宝"传回来的情报，引起了德国西线情报处处长罗恩纳的重视，他先是分析了一下手上所有的情报，又仔细想了想德军在海滩附近发现美国军官尸体这件事，这些美国军官的尸体恰好令他想起了一桩往事。

1943年盟军想要攻击西西里岛时，策划了一个名叫"肉馅儿"计划的欺骗行动，借以转移德军的视线。

盟军情报部门伪造了一个英国军官，并用一具尸体冒充了该军官，该军官携带着虚假的作战计划被抛入大海，接着被西班牙人发现，德国人得到了盟军的作战计划。通过虚假的作战计划，德国了解到盟军即将进攻撒丁岛和希腊。

为了加强说服力，盟军又利用一具尸体冒充侦察兵投放在撒丁岛，德军在撒丁岛海岸发现了假冒的侦察兵。德军见盟军派出侦察兵在侦察撒丁岛，也就愈发确信盟军即将进攻撒丁岛。

就这样，盟军利用一具携带着虚假作战计划的军官尸体和一具侦察兵尸体，使德国情报部门误判了盟军的战略意图，使希特勒将主要兵力调到了撒丁岛和希腊，而盟军真正想进攻的西西里岛却防务空虚。盟军乘虚而入，一举夺下了该岛。

结合西西里岛登陆战时的经验，罗恩纳认为这次出现在海滩附近的美国军官尸体必然是盟军耍的小伎俩，盟军是想让德军误以为登陆的主攻地点是诺曼底，就把所有部队调往该地，待得德军将主力调往诺曼底，盟军就会集中兵力进攻真正的登陆地点加莱。

转折之战·诺曼底登陆

有了这个判断，罗恩纳当即找到德军统帅部的约德尔和凯特尔将自己的想法和盘托出，他极力表明盟军在诺曼底的行动只是佯攻，其目的是调虎离山，一旦驻守加莱的重兵被调走，盟军就会乘机进攻加莱地区。罗恩纳说根据掌握的情报，6月10日盟军必然会在加莱和比利时发动大规模的登陆战，德军驻加莱的部队不能轻易调动。

6月9日上午，当罗恩纳得知希特勒同意了伦德施泰特等人的要求，要将第15集团军调离加莱地区时，他万分焦急，他打电话给希特勒的情报副官，他说他有确凿的证据证实盟军的登陆地点不是诺曼底而是加莱，他说只有疯子才会将后备部队和第15集团军调往诺曼底。

听了罗恩纳的话之后，这位情报副官表示："我会向元首极力陈述你的观点。"

在德国统帅部召开午间会议时，并非希特勒的情报副官，而是德国最高统帅部作战部部长约德尔在极力向希特勒推销罗恩纳的观点。听了约德尔的陈述之后，希特勒开始仔细思考盟军的意图。思虑良久之后，希特勒对统帅部的将领们说他会在午夜的会议上做出最后的决断。

午夜之前，约德尔将"加宝"的分析报告送到了希特勒的面前，德国元首极为信任"加宝"，这位双面间谍的意见在希特勒的心中有很重的分量。

"加宝"的分析报告是这样说的："考虑到在英格兰东部和东南部大批集结的部队并未参加目前的登陆行动，诺曼底的战斗应该是一场佯攻，其目的是诱使我方后备部队开往诺曼底，以便他们在别处发起另一次决定性的战役。"

"加宝"的电报如同最后一颗稻草压在了希特勒的心头，在午夜的作战会议上他终于做出了最后的决定——停止派兵驰援诺曼底的行动，命令其他地区的德军火速增援驻守在加莱的第15集团军。

希特勒的这一命令，马上被盟军情报部门破译出来。当德国元首的命令摆放在面前时，盟军将领们如释重负，高兴万分。

比万尤其感到不可思议，他简直不能相信曾经指挥德军占领了整个欧洲大陆的希特勒就这样被他骗了，他居然实现了"卫士计划"的全部目标。

对于希特勒轻易上当这件事，英国总参谋长艾伦·布鲁克说出这样的一番话："既然希特勒是这样一个傻瓜，我们怎么用这么长的时间才打败他？"

德军沿海岸线设置了重重反坦克障碍

英国总参谋长的问题，显然没有人可以给出答案。

伦德施泰特接到希特勒的命令后，差点儿提出辞职，老元帅仰天长叹道"这场战争输定了"。隆美尔也极为头痛，因为就凭德国第7集团军的那点儿兵力，两位德国指挥官实在是没有信心击败盟军。

由于希特勒不肯调兵支援诺曼底，隆美尔手上的兵力不足以对盟军登陆部队展开进攻，海滩上的盟军暂时没有什么压力，他们就赶紧抓住机会朝各个海滩运送后备兵员和物资，以便积蓄力量展开进攻，扩大登陆场。

当德国陆军在陆地上拼死抵抗盟军之际，德国的海军虽然势孤力单，但并不想在这次战斗中袖手旁观、碌碌无为，他们打算用仅存的一点儿力量对盟军发起进攻。

德国西线海军司令部制订的反击作战计划如下：

1. 驻扎在瑟堡的第5鱼雷艇支队和第9鱼雷艇支队执行在登陆地域布雷和鱼雷攻击任务（特别是美军地段）。

2. 驻布洛涅的第2鱼雷艇支队和第4鱼雷艇支队，在韦斯特朗附近布雷并在东部海军特混舰队活动区进行鱼雷攻击，方便时可以从勒阿弗尔和瑟堡出发。

3. 驻奥德斯堡（比利时）的第8鱼雷艇支队在海峡东部巡逻，并伺机袭击盟军的运输船队。

德国海军知道跟盟军舰队硬碰硬绝对死路一条，他们的战术是将潜艇和鱼雷艇分散成小组出击，专门袭击盟军防护力差的运输船队。

这次德军使用了一种新式水雷来对付盟军舰艇，这种新式水雷叫作水压水雷,别号"蛇雷"。水压水雷不同于一般的水雷,这种水雷只要感知到水压变化就可以爆炸,对盟军舰艇的威胁极大,盟军当时并没有可以对付这种水雷的方法。

德国海军的鱼雷艇和潜艇运用打一枪就跑的战术,四处出击。很快,盟军船只不断受损的消息就传了出来:

6月7日夜到8日晨,从瑟堡出航的第9支队的E级艇攻击了由坦克登陆艇和大型步兵登陆艇组成的船队,2艘坦克登陆舰被击沉、1艘被击伤。

8日夜到9日晨,E级艇攻击了由17艘舰船组成的编号为EBC3的船队,另一群E级艇则攻击了编号为ECM1的船队,又有2艘坦克登陆舰被击沉。

9日夜到10日晨,E级艇又击沉了满载弹药的英国近海船;第二天夜里又有2艘拖船被击沉,一艘护卫舰被击伤。

尽管德军的舰艇每次出击造成的损失不大,但是盟军也架不住他们夜夜出击,零敲碎打,这无疑会对盟军的士气造成影响。盟军高层决定粉碎德军海军的骚扰性袭击。

6月14日,根据盟军海军司令拉姆齐的要求,18架"蚊"式战斗机和335架"兰开斯特"式轰炸机空袭了在勒阿弗尔港集中的E级艇,一举击沉各种舰艇39艘,重创了8艘。

15日,盟军又空袭了布洛涅港,德国的舰艇又遭到了沉重的打击。

经过盟军空军的持续打击,德军的舰艇损失惨重,再也无力四处出击,只能进行有限的布雷行动。由于惧怕盟军的反潜飞机,德国昔日不可一世的潜艇部队甚至不敢靠近盟军的舰队半步。

德国海军的有限反击被盟军轻易地击退了。

与德国海军相比,家当也不多的德国空军同样进行了有限而又徒劳的反击。在盟军登陆后,德军就从本土和意大利调集飞机到法国,准备攻击登陆滩头的登陆部队。

由于德国空军和盟军空军之间实力过于悬殊,白天德国空军根本不敢出击,只有夜间才能进行一些骚扰性质的空袭,这显然起不到什么作用。

盟军登陆7天来,德国空军总计出动1683架次,还不及盟军一次航空火力准备出动的飞机架次多，取得的战绩也仅仅是击沉了 2 艘驱逐舰和若干登陆小艇。

几年前横行欧洲的德国空军沦落到这步田地，在如此重要的登陆战役中仅能象征性出动，足以说明德国已经走到了穷途末路，离失败不远了。

在盟军发起登陆战的整个过程中，德国最有效的、威胁最大的反击来自于他们的又一种新式武器，一种名叫 V-1 火箭的无人驾驶飞行炸弹。

V-1 火箭是现在常用导弹的先祖，它是一种用弹射器发射的飞航式炸弹，重 2.2 吨，长 76 米，飞行高度 2000 米，时速约 600 千米，射程可达 370 千米，携带的炸药多达 7000 千克。

这种导弹被希特勒部署在加莱海岸地区，一直未曾动用。当盟军在诺曼底发起登陆战的时候，希特勒才下令用这种新式武器袭击英国，迫使英国人坐在谈判桌前与德国和谈。

1944 年 6 月 13 日夜，德国首次向英国发射了 10 枚 V-1 火箭，其中有 1 枚落在了英国领土上。当这些火箭第一次出现在英国上空时，英国军队还以为是德国飞机来袭，一时间防空警报声大作，对空探照灯将黑夜照得犹如白昼。

接着英国就看到了一种新奇武器，虽然它在飞行，但并不是飞机，而是一种能够飞行的炸弹。这让英国既长见识，又极为恐慌，英国民众担心盟军无法应付这种炸弹。

事实上，这种飞行器并不难应付。当导弹还未飞近英国时，雷达就会显出它们的行踪。此时，盟军飞机就可以出动去拦截这些飞弹。

盟军飞机只要找到了这些飞弹，就可以在空中将其击落，致使很多德国飞弹根本无法靠近英国。

这些德国火箭似乎也没什么大不了的，不过这种武器还是有它的优势，即无论在什么样的气象条件下，都可以使用。

一旦遇上大雨、大风、大雾，盟军的飞机无法出动，而德国的火箭照样可以出击，这时就连盟军的高射炮部队也束手无策。如此，德国的 V-1 火箭就可以完成空袭行动。

6月15日到16日，德国又向英国发射了200枚火箭，在成功飞越海峡的144枚炸弹中有近半数命中伦敦。这种在任何气象条件下均可以出动的武器，令伦敦市民极为恐慌。

尽管盟军的空军和高射炮部队付出了最大的努力，但是仍有不少德国火箭飞临伦敦爆炸。自二战以来，英国总是遭到德军的空袭。盟军登陆以后，英国民众本来指望空袭就此消失，未承想德国的火箭却大量来袭，这令英国的平民极为沮丧。

英国平民的沮丧情绪不可避免地影响到前线作战的士兵，士兵们很担心家人、亲戚，以及朋友的安全。盟军高层自然认识到了德国V-1火箭的威胁，于是命令空军尽一切办法阻止它出现在英国上空。

英国皇家空军接到命令后，立即派遣飞机飞临德国V-火箭的发射场上空，对德国的火箭部队发起进攻，不少德国火箭尚未升空就被摧毁了。

在盟军情报部门和地下抵抗组织的联合努力下，盟军发现了储存V-1火箭的仓库。英国皇家空军再度出击，摧毁了德军储存火箭的仓库。

到1944年8月底，在英国皇家空军的努力下，V-1火箭已经不再对英国本土构成严重威胁，希特勒期望用这种新式武器迫使盟国屈服，使其与德国谈判的幻想就此破灭。

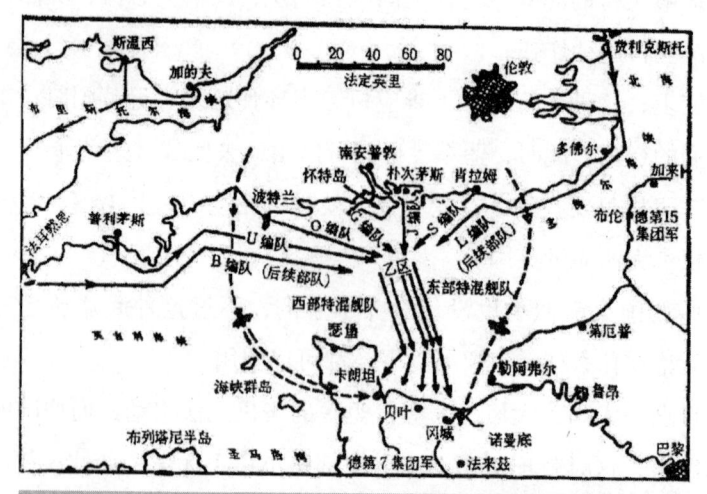

霸王作战中登陆输送队航行路线示意图（1944年6月6日）

到此为止，局势已经极为明朗，德国的海军、空军和 V-1 火箭在诺曼底登陆行动中都帮不上什么大忙，反击盟军的千钧重担都压在了德国陆军的肩头上。

对于能否守住诺曼底，隆美尔和伦德施泰特没有信心，但他们没有放弃希望，仍然在努力着。

·第十二章·

扩大登陆场

第一节
港口问题

1944年6月7日，也就是诺曼底登陆战役打响的第2天，天气晴朗，不过海面上却刮着5级－6级的强风。盟军登陆海滩附近的海面上波涛汹涌，在登陆过程中被击伤和损坏的舰船随风飘荡。

当天下午，大风刚刚停歇，盟军的工程人员就来到"奥马哈"海滩和"金"海滩附近勘察地形，准备按照原定的"桑树"计划建造人工港。

仔细勘察了地形后，工程人员就在海面上设立标志物标明各种部件应该放置和下沉的位置。

不久，准备作为"醋栗树"防波堤而下沉的第一批废船到达了海滩附近海面，当时海面上还不时飞来德军炮弹，不过盟军工程人员仍然将这些废船下沉在了指定的位置。

6月8日，供"桑树A"使用的巨大混凝土水泥沉箱"凤凰"，按原计划被拖船拖行到"奥马哈"海滩附近的海面，接着排好位置放水下沉。6月10日，美军登陆地段的内层防波堤竣工，围出了一个两平方千米的港区。

6月16日下午4点30分，人工港港区内的直码头修建完毕，当舟桥通道，也就是"鲸鱼"通道刚刚连接出一条时，就有一艘坦克登陆舰靠上直码头。在39分钟内，至少有78辆车通过舟桥通道开上了海滩。

"桑树A"初步完工了。接着，第2条和第3条舟桥通道连接完毕。被用作人工港外层防波堤的十字构件，也就是"低音大号"跟着被运送到指定的位置连接了起来，人工港外层防波堤随之竣工。

"奥马哈"海滩这个原来只停靠过小渔船的荒凉海滩，就此成为法国北部最有活力的、容量最大的港口。

在美军登陆地段人工港正在建设的同时，英军登陆地段的人工港也在紧锣密鼓的建设中。

6月16日，英国登陆地段的人工港"桑树B"建成并投入使用。有了人工港的协助，物资运输速度大大提高，12日的物资卸载速度是每天600吨，而16日则达到了每天1500吨。

到6月19日为止，盟军已经通过海上运输将大约20个师的部队送上了诺曼底海滩，盟军的增援速度远远超过德军的增援速度。在诺曼底，盟军拥有了50万人的兵力。

与之相反，德军的人员和物资补充都受到盟军空军的严格限制——在登陆战发起前，盟军的空军就破坏了法国北部的交通线；在登陆战进行时，他们又在天空巡逻，任何德军的增援部队和运输车队都逃不过盟军飞机的捕杀。

为了躲避盟军飞机，德军的增援部队只好化整为零，分散成小股部队，借着夜色的掩护，步行或者骑自行车赶往前线。德军的很多重型设备，比如卡车、油罐车、坦克等装备都被炸毁在路上。

人工港的确提高了盟军的物资和人员上岸速度，不过好景不长，正如英国气象学教授斯塔格所预料的那样，6月19日，一场特大风暴如期而至。

6月19日当天，风力增大到了7级，浪高达到了1.8米，这是历史同期英吉利海峡40年来从未出现过的恶劣天气。

一排排巨大的拍岸浪猛烈地冲击着登陆地段，在海滩附近抛锚的船只纷纷锚链断裂，相互碰撞，有800艘船被冲上海滩搁浅，盟军的卸载工作不得不停止，跨海运输工作也几乎中断。

在海浪的冲击下，沉重的"低音大号"被冲得随风飘散。从英国拖来的舟桥通道也在狂风巨浪中沉没。

"桑树A"在风暴中解体了，而"桑树B"也受到了严重损伤。大风暴整整持续了4天，直到22日傍晚时才逐渐停歇。

风暴过后，盟军的登陆海滩一片狼藉，海滩上满是破船烂车，以及各

第十二章 扩大登陆场

式各样受损的装备和物资。据统计，这次风暴造成的损失比德军两个星期的攻击造成的损失还要大。

大风暴完全打乱了盟军的计划，盟军遇到了严重的后勤补给问题，缺乏补给使盟军原定进攻卡昂的计划被推迟。若不是希特勒在6月9日下达了停止向诺曼底派遣援兵的命令，真不敢想象盟军会面临何种命运。

解决补给问题，必须先修复人工港才行。"桑树A"已经完全解体，失去了修复的价值，盟军海军司令拉姆齐命令工程人员全力抢修受损严重的"桑树B"。

在盟军工程人员的努力下，到6月29日，"桑树B"被修复如初并投入使用，补给船靠在直码头上，各式车辆将补给品运送到海滩。

7月8日，"桑树B"每天的吞货量已经达到了6000吨；7月19日，坦克登陆舰码头建成并投入了使用，码头的吞货量增加到了7000吨；7月29日，吞货量达到了11000吨。

大量的登陆部队和补给品通过人工港流向了诺曼底战场，有力地保障了盟军登陆行动的顺利进行。

在建设人工港的同时，盟军铺设输油管道的工程，即"普拉托"行动也在进行之中。7月份只要天气情况良好，这些输油管道就能以每天8000吨的速度，将燃油从英国跨越海峡输送到诺曼底。

"桑树B"和"普拉托"终究只是权宜之计，盟军的运输工作始终受到天气情况的限制，要是再来一场大风暴，天知道会对盟军的作战行动造成什么样的影响。

盟军高层一致认为必须占领瑟堡，才能从根本上解决盟军的后勤补给问题，然而夺取瑟堡并不容易，过程极为复杂。

6月7日下午，盟军最高司令艾森豪威尔在海军司令拉姆齐的陪同下，乘坐驱逐舰从朴次茅斯起航，到诺曼底地区盟军的各个登陆海滩展开视察工作。

在视察时，艾森豪威尔同蒙哥马利、布莱德利，以及各个登陆编队的司令谈了话。通过谈话，总司令了解到美国第7军登陆的"犹他"海滩和第5军登陆的"奥马哈"海滩之间还存在着卡朗坦这样一个缺口，他认为这是一个严重的问题，极有可能被德军利用。因此，他命令美国第7军和第5军先合力攻取卡朗坦，将盟军的两个滩头连成一片，再去进攻瑟堡。

6月8日，美军第5军与其左翼的英军第50军取得了联系。9日，在得到第2步兵师的增援后，美国第5军迅速向西和向南进攻。11日，抵达了科蒙－赛里西森林－伊济尼一线。

在美国第7军右翼，德军在蒙特堡设防，打算切断美军通往瑟堡的通路。在两路美军的中间，美军派出部队相对进军，准备在维尔河口地区会合，将美军的两个登陆场连成一片。

6月10日，美国两个军的巡逻队会合，两军取得了联系。6月12日，美军夺取了卡朗坦。至此，美军的登陆场连成了一片。

美军攻取卡朗坦的消息无疑给了隆美尔当头一棒，"沙漠之狐"知道两路美军会合后实力大增，下一步必然就是切断科唐坦半岛，再伺机攻下科唐坦半岛北部的瑟堡港。

隆美尔认为必须阻止美军的行动，但他又没有足够的兵力去增援科唐坦半岛的德军。

在卡昂方向，德军最初的反击均被盟军挫败，无力再向海滩进攻，只好固守在卡昂周围。隆美尔料想英国和加拿大军队必然会进攻卡昂，以便威胁巴黎，所以他必须用重兵防守卡昂。

在没有援兵、兵力捉襟见肘的情况下，隆美尔不想就这样让盟军舒舒服服待在诺曼底，他仍然在想办法将盟军赶回大海中。隆美尔决定先集中兵力解决一路盟军，再回过头来解决另一路。

6月12日，隆美尔决定在卡昂采取守势，利用步兵固守卡昂－科蒙一线，调出装甲部队作为机动预备队，调往科唐坦半岛地区，先协助当地德军歼灭美军，再回师歼灭英国和加拿大军队。

德军的调动没有瞒过蒙哥马利，他猜到了隆美尔的意图，决定先发制人，对卡昂－科蒙一线发起了猛攻。6月13日，蒙哥马利命令右翼的英国第7装甲师迅速向距离卡昂城西南24千米的维勒－博卡日前进，结果碰上了德军的装甲教导师，一番交战，英军损失较大，不得不后撤。

蒙哥马利发起的攻势未能撼动德军的防线，不过却使驻防在卡昂的德军装甲部队脱不开身，隆美尔无法将装甲部队调往科唐坦半岛去增援那里的德军，这为美军最终占领瑟堡创造了条件。

美军占领卡朗坦后，隆美尔无法从卡昂调出装甲部队，只好调动驻防在布列塔尼亚半岛的党卫军第 17 装甲师去进攻美军。

第 17 装甲师受到美军的阻击，无法消除美军两个师沿公路进攻瑟堡的威胁。隆美尔干脆命令第 17 装甲师进攻卡朗坦，他企图让德军占领卡朗坦，以便切断美国两个军的联系和美国第 5 军的后勤补给。

驻守在卡朗坦的美军奋勇抵抗，终于挫败了德国党卫军第 17 装甲师的进攻，北线的美军甚至还乘胜前进至蒙特堡附近，并向西越过了梅尔德里特河。

6 月 15 日，德国党卫军第 17 装甲师的进攻遭到挫败，卡昂方向上又受到英国和加拿大军队持续的压力，装甲部队无法脱身，天空属于盟军的空军，德军的大部队和装甲部队根本不敢在大白天行动，无法形成"拳头"对盟军进行有效的反击。

所有这些不利条件，都促使隆美尔相信盟军已经在诺曼底地区站稳了脚跟，他已经无法将盟军赶下海，与伦德施泰特商议之后决定面见希特勒，陈述战局已然对德军极为不利，最好将第 7 集团军撤出诺曼底，撤到塞纳河地区与第 15 集团军会合，再组织防御。

6 月 17 日，隆美尔和伦德施泰特以及其他西线将领，都参加了希特勒在苏瓦松北面的马吉瓦尔召开的一次军事会议，讨论西线的战争局势。

这次会议是在一个极为坚固的地下避弹室召开的，这个地下避弹室始建于 1940 年，原本是打算作为德国进攻英国时希特勒的指挥部而使用的。

到了 1944 年，寒暑几易后，德国不仅没有攻入英国，反倒是英军会同美国军队进攻德国来了，这个指挥部也被当作德国反抗英军攻击的指挥部来使用。对于希特勒和德国来说，真是莫大的讽刺。

会议开始时，由于战局不利，德军屡遭败绩，希特勒的脸色很不好，他弯着腰坐在一张椅子上对站立的元帅和将军训话。他说，他对盟军成功登陆十分气恼，并要所有战地指挥官负全部责任。

希特勒发完脾气后，他下达了命令："我命令全体将士，必须坚持抵抗，尽快收复失地。"

希特勒的命令，隆美尔和伦德施泰特两位陆军元帅完全不能苟同，盟军登陆以来德军的反击无不以失败而告终。他们认为在盟军绝对海空军优势下，德国陆军的直接反击可以跟送死画等号。

两位元帅向希特勒陈述了德军面临的困难，他们希望希特勒同意德国第 7 集团军迅速脱离战场，向塞纳河方向撤退，与加莱的第 15 集团军会合后再组织防御，这样至少可以组织一条有效的防线，将盟军阻挡在防线外。

两位德国陆军元帅的建议希特勒半个字都没听进去，对隆美尔和伦德施泰特的建议置之不理，他再次命令德军在哪里站着就在哪里倒下，违者处死，就像在斯大林格勒、塞瓦斯托波尔，以及明斯克那样，不准撤退。希特勒要求德军从巴约到海岸发起进攻，以便分隔盟军部队，并要求不惜一切代价守住瑟堡。

希特勒无视客观事实发布了一系列命令之后，又着重强调了新式武器 V-1 火箭的威力，他说只要持续使用火箭，就可以使战局发生对德军有利的重大转折。

听说 V-1 火箭有如此功效，隆美尔和伦德施泰特当即表示既然火箭有这么大的威力，那就应当马上用来对付盟军正在入侵的海滩，或者用来轰炸有大量盟军兵力集结的英格兰南部港口。

两位元帅的要求，希特勒再次拒绝，并答复道："必须集中轰炸伦敦，以便使英国转向和平。"

会议开到这里就算结束了，希特勒不允许德军后退一步，这就意味着他的部队不得不守在被盟军切割的千疮百孔的防线上，且毫无希望地坚持下去。德军西线的将帅们不得不接受希特勒的命令，不惜一切代价守住瑟堡和卡昂-阿弗朗什一线，阻止盟军获得深水港口和向法国腹地进军。

盟军对瑟堡志在必得，而希特勒又要求德军务必死守瑟堡，围绕着瑟堡盟军和德军展开了争夺战。

第二节
攻克瑟堡

瑟堡港位于科唐坦半岛北部，科唐坦半岛的形状像一个牛头，瑟堡正好位于牛头的中间，旁边的两个角分别是西部的拉阿格角和东部的巴夫勒尔角。

德军深知瑟堡港的重要性，就对其防御设施进行了精心部署。瑟堡的外围防线是由离城6千米到10千米的混凝土野战筑垒工事组成的半圆形防御地带，其制高点能够控制通向瑟堡的所有道路，防御工事附近的河流和水渠被当作反坦克障碍使用。

在瑟堡的东面和西面有20个炮连，其中有15个拥有150毫米火炮（包括3门280毫米火炮）。另外，还有很多75毫米和88毫米野战炮连，有些炮连既能向内陆也能向海上射击。就连一般不设防的防波堤上，德军也配置了炮台。

为了死守瑟堡，德国守军司令施利本想尽了一切办法。由于希特勒下令所有德军部队必须原地死守，不准后退，不少外围部队没有进入城内，瑟堡城的守军人数不足，施利本只好将职员、炊事员、信号兵和水手都编入作战部队。

施利本七拼八凑居然拉出了4个团兵力的一支防守部队，虽然人数看起来不少，但战斗力令人担忧，这些士兵中有五分之一是外国士兵，基本上是战败投降的苏联人和波兰人。

担负进攻瑟堡任务的是美国第7军，该军由美国少将柯林斯指挥，他曾经带领美军一个步兵师在瓜达尔卡纳尔岛与日军作战，指挥丛林战的经验极为丰富，在进攻瑟堡时他这个经验发挥了意想不到的作用。

科唐坦半岛、布列塔尼半岛，以及诺曼底地区的地形很特别，一排排树篱将平整的土地分成了很多小块，这些树篱一半长在地下，一半长在地上，形成了天然壕沟，易于守军隐藏，跟丛林战倒颇有几分相似。正是利用丛林战的经验，柯林斯带领美军一步步战胜了德军。

柯林斯进攻瑟堡的战略构思是分三步走的：

第一步：美军自卡朗坦方向向西进攻，直取科唐坦半岛西部的莱塞和巴内维尔，切断瑟堡和法国腹地德军的联系；

第二步：自科唐坦半岛南部向北进攻，扫清瑟堡的外围市镇；

第三步：对瑟堡完成包围，接着在海空军的配合下攻取瑟堡。

6月16日，美军越过杜弗河占领了圣索弗尔，18日占领了科唐坦半岛西岸的巴内维尔。至此，美军完成了第一步，即切断了瑟堡与法国腹地德军的联系。

此时，德军的注意力都被吸引到了半岛的西部。借此机会，柯林斯指挥美军挥师向东，于6月19日向蒙特堡发起了进攻。德军兵力和武器均不占优势，损失惨重。

6月19日傍晚，美军攻克了蒙特堡，并将兵锋伸展到瓦洛涅一线。20

1944年夏天，法国瑟堡附近一次轰炸后，浓烟在布满有刺铁丝网的沙丘上滚滚蔓延，两名士兵蜷缩在一堵墙后。

日，美军攻克瓦洛涅。

20日傍晚，美军的3个师已经前进到了距离瑟堡8千米处，从3个方向对瑟堡完成了合围，其中，美国第9师在左翼，第79师在中路，第4师在右翼。

6月21日，盟军通过广播敦促瑟堡德国守军投降，但是遭到施利本的拒绝。见德军冥顽不灵，负隅顽抗，柯林斯决定对瑟堡发起强攻。

首先为盟军进攻开路的是航空火力准备，柯林斯要求空军用航空炸弹将德国人炸成粉末。6月22日午后，盟军的作战飞机到达战场，英国第2战术空军的4个"台风"式战斗轰炸机中队用火箭弹攻击；6个"野马"式战斗轰炸机中队进行低空攻击；美国第9航空队的战斗轰炸机分波次（每波次间隔5分钟）轰炸了防御工事。

在盟军飞机的打击下，不少碉堡解体，炮连被摧毁，德军战壕中的作战人员也遭遇了伤亡。盟军的飞机丢完炸弹之后，炮兵又开始进攻，各式火炮不间断地向德军阵地倾泻炮弹。在盟军空军和炮兵的持续打击下，德军的防线虽然没有崩溃，但士气已经极为低落。

借着空军和炮兵的协助，6月21日夜间，美国第7军的先头部队已经突进到距离瑟堡2千米远的防御地带，两个海角的德军也被包围在两个相互隔离的"口袋"里。

6月23日，柯林斯命令美军全线猛攻，3个师的美军发狠冲锋，一度突入主要防御工事内。第二天，瑟堡守军将领施利本把预备队全部投入了战斗，他要求所有守军都要死战不退，直到用尽手里的最后一颗子弹。

6月24日，为了激励士气，施利本要求空军用降落伞空投一批铁十字勋章，授予作战有功的士兵，不过这显然只是心理安慰而已。

此时，盟军东西两翼的部队都已突进至海岸边。之后的一天，美军从东、西两侧对瑟堡发起了进攻，很快就突入了城市郊区。

3路美军中，唯有中路美军遇到了一点儿麻烦，中路美军用了两天时间才攻克了卢克尔要塞。

美军部队突入市区之后，瑟堡攻防战就进入了巷战阶段。为了尽快夺得瑟堡，确保盟军的后勤补给不再受天气威胁，布莱德利决定使用海军舰炮对瑟堡的德军炮连进行猛烈炮击，以便支援盟军地面部队的作战。

美国海军少将戴约指挥的第129特混舰队担负了攻击瑟堡的火力支援任务，该火力支援舰队由3艘战列舰、4艘巡洋舰、11艘驱逐舰和若干扫雷舰组成。

6月25日4点30分，戴约少将指挥的火力支援舰队从波特兰起航，在美国第9航空队的掩护下顺利渡过海峡，于8时到达瑟堡附近海域，做好了火力支援的准备。

由于当时美军已经突入市区，与德军战作一团，两军犬牙交错，难分敌我。为避免误伤，柯林斯要求海军的舰炮先保持沉默，只有德军炮兵先向他们开火，或者在接到海岸上的"舰炮火力岸上控制组"的召唤后，才能开炮轰击敌军。

接到柯林斯的命令后，海军一边在海上游弋，一边将炮口指向瑟堡，随时准备开炮。12点过去了，由于没有得到召唤，盟军的舰炮始终没有开火，直到5分钟后德军的岸炮率先开火，海军才打破了沉默，开始发威了。

瑟堡港西边奎尔村的150毫米岸炮猛烈轰击了在港区以北海域活动的盟军扫雷艇，盟军舰炮以最快的速度开始了反击。

4艘盟军巡逻艇在德军炮台之外施放了烟幕，借以遮挡德军炮手的视线。烟幕释放完毕后，盟军的校射飞机飞临德军炮台上空，为海军送去了射击参数。

在飞机的协助下，盟军用准确的炮火轰击着德军炮台，德军也不甘示弱，用大炮齐射回击盟军舰艇。

奎尔村的炮战打响之后，瑟堡港的其他炮连也与盟军的军舰交上了火，一场海岸炮和舰炮的大战终于上演了，只见岸舰之间弹如飞蝗，炮口的闪光不时出现，海面上经常出现冲天的水柱，岸上滚滚浓烟。

瑟堡海面的炮战愈演愈烈，虽然盟军有些舰只已经受到了不同程度的创伤，但是整个火力支援舰队却在校射飞机的协助下越战越勇。当规定的90分钟舰炮火力准备时间结束后，戴约感到意犹未尽，他认为德军的岸炮连仍未被完全击毁，他要求继续为陆军提供火力支援。

在与柯林斯取得联系后，戴约如愿以偿，他指挥着舰队又为陆军提供了80分钟的火力支援。在海军舰炮的有力支援下，美军拿下了德军的所有炮台。

6月26日，美军第9师和第79师攻入了瑟堡的中心城区，德军的防线逐步压缩。经过激烈的巷战，弹尽援绝的德军终于抵挡不住盟军的进攻，德军守备司令施利本和港口司令亨里克宣布投降。

6月29日，对拒绝投降、负隅顽抗的港口要塞守军，美军使用自行坦克炮和俯冲轰炸机发起了进攻。在盟军猛烈火力地打击下，港口要塞的德军投降。

7月1日，科唐坦半岛西北角上拉阿格角的6000名德军投降。到此为止，美军已经占领了整个科唐坦半岛。在夺取瑟堡和科唐坦半岛的作战中，美国第7军伤亡2.2万人，德军伤亡和被俘共3.9万人。

瑟堡港虽然被占领了，但是盟军得到的只是一片废墟。早在1944年6月7日，德军就开始有计划地破坏该港口。一个连接巴黎来的火车与横渡大西洋定期班船的中转火车站，被满满一列火车炸药炸毁。港湾被沉船完全堵塞，港口内密密麻麻布设着水雷。港区内所有的大型起重设备和港口设备都被破坏，就连防波堤也未能幸免。

德军的破坏工作得到了盟军的高度评价，一位美国工兵主任这样说道："德军干得非常出色，是历史上一次最完整、最周密的爆破。"

从德军手里接过瑟堡港后，盟军开始着手清理工作。盟军用了3个星期的时间，共清除了133颗水雷，移走了20多艘沉船。

美军的第一批物资于7月16日运到瑟堡。7月底，该港口每日卸货量已经达到了8500吨，到9月又增加了一倍。盟军用3个月的时间，使瑟堡港的卸载能力仅次于马赛，成为美国陆军在欧洲大陆进行后勤补给的第二大港。

就在美军进攻瑟堡的同时，蒙哥马利指挥英国第2集团军，于6月26日以4个师的兵力发起了代号为"埃普索姆"的作战行动，目标是占领卡昂，打开进攻巴黎的门户。

英军进攻之初，进展较为顺利，26日当天即攻占了舍克斯，但在推进过程中，左右两翼均受到党卫军第12装甲师的反击，前进顿时变得极为困难。

6月27日，经过一番苦战，英军击退了德军的反击，占领了劳良，先头部队第11装甲师控制了奥登河上的桥梁。

6月28日，英军主力渡过奥登河，建立了正面宽3650米，纵深900米的桥头阵地。

6月29日，德军集中了5个装甲师的兵力对英军发起了反击。由于当天天气晴朗，盟军的飞机大批出动，德军装甲师遭到盟军空军的猛烈轰炸，其攻势被完全瓦解。英军第11装甲师在空军的协助下，趁势占领了卡昂西南的战略要地112高地。

6月30日，为了夺回112高地，德军组织了一次大规模反击，德军集中了所有的大炮。在德军猛烈地炮击下，英军难以坚守，只好放弃并撤退到奥登河的岸边。

德军虽然夺回了112高地，但是又陷入了英军空军和炮兵的联合绞杀中，无法利用英军败退的大好机会发起反击。

在卡昂附近的战场上，始终困扰着隆美尔的问题是，盟军空军的火力太猛，他根本无法集中使用装甲部队进行突击，只能将装甲部队分为一个个小的战斗群投入作战。

一个小的战斗群由15-20辆坦克和200名步兵组成，无法对盟军构成威胁。此外，隆美尔手头的坦克打坏一辆就少一辆，得不到补充，对英军发起反攻不太可能，他干脆放弃了卡昂的一些外围阵地，将一多半坦克部署在卡昂郊区。

6月30日当天，英军在占领卡卢克机场后再也无力发起进攻，而隆美尔惧怕盟军的空军，也不敢集中装甲部队发起反击，卡昂战场一时又陷入了僵局。

从表面上来看，英军在卡昂一线并没有什么突破，但是从全局上来看，英军却将德军的主力牢牢地牵制在卡昂附近，为美军占领科唐坦半岛和瑟堡创造了条件。

6月29日，隆美尔和伦德施泰特面见希特勒，汇报了当前的战局。希特勒对西线的局势极为不满，他认为西线的主要将领必须对德军的失败负责，并对西线德军高层的人事进行了一次调整。

希特勒以克鲁格替代伦德施泰特出任德军西线总司令，以艾伯巴赫取代施韦彭堡出任西线装甲集团军群的司令，并将其所统领的德军装甲部队改称为第5坦克集团军，以党卫军上将豪瑟接替刚刚病故的多尔曼上将出任第7集团军司令。

西线德军总司令克鲁格上任之初雄心万丈，打算将盟军赶下海去，但主持西线防务工作几天后，他的信心就消失得无影无踪了，他认为西线的形势极为糟糕，德军的处境不妙。

随着美军占领瑟堡和英军兵临卡昂城下，盟军在"霸王"行动中的登陆阶段胜利结束。7月初，"霸王"作战中的海军部分"海王"作战结束，盟军海军调整了海军的指挥机构，撤掉了东、西特混舰队，所属的火力支援舰队和部分登陆艇被调到地中海和太平洋。两个新的海军后勤基地被建立了起来，一个设在瑟堡，另一个设在"朱诺"海滩，这两个基地分别负责管理和分配从英国运过来的各种后勤补给物资。

在进行上述机构调整的同时，盟军的后续部队继续通过瑟堡港、"桑树B"人工港和各海滩源源不断地上岸。到7月初，盟军已经上岸25个师，其中13个美国师，11个英国师，1个加拿大师，共100万人，56.7万吨物资，17.2万辆车。

到此为止，盟军的5个登陆场已经连成一片，德军处于被动防守的态势，盟军掌握着诺曼底战场上的主动权，为了继续扩大战果，解放法国，盟军又开始策划起新的攻势。

第十三章

席卷法国

诺曼底登陆

第一节
"特尔福德"行动

1944年7月,法国诺曼底地区。此时距离盟军上岸已经过去了大半个月,盟军的形势一片光明——5个登陆场已经连为一片,科唐坦半岛和瑟堡港被美军第7军攻占;盟军上岸兵力已经达到了25个师,共计100万人,而防守的德军兵力尚不及此数目的一半。

7月初,盟军已经将战线推进至莱塞-卡朗坦-科蒙-卡昂一线,但仍然觉得登陆场过于狭窄,便计划继续扩大登陆场。为了使随后上岸的装甲部队有足够大的出发阵地,美军指挥官布莱德利在美国第7军攻取瑟堡之后,即令其迅速南下,与美国第5军会合,组成美国第1集团军战斗群,准备继续南下进攻布列塔尼亚半岛以及卢瓦尔河地区。

在盟军西翼的美军秣马厉兵,准备大显身手之际,东翼的英国和加拿大军队却兵临卡昂城下,难以突破德军的防御。

卡昂对于德军和盟军来说都极为重要!

卡昂是德国第7集团军和第15集团军的连接点,一旦盟军突破并占领卡昂,那么它们之间就会出现一个大缺口,整个德军防线岌岌可危。另外,卡昂是通向巴黎的门户,只要此城失守,那么巴黎的大门就会向盟军完全敞开。对于德军来说,卡昂不容有失。

对于盟军来说,卡昂的作用也同样突出,攻取卡昂可以分割德军防线,孤立德国第7集团军,还可以打开通向巴黎的大门,盟军对卡昂志在必得。

为了争夺卡昂,盟军和德军围绕着这个城市展开了诺曼底登陆战役中最激烈的攻防战。

在科蒙至卡昂的战线上，德军集中了第 7 装甲师和第 8 装甲师的部分兵力，这几乎是德军驻法国装甲兵力的三分之二。同时，在盟军左翼，德军也部署有两个步兵师。

负责进攻卡昂的是英国陆军上将蒙哥马利指挥的英国第 2 集团军，该集团军自登陆日开始就一直派出部队猛攻卡昂，但是由于受到德军的顽强阻击而未能得手。

1944 年 6 月 26 日，英军首次集中兵力对卡昂发起大规模攻势，这次攻势代号"埃普索姆"。

进攻开始时，英军陆上和海上的各式大炮齐齐怒吼，向德军阵地发射了无数炮弹。一时间，德军阵地上火光冲天，浓烟滚滚。

借着炮兵们的掩护，英军向德军阵地发起了进攻。经过两天激战，到 6 月 28 日，英军的装甲部队和步兵部队突进至卡昂西南的战略要地 112 高地附近，并于当天占领了该高地。

这个高地对于德军来说极为重要，不容有失，德军多次反扑，均未赶走英军，于是德军决定于次日等待增援的部队到达后，再集中装甲部队发起反击。

6 月 29 日，天气晴朗，阳光明媚，能见度很高，非常适合空军的飞机出动。这一天，盟军的各式战机早早地飞临了战场上空，准备给予德军装甲部队以致命的攻击。

德军为了夺回 112 高地，集中数百辆坦克对英军发起了进攻。这些装甲部队有一些是刚从苏德战场和法国南部调来的，他们刚刚到达卡昂没多久，连战区的详细情况都还没来得及了解，就急匆匆地投入了战场。

当德军的装甲车开出隐蔽部，行进在去往 112 高地的路上时，就遭到了盟军空军战机的猛烈袭击。英国皇家空军装备的能发射火箭弹的"台风"式战斗机，在猎杀德国坦克时，成绩极为优异，当然盟军其他型号的飞机也斩获颇丰。

在盟军飞机的一路打击下，参与进攻 112 高地的德国坦克最终仅有

200多辆到达了目的地，其余的坦克和几乎所有极为重要的油料运输车都被盟军的飞机炸成了废钢烂铁。

经过盟军飞机的洗礼后，德军仅剩的200多辆坦克终于开到了112高地附近，并从3个方向对该高地发起了进攻。

这次进攻时，德军集中了所有的火炮对112高地进行了炮击，接着坦克带领着步兵一步一步地逼近英军的阵地。

德军坦克在进攻时，除了继续遭到盟军飞机的打击之外，还遭到盟军炮兵和装备着火箭筒的步兵的攻击。

112高地一带多树，盟军步兵可以隐藏在树林中，等到德国坦克接近时，就利用他们手中的"派阿特"反坦克火箭弹近距离攻击德国坦克侧面和后方的装甲薄弱处。德国坦克虽然正面装甲很厚，而且火力也极为凶猛，但是在盟军步兵的近距离打击下，照样很容易被击毁。

6月29日当天，德军在付出了重大代价之后，终于将英国军队逐出了112高地。英军退却时，德军由于损失过大，并未对其发起追击。

英军退到奥登河岸边后，积蓄力量，再次对112高地发起了进攻，德军则依托工事顽强坚守。双方在这个小小的高地附近浴血奋战，反复拉锯，谁也不能完全占领它。

在112高地附近，同样惨烈的厮杀随处可见，双方都杀红了眼，战场附近的那条小小的奥东河居然被尸体所堵塞。

蒙哥马利发起的"埃普索姆"攻势持续了5个昼夜，德军的抵抗极为顽强，英军的进攻步履维艰。在整个诺曼底战役的过程中，其他地区战斗的激烈程度远远赶不上这里的。

卡昂地区的激战，吸引了德军增援部队中的绝大部分装甲力量，这为美军在战线西侧的突破创造了条件。

7月3日，希特勒对西线的战事深感不安，他下令由冯·克鲁格元帅接替冯·伦德施泰特元帅出任西线德军的总司令。克鲁格元帅原先一直在苏德战场上指挥德军作战，在接掌西线德军指挥权之初，他满以为西线的战事比较容易应付，可是不久后他的轻松心态便一去不复返了。

在克鲁格出任西线德军总司令的当天，诺曼底地区的盟军就又发起了一次攻势。这一天，盟军集中了 14 个师的兵力，向登陆场正面的德军约 7 个师发起了猛攻。

盟军东翼的英国军队继续进攻卡昂，逐步蚕食德军的外围防御阵地。作为对应措施，德军对每一寸土地都死死坚守，往往顽抗至最后一颗子弹、最后一人，这使英军的前进速度极为缓慢。

盟军西翼的美军在进攻中同样遇到了一些困难。进入 7 月后，法国北部风雨不断，盟军的空军战机无法出动，而此时盟军和德军交战的战场已经远离海岸，盟军的海军同样也帮不上什么忙。

失去了海空军的支援，美军在地面火力上其实根本就不占太大优势，虽然在战线西翼进攻的美军对德军仍然占据着人数上的优势，但这个优势很快就被地理因素抵消了。

除了诺曼底、科唐坦和布列塔尼亚地区典型的树篱地形给美军带来不便之外，诺曼底地区的沼泽地也给美军带来了麻烦。诺曼底地区可供通行的道路两侧大多是沼泽地带，这就严格限制了美军的行军路线，也使美军进攻时不能一次展开过多的兵力。

要是想发起进攻，美军就不得不顺着遍布地雷和障碍物的道路，一次展开少许兵力，粉碎德军的顽强抵抗逐步推进。

鉴于上述因素的限制，美军在进攻之初进展极为缓慢，5 天才前进了 6.4 千米。美军又经过足足 7 天的浴血奋战，才推进了区区 4.8 千米。不到半个月，人员伤亡达 1 万人。

美军的进攻速度虽然缓慢，但是毕竟是在进攻，而德军则一直在退却。要是德军继续这样退却下去，德军迟早要退回德国去。隆美尔和克鲁格意识到了美军的威胁，他们决定从卡昂附近调出一支装甲部队去阻挡美军的攻势。

正当隆美尔和克鲁格想办法从卡昂挤出装甲部队去支援科唐坦半岛地区的德军时，7 月 6 日，"南方坚韧"计划的男主角，美国第一猛将巴顿率领第 3 集团军从英国渡海来到科唐坦半岛地区准备参与诺曼底登陆战。

转折之战 诺曼底登陆

巴顿的第3集团军在"犹他"海滩上岸时，前线远在32千米之外，上岸部队没有受到任何炮击和射击，也没有遭遇德国飞机的轰炸，甚至连涉水湿足的人也没有几个。

与以往一样，巴顿这柄美国陆军的"尖刀"是来担负突击任务的。蒙哥马利为这位美国硬汉准备了一道"大餐"，他希望这位美国将军能够在美军冲出诺曼底的沼泽和树篱地区之后，带领装甲部队在平坦的法国平原上一路猛冲，瓦解德军在法国的防线。

巴顿在科唐坦地区出现的消息震惊了隆美尔和克鲁格，他们慌忙于7月9日将卡昂附近的装甲教导师调遣到了维尔河地区，以抗击美军的攻势。尽管该师全力奋战，顽强阻击，但是仍然阻挡不了美军的推进。

7月11日，西翼的两路美军对诺曼底地区重要的交通枢纽圣洛发起了钳形进攻。圣洛城里的德军依托预先构筑的防御工事拼死抵抗，美军的攻击未能如愿。于是美军停止进攻，开始整顿部队，补充弹药，为下一轮进攻做准备。

盟军的后勤补给线基本上没有受到德军的骚扰，后勤补给物资源源不断地送到了美军部队。而德军的交通线则受到盟军的持续打击，德军的人员、装备和物资都因为得不到有效补充而所剩无几，驻防在圣洛城的德军已经走到了穷途末路。

在美军发起西翼攻势、围攻圣洛的同时，盟军东翼的英国和加拿大军队同样也没有闲着，蒙哥马利计划发动第二场针对卡昂的大规模攻势，代号"特尔福德"行动。

参与"特尔福德"攻势的部队有英国第3步兵师和第

1944年7月10日，英军工兵在成为废墟的卡昂寻找地雷

59步兵师，加拿大第3步兵师，第105炮兵旅，第4重型防空炮团和第107重型防空炮团，第6北斯塔福德联队和第2南斯塔福德联队，以及两个装甲师。

"特尔福德"行动原定于7月8日进行，而盟军的火力准备早在7月7日就开始了。著名的"罗德尼"号战列舰打响了第1炮，它用406毫米的重炮轰击了卡昂的北部地区。英国皇家空军也出动了406架次重轰炸机，对城市及其周围地区的德军阵地进行了猛烈地轰炸。短短40分钟，英国皇家空军一共投下了2500吨炸弹。

7月8日，在海军舰炮的火力支援下，英军2个师和加拿大军队1个师向卡昂发起了向心突击。在两国军队推进的过程中遇到了一些小小的麻烦，这些麻烦倒不是德军的顽强抵抗造成的，而是盟军火力准备造成的。

盟军的火力准备有效地杀伤了德军，摧毁了他们的防御阵地，但是轰炸和炮击造成的遍地瓦砾却严重影响了英军和加拿大军队的前进速度，甚至还出现了令人令啼笑皆非的场景，即盟军的装甲部队在卡昂城的一片瓦砾中寸步难行。

从某种意义上说，盟军的火力准备算是帮德军迟滞了英军和加拿大军队的进攻。后来，在进行火力准备时就吸取了教训，避免给进军带来不便。

当英国和加拿大军队攻进已经成为一片废墟的卡昂城时，德军士兵仍然利用每一幢残破的房屋与敌人展开着激烈的巷战。

到7月10日，卡昂城中的德国守军弹药即将告罄，而且也无法指望得到援兵，他们终于抵挡不住两国军队进攻而逐渐溃败，退守到奥恩河以南的卡昂城区中。英军和加拿大军队趁机占领了卡昂城在奥恩河以北的那部分城区，同时还拿下了卡尔皮凯机场。

德军继续在奥恩河南岸的群山之中构筑战壕，打算依托山地的地形之利建立起一条稳固的防线，阻止英国和加拿大军队继续向法莱斯及其周围平原地区推进。

在随后的一周里，英国和加拿大军队停止了进攻，他们一边补充兵力和物资，一边继续对德军施加压力，使其无法重新部署。

在盟军东翼的英国和加拿大部队蓄积力量，为下一次进攻做准备的同时，西翼的美国军队开始了对圣洛的第二轮进攻。

圣洛是一个风光秀丽的集镇，是通往卢瓦尔河谷的公路门户，美军夺下该集镇后，巴顿就可以通过这里，并率领他的装甲军团在法国大平原上纵横驰骋，攻击德军。

在经过充分的休整之后，美军对圣洛发起了第二轮进攻，这一次德军同样进行了绝望而又顽强的抵抗。7月18日，经过一番激战，美军占领了硝烟弥漫、已经化成了一片废墟的圣洛。

在圣洛之战中，德军在诺曼底地区重要的前线指挥官第84军军长马克斯中将阵亡，而美军为了攻克圣洛也付出了伤亡近4万人的高昂代价。

随着圣洛的失守，德军在诺曼底地区的防线被切割成了两段，局面更加被动不利。

第二节
"眼镜蛇"计划

1944年6月13日,盟军上岸之处,第21集团军群司令蒙哥马利提出了一个名为"眼镜蛇"行动的进攻计划,该计划要求布莱德利率领美国第1集团军攻占圣洛和库唐斯,然后向南实施两路进攻:一路由科蒙向维尔河畔的莫尔坦进攻;另一路则由圣洛向维勒迪和阿弗朗什进攻。

当时,蒙哥马利只要求布莱德利对罗梅尔杜普和瓦洛涅保持压力,并不要求其所部美军迅速攻占瑟堡。6月19日大风暴来袭,"桑树A"和"桑树B"受到重创,盟军急需深水港口,蒙哥马利这才放弃了原订的"眼镜蛇"计划,命令布莱德利从速进攻瑟堡。

6月27日,美国第7军的柯林斯少将带领他的部队成功地攻克了瑟堡,蒙哥马利开始酝酿新的"眼镜蛇"计划。

蒙哥马利于7月10日召见了美国第一集团军司令布莱德利和英国第2集团军司令登普西,这3位盟军的高级指挥官就7月中下旬第21集团军的作战行动问题展开了讨论。

在这次讨论会中,蒙哥马利提出了新的"眼镜蛇"计划,该计划的核心内容是这样的:

第一,盟军东翼的英国第2集团军继续集中兵力猛攻卡昂地区,造成盟军想要通过卡昂进攻巴黎的假象,借此将德军的主要兵力,尤其是装甲部队吸引到卡昂附近。

第二,美国第1集团军加上巴顿的美国第3集团军在盟军的西翼,也就是法国西部地区展开主要进攻。美军必须沿着公路兵分两路南下,一路

转折之战 诺曼底登陆

向南进攻卢瓦尔河畔的南特，以切断布列塔尼半岛及其岛上各港口与法国内陆的联系，并最终攻下半岛上的港口；另一路沿一条与卢瓦尔河相平行的路线向东进攻，目标是攻占巴黎南面的奥尔良隘口。

第三，德军溃败后，所有盟军部队一路追击德军，朝塞纳河方向大举进攻，解放巴黎。

蒙哥马利在确认布莱德利和登普西理解了他的意图之后，要求美军做好主攻的准备，在7月18日，他将会在卡昂地区进行一场攻势作战，借以吸引德军的注意力，趁此机会，美军立即从科唐坦半岛向南发起进攻。

这次会议结束之后，3位指挥官各自回到自己的指挥部策划起了下一阶段的攻势。

蒙哥马利策划了在卡昂地区进行的"赛马场"攻势，他的意图是夺取德军重兵防守的位于卡昂西南的战略要地112高地，占领整个卡昂，并突进至法莱斯地区，诱使德军最大限度地将其装甲力量用来对付英国和加拿大军队，这样就能为美军发动"眼镜蛇"攻势提供支持。

1944年7月15日，休整了5天的英国和加拿大军队再次对卡昂地区的德军发起了大规模进攻。

与以往一样，英军和加军的进攻先以空袭拉开序幕，空袭过后，英军和加军的400门大炮继续发炮猛轰德军阵地。

在经过充分的火力准备后，英军和加军奥东河对岸的英国和加拿大部队继续猛攻112高地，驻扎在卡昂城奥恩河北岸城区的英国军队则对奥恩河南岸城区的德军发起了猛攻。

经过一番激战，7月17日，英加军队终于攻克了卡昂城。7月18日，为了进一步将登陆场扩大到奥恩河至迪沃河之间，英军继续由卡昂向其东南的法莱斯方向推进。

为配合英军的攻势，盟军空军实施了更猛烈的航空火力准备。盟军共出动了1700架次重轰炸机和400架次中型轰炸机，投弹1.2万吨，并吸取了轰炸卡昂时的教训，航空炸弹都采用了瞬发引信，以减少对道路的破坏。

隆美尔料想到盟军会进行高强度的火力准备后再发动进攻，他对德军的防线进行了巧妙地部署来应付英军的进攻，在纵深为16千米的设防区域内，分兵把守着各个制高点，并分散配置了大量的坦克和各种火炮。隆美尔配置的火炮中，包括二战期间最厉害的坦克"大杀器"88毫米高射炮，另外还有6管火箭发射器。

有了这套纵深梯次防御系统，隆美尔有信心粉碎英国和加拿大军队的进攻。不过，命运却与这位战将开了个小小的玩笑，使他无法再跟他的宿敌蒙哥马利继续较量。

7月17日下午，隆美尔视察前线后驱车返回B集团军群司令部。在回司令部的路上，他的车遭到一架低空飞行的英国皇家空军战斗机的扫射。为了躲避飞机的扫射，隆美尔的车翻在路边，他本人从车里摔了出来，当时就不省人事，伤势沉重。他马上就被送入医院接受治疗，伤愈之后再也没有重返战场。后来由于他牵扯进了德国国防军内部反对希特勒的有关活动，被希特勒勒令自杀，一代将星就此陨落。

英军占领卡昂后，继续朝法莱斯方向前进时落入了隆美尔设置的圈套中。德军层层设置的、密密麻麻的88毫米高射炮，给英军的装甲部队带来了灭顶之灾。

英军步兵和装甲部队不顾伤亡，连续猛攻了72个小时，却收效甚微，根本无法突破隆美尔设置的纵深梯次防御体系。此战结束之后，英军损失了200多辆坦克和1500多名士兵。

7月19日，天气突变，惊雷骤起，大雨如注，整个战场顿时化为一片泥潭，装甲部队在这样的路况下是无法进攻的，蒙哥马利只好命令英军停止进攻。

按照蒙哥马利原先的设想，英军占据着绝对优势，这场大规模攻势足以踏平德军的防御工事，使英军前进至法莱斯一线。可是，结果与他的设想刚好相反，英军一共损失了400多辆坦克，牺牲了大量步兵，却只不过突入德军阵地11千米，建立了一条狭长的突出阵地而已。尽管在蒙哥马利看来"赛马会"攻势没有达到预期的效果，但是这次攻势却起到了将德军主力吸引在卡昂的作用。

德军这次虽然顶住了"赛马场"攻势，但是这一攻势终于使德军统帅部彻底清醒了，希特勒及其德国最高统帅部的将军们此时已经完全确信，盟军登陆战的主攻地点必然是诺曼底。

希特勒命令守卫加莱地区的25万训练有素的德国第15集团军官兵，立即投入诺曼底地区的作战行动。

这个命令下达得太晚了！法国北部的交通线早已被盟军破坏得千疮百孔，塞纳河以北几乎所有的桥梁都被盟军炸断了，德国第15集团军的官兵们不得不花了将近一个月的时间才抵达诺曼底。

等德国第15集团军的官兵历尽千辛万苦赶到诺曼底时，"霸王行动"已经接近尾声，德军回天乏力了。

"赛马场"攻势失利后，艾森豪威尔和盟军其他高级将领对蒙哥马利失去了信心，不过，布莱德利和英国总参谋长布鲁克却对他的战略赞叹不已。布鲁克指出虽然蒙哥马利未能攻下法莱斯，但是英国第2集团军却牵制住了德军大部分的装甲部队，而且还给予这些装甲部队以重创，使德军根本来不及补充。从战略上来说，为美军在法国西部和南部的进攻创造了有利的条件。

布鲁克所言不差，在蒙哥马利的努力下，美军发起"眼镜蛇"攻势时，德军只有2个装甲师共190辆坦克被用来防守布莱德利的美国第一集团军，而7个装甲师共750辆坦克被部署在卡昂附近地区，用于防守英国和加拿大军队。

当蒙哥马利在卡昂-科蒙一线猛攻德军之际，盟军西翼的美军部队正在按照蒙哥马利的要求部署"眼镜蛇"行动。

1944年7月12日，布莱德利向他麾下的美军指挥官们介绍了"眼镜蛇"计划，这个进攻计划包括3个阶段：

第一阶段，夺取圣洛，为美军进攻取得一个出发地点；

第二阶段，在圣洛以西，沿圣洛-佩里耶公路一线对德军防线发起猛攻，在德军防线上打开一个缺口；

第三阶段,从德军防线的缺口处向法国南部进攻,攻克布列塔尼半岛,并向东方的塞纳河突进。

在领会了布莱德利的意图之后,美军各将领即回去做了相应的准备。

7月18日,美军攻克了圣洛。7月19日开始,天气变差,雷雨交加,盟军的空军不能出动,布莱德利只好推迟"眼镜蛇"行动第2阶段和第3阶段的行动。

7月25日,天气好转,盟军的飞机可以出动了,"眼镜蛇"行动的核心部分正式发动。当天早上9点38分,美军对圣洛西面一块长8千米,宽2千米的德军防御阵地发起了大规模的炮击。在接下来的1个小时里,先是美军第8航空队的1800架重型轰炸机对圣洛-佩里耶公路沿线的德军阵地实施了饱和轰炸,随后另外的1200架美军轰炸机飞临再次进行了"地毯式轰炸"。

部署在圣洛以西的德国装甲教导师在此次轰炸中遭到重创,该装甲师师长拜尔莱因说道,美国的轰炸使这一地区布满了巨大的弹坑,如同一片月球上的景象,尽是火山口,死亡笼罩着一切。

拜尔莱因估计,阵地上的德军部队有70%丧失了战斗力,他们不是被炸死、炸伤,就是被吓得神志不清,呆若木鸡。

美军的飞机丢完炸弹后,德军阵地一片狼藉,通信线路被炸断,重型装备损失殆尽,正好处于轰炸区域内的装甲教导师几乎被完全消灭掉了。

轰炸结束后,柯林斯率领着美国第7军从圣洛-佩里耶一线向库唐斯方向推进。与此同

诺曼底战役后的法国城市圣洛,两个小孩站在废墟顶俯瞰诺曼底登陆战役后受战火摧残的村庄。

时，其右翼的美国第 8 军和左翼的美国第 19 军也对德军防线发起了进攻。

美军的很多坦克上装配有专门清除树篱的特殊装备，这令美国坦克能在诺曼底地区的树篱地形中运转自如。美国坦克的这一优势，德国坦克却并不具备。

除了装备有切割树篱的特殊装备之外，很多美国坦克还装有发光识别板和对空联络电台——发光识别板是美国坦克用来显示身份的，这个装置可以避免美国飞机将美国坦克当作德国坦克攻击；对空联络电台则是用来呼叫空中支援的，美军在进军过程中遇到较为棘手的地面抵抗时，就用电台呼叫空中支援，从而扫清前进的障碍。

由于地空配合默契，美军前进的速度很快。7 月 27 日，美国第 7 军和第 8 军将德国党卫军第 17 装甲师团团包围，该师试图突围，但是未获成功，接着又遭飞机轰炸，处境岌岌可危。

7 月 28 日，美国第 8 军第 4 装甲师攻入库唐斯。7 月 30 日，德国党卫军第 17 装甲师被美军歼灭。当晚，美军第 8 军攻入了阿弗朗什，到此为止，美军已经打开了进入布列塔尼半岛和法国腹地的缺口。

8 月 1 日，美军组建了第 12 集团军群，由布莱德利任司令，下辖巴顿的第 3 集团军（包括美国第 8 军、第 15 军、第 20 军、第 12 军）和霍奇斯的第 1 集团军（包括美国第 5 军、第 7 军和第 19 军），共计 5 个装甲师，16 个步兵师，总兵力 40 万人。

此时，美军已经打开了突破口，阿弗朗什的南面和东面一片坦途，该是美国第一猛将巴顿发挥他装甲部队突击威力的时候了。

布莱德利命令巴顿率领第 3 集团军完成"眼镜蛇"计划的第 3 部分，也是该计划的高潮部分，攻占布列塔尼半岛，向塞纳河挺进，寻机围歼德国第 7 集团军。

接到布莱德利的命令后，巴顿先在阿弗朗什等待他麾下的部队完成集结。当第 3 集团军的 4 个军在阿弗朗什集结完毕之后，巴顿立刻命令各军呈扇形展开，第 8 军直扑布列塔尼半岛顶端的布雷斯特，其余各军分别向东、向南推进。

当巴顿所部在法国西部攻城略地之时，蒙哥马利命令英国第2集团军攻打卡昂－圣洛一线，以掩护巴顿所部的侧翼，加拿大军队则从卡昂南面向法莱斯方向发起进攻，继续牵制德军的大部分装甲部队和炮兵部队。

除了上述部署之外，蒙哥马利还把主要兵力从卡昂调往科蒙，准备夺取维尔河奥恩河之间的高地。

布莱德利打算趁德军的大部分装甲兵力和炮兵部队应付北面英国和加拿大部队的大好时机，率领第12集团军群迅速从法国南面包围德军。

当时德军的绝大部分兵力都被用来抵挡英军和加军的进攻，他们层层设置的机关枪、迫击炮、88毫米高射炮和坦克等武器构成的防线遏制住了英军和加军的攻势，却让美军捡了个大便宜，美军一路畅通无阻，从阿弗朗什一路奔着塞纳河杀了过去。

第三节
法莱斯"口袋"

到1944年8月,诺曼底登陆战已经进行了将近两个月,这两个月里,盟军一路凯歌高奏,而德军则败仗不断。德国元首希特勒常常因为德军糟糕的表现大发脾气,但是这对前线的局势毫无影响。盟军继续朝着胜利稳步前行,而德军则朝着失败的深渊慢慢滑去。

在德军的大部分部队被牵制在卡昂-科蒙一线之际,巴顿的美国第3集团军以阿弗朗什为中心,迅速向布列塔尼半岛和法国东部以及南部展开了辐射进攻。由于德军的兵力主要集中在法国北部地区,巴顿麾下各部在进攻时简直如入无人之境,进展极为顺利。

隶属于巴顿第3集团军的自由法国第2装甲师师长勒克莱尔就如此感慨道:"现在的情况似乎是1940年战局的重演,不过胜负双方可颠倒了过来。敌人在我军出其不意的攻击下,乱作一团,溃不成军。"

很快,美国第3集团军的一个军直奔布列塔尼半岛顶端的布雷斯特而去,其余各军则分别杀向南特、勒芒。德军的诺曼底防线被砸开了。

巴顿所部狂飙猛进,这令希特勒极为担忧,他很担心美军绕到正在与英军和加军大战的德军身后,把德军B集团军群的部队包在"饺子"里,使西线德军全军覆没。

为了挽救西线的局势,希特勒决定发动一次反击战来消灭美军的部队,并为这次反击战制订了一个名为"吕希特"的作战计划。

在"吕希特"计划中,希特勒要求德军西线总司令克鲁格集中全部的装甲部队从维尔和莫尔坦之间进攻阿弗朗什,把突入布列塔尼和法国中部的巴顿所部包围起来消灭掉。

8月2日，希特勒把名为"吕希特"的作战计划发给了克鲁格，他命令西线德军司令以8个装甲师向西进攻，突破只有美军一个步兵师和一个装甲师防守的莫尔坦，占领阿弗朗什。

克鲁格元帅一眼就看出了这个计划的缺陷：首先，德军并无制空权，在盟军飞机的打击下，装甲师很难形成"拳头"对敌军发起致命一击；第二，目前巴顿的美国第3集团军正自西向东朝巴黎方向推进，德军却自东向西进攻莫尔坦，如果德军攻占了莫尔坦和阿弗朗什，倒也可以切断巴顿的后勤补给，但万一德军不能攻克莫尔坦和阿弗朗什，那德军的后路就极有可能被巴顿所部切断，那时西线德军的精锐装甲部队就全完了。

看出"吕希特"计划的缺陷后，克鲁格当即向希特勒发出电报解释了该计划存在的风险。在力陈此计划存在风险的同时，他还指出执行此计划需要从卡昂附近调出装甲师，而调出了装甲师后，他就没有办法阻挡英军从卡昂向法莱斯发起的进攻。

希特勒对克鲁格指出的风险以及提出的困难置之不理，他宣布给克鲁格140辆新坦克和60辆装甲车，并要求克鲁格必须在8月6日发起进攻。

克鲁格曾经参与了暗杀希特勒的行动，他知道这件事迟早会东窗事发，所以他希望能够通过战场上的良好表现来取悦希特勒，使德国元首能够放过他。

一念及此，尽管克鲁格知道"吕希特"计划存在着很大风险，他仍然决定执行这个计划。

克鲁格知道这次进攻凶多吉少，却不知道盟军情报部门完全破译了他和希特勒之间的电报，并根据这个"吕希特"计划设置了一个大陷阱，等着德国B集团军群的部队往里面钻。

希特勒与克鲁格之间的电报、克鲁格与其部下之间的电报，在几个小时之内就被破译，并翻译成了英文，送到了艾森豪威尔、布莱德利和蒙哥马利的办公桌上。

3位盟军高级将领看了"吕希特"计划的内容后，马上喜上眉梢，他们发现了一个围歼德国B集团军群千载难逢的战机，于是决定趁着克鲁格所部进攻莫尔坦的机会，派遣巴顿的第3集团军以迅雷不及掩耳之势杀向德国B集团军群的侧后，截断该集团军群的退路。最后，所有盟军部队共同包围并消灭该集团军群。

为了实现包围并消灭德国B集团军群的目的，盟军的3位高级将领制订了如下作战计划：

1. 由美军第30师坚守俯视莫尔坦的战略要地317高地，并在维尔河莫尔坦之间展开5个师，再以3个师作为预备队，抵挡德军的攻势；

2. 在德军进攻莫尔坦时，蒙哥马利麾下的加拿大第1集团军继续从卡昂向法莱斯发起进攻，占领法莱斯后继续向南推进；

3. 巴顿率领美国第3集团军快速攻占勒芒，然后挥师北上，在阿让唐以南与加拿大军队会师，包围并消灭整个德国B集团军群。

对部下下达这个作战计划后，布莱德利兴高采烈地说道："我们来尝尝大火鸡吧，我准备尽吃肉！"

8月6日，向南方和东南方进击的巴顿所部正在猛攻克马延和拉瓦勒，而向西进攻的其他部队已经将德军赶出了布列塔尼半岛内陆，并把他们堵死在半岛的各个港口内。

8月7日凌晨，德军从勒芒开始发动反攻。反攻之初，德军进展较为不顺，在无法占领317高地的情况下只好先占领了莫尔坦。随后，德军继续推进到距离阿弗朗什仅11千米的地方，才被美国装甲部队挡住。

破晓后，317高地的美军居高临下，把德国坦克打得七零八落。中午时分，浓雾散去，盟军的"台风"式战斗机和"飓风"式战斗机飞临莫尔坦上空。

盟军的飞机一顿轰炸，当场就把60辆德国坦克和200辆卡车变成了废钢烂铁，剩下的德国装甲车见势不妙，急忙躲进树林里避难。

当日夜，加拿大第1集团军自卡昂向法莱斯发起了进攻。1000架英国皇家空军的轰炸机飞临德军阵地上空，投下航空炸弹和照明弹。

经过充分的航空火力准备后，加拿大军队在坦克和装甲车的掩护下突破了德军的第一道防线，并在第二道防线上打开了一个缺口。

见加拿大军队攻势凶猛，克鲁格担心法莱斯不保，急令德军停止进攻阿弗朗什。希特勒对克鲁格的这一行为大为恼怒，严词训斥了克鲁格，要求恢复对阿弗朗什的进攻。

克鲁格服从了希特勒的命令，不过却做了点儿手脚，他把2个装甲师调到法莱斯阻挡加拿大军队的攻势去了。德军久攻阿弗朗什却毫无结果，局势对德军越来越不利。

巴顿第3集团军犹如脱缰的野马，在法国中部攻城略地，一路如入无人之境。8月8日，巴顿所部攻克勒芒，接着又扑向了北面的阿让唐。

8月13日，巴顿麾下的第15军推进到了距离阿让唐以南12千米的地方，距离加拿大军队仅40千米。

此时，布莱德利遇到一个难题，原计划加拿大军队应该在阿让唐以南与美军会师，但加拿大军队却在法莱斯以北苦战，推进速度极为缓慢，恐怕不能按照原计划与美军会师。

布莱德利反复思考着是否让美军越过分界线，占领阿让唐和法莱斯。在思虑良久后，他决定让美军停止进攻，并下令已经越过美国和加拿大军队分界线的部队回撤到阿让唐以南。

布莱德利这样做是基于以下3个原因：

1.英军和加拿大军队一直在猛攻法莱斯却没有攻下，可以说英国军队十分渴望攻下这个目标，加拿大军队也一样。如果这个时候让巴顿所部占领法莱斯，等于是在关键时刻打了盟友一记耳光，这会影响盟军内部的团结。

2.巴顿的左翼兵力极为薄弱，不能再分兵了。

3.越过分界线可能会遭到友军飞机的误伤。

巴顿对布莱德利的安排极为不满，8月14日早晨，他在电话里与布莱德利发生了激烈的争论，他说："让我继续向法莱斯前进，把英国人赶回海里，再来一次敦刻尔克大撤退。"

布莱德利被巴顿的一番不负责任的言辞给激怒了，他断然拒绝了巴顿的要求。布莱德利虽然拒绝了巴顿的要求，但是他仍然对法莱斯和阿让唐之间的这个缺口感到不安，很明显，德军完全可以通过这个缺口逃之夭夭，盟军围歼德国B集团军群的计划极有可能付之流水。

布莱德利暗自抱怨蒙哥马利部署不当，他觉得蒙哥马利应该派遣久经沙场的英军，而不是没有什么作战经验的一个加拿大师和一个波兰师去进攻法莱斯。他希望能够尽快堵住"法莱斯缺口"，对德国B集团军群完成合围。

当天上午，布莱德利来到蒙哥马利的指挥所，与艾森豪威尔一道讨论如何堵住"法莱斯缺口"的问题。

当布莱德利和艾森豪威尔同蒙哥马利讨论如何封闭"法莱斯缺口"的问题时，蒙哥马利却提出了一个跟"霸王"计划毫不相干的新行动计划：由他率领所有的盟军，沿英吉利海峡北上，经比利时、荷兰进攻德国。

布莱德利和艾森豪威尔都极为吃惊，不明白蒙哥马利到底想干什么？就在这时，两位美国将军收到了一份通过破译德军电报而得来的情报分析报告。

这个分析报告说：法莱斯以西包围圈中的德军已经乱作一团，不管是否得到希特勒的批准，都开始向东撤退，很难说包围圈里还有多少敌人，逃走了多少人。

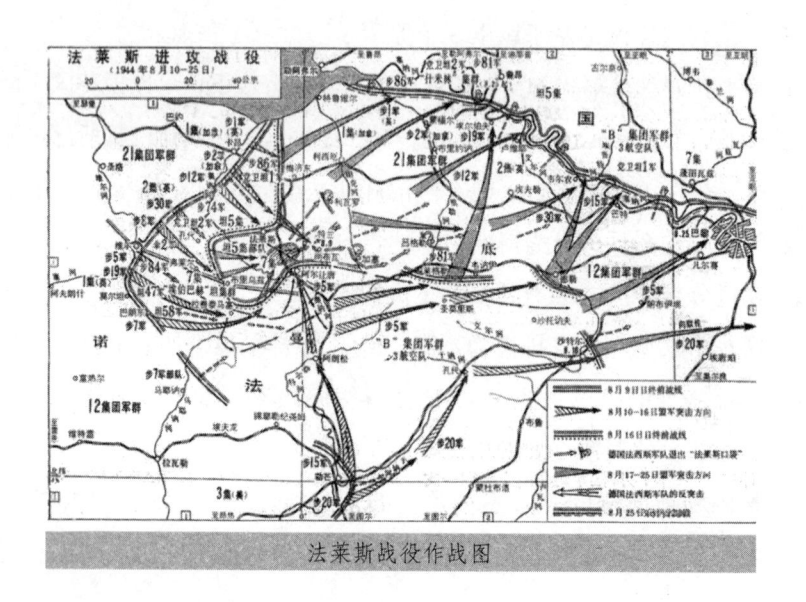

法莱斯战役作战图

布莱德利看了分析报告后极为失望，他觉得失去了百年不遇的战机，极为埋怨蒙哥马利。为了亡羊补牢，布莱德利命令巴顿留下3个师准备与加拿大军队会师，其余的部队马上向东北方向迂回，争取赶在撤退德军前抢占各个路口，堵住德军东撤的退路。

蒙哥马利见加拿大军队进展缓慢，只好同意将美军和英、加军的分界线改在阿让唐。

8月15日，事情又有了新的转机。盟军情报部门发现，在法莱斯以西的包围圈中居然还有12个德军师，其中有5个装甲师。布莱德利得知消息后，急忙命令巴顿回师，封闭包围圈，围歼德军B集团军群，但是太晚了。

8月16日，被围的12个德军师在装甲师的带领下猛攻驻守在阿让唐的美军。美军拼死抵抗，终于勉强抵挡住了德军的攻势，但是盟军的包围圈上，从法莱斯到阿让唐之间仍然存在着15千米的缺口。这个缺口有两条乡间小道。

德军第7集团军和第15集团军的坦克、汽车、马车和人员挤满了两条小道，趁着天气恶劣，盟军的飞机无法出动的好机会，拼命向东逃窜。德军的建制完全被打乱，乱作一团。

8月17日，天气放晴，盟军的飞机飞临"法莱斯缺口"的上空，无情地屠杀向东涌动的德军。德军虽然遭到盟军飞机和大炮的猛烈打击，但是仍然支撑着不到10千米的缺口。

8月18日，借助飞机和大炮的协助，盟军终于封闭了法莱斯和阿让唐之间的缺口，德军完全被堵在了法莱斯以西的包围圈内。

德军官兵干脆丢掉车辆，有的沿公路，有的穿越田野，试图穿过盟军飞机和大炮编织成的火力网，向东逃窜，结果被成千成千地打死。

艾森豪威尔在谈到这场触目惊心的大屠杀时说："毫无疑问，法莱斯战场是战争领域内所曾出现过的最大屠宰场之一。那一带的通道、公路和田野上，到处塞满了毁弃的武器装备以及人和牲畜的尸体，甚至要通过这个地区也极为困难。在拿到缺口闭合后48小时，人们领我步行通过该地区，我所

转折之战 诺曼底登陆

见到的那副场景，只有但丁可以加以描述。一口气走上几百米路，而脚全是踩在死人和腐烂的尸体上，这种情况确确实实是可悲的。"

在德军由缺口处逃命的那6天里，他们大约有1万人惨遭杀戮，此外还有5万人被俘。在从缺口处逃出来的2万至5万名德军中，还有很多人没有到达塞纳河畔就被打死了。

1944年8月20日，美军士兵在被击毁的德军坦克前展示缴获的纳粹旗帜

到此为止，德军在西线的主力遭到了毁灭性打击。与此同时，被分割包围在其他地区的德军，也全部缴械投降。希特勒用来粉碎西线盟军登陆战的两个集团军全军覆没，巴黎的大门也已经向盟军安全敞开。

8月25日，美国第5军麾下的自由法国第2装甲师光复巴黎。至此，诺曼底战役全部结束。

此次战役中，德军损失近50万人，其中有21万人被俘。此外，还损失坦克1300辆，火炮1500门，各种车辆2万辆。盟军付出了伤亡20余万人的代价。

此战结束之后，盟军实现了战略意图，成功地开辟了第二战场，纳粹德国从此陷入了两线作战的不利境地，其最终覆亡已为时不远了。